KB213073

에피노미스

정암고전총서 플라톤 전집

에피노미스

플라톤

강철웅 옮김

아카넷

정암고전총서는 윤독의 과정을 거쳐 책을 펴냅니다.
아래의 정암학당 연구원들이 『에피노미스』 원고를 함께 읽고
번역에 도움을 주셨습니다.
김선희, 김유석, 양호영, 이기백, 이준엽, 한경자

'정암고전총서'를 펴내며

그리스 · 로마 고전은 서양 지성사의 뿌리이며 지혜의 보고다. 그러나 이를 한국어로 직접 읽고 검토할 수 있는 원전 번역은 여전히 드물다. 이런 탓에 우리는 서양 사람들의 해석을 수동적으로 수용하는 처지를 완전히 극복하지 못하고 있다. 사상의 수입은 있지만 우리 자신의 사유는 결여된 불균형의 문제를 안고 있는 것이다. 이런 상황은 우리의 삶과 현실을 서양의 문화유산과 연관 지어 사색하고자 할 때 특히 심각한 문제를 야기한다. 우리 자신이 부닥친 문제를 자기 사유 없이 남의 사유를 통해 이해하거나 해결하는 것은 거의 불가능하기 때문이다. 우리의 문제에 대한 인문학적 대안이 때로는 현실을 적확하게 꼬집지 못하는 공허한 메아리로 들리는 것도 그런 이유 때문일 것이다.

한 공동체에서 살아가는 사람들이 자신들의 생각과 말을 나누며 함께 고민하는 문제와 만날 때 인문학은 진정한 울림이 있는 메아리가 될 수 있다. 이것은 우리가 우리의 현실을 함께 고민하는 문제의식을 공유함으로써 가능하겠지만, 그조차도 함께 사유할 수 있는 텍스트가 없다면 요원한 일일 것이다. 사유를 공유할 텍스트가 없을 때는 앎과 말과 함이 분열될 위험에 노출될 수 있기 때문이다. 이런 점에서 진정한 인문학적 탐색은 삶의 현실이라는 텍스트, 그리고 생각을 나눌 수 있는 문헌 텍스트와 만나는 이중의 노력에 의해 가능할 것이다.

현재 한국의 인문학적 상황은 기묘한 이중성을 보이고 있다. 대학 강단의 인문학은 시들어 가고 있는 반면 대중 사회의 인문학은 뜨거운 열풍이 불어 마치 중흥기를 맞이한 듯하다. 그러나 현재의 대중 인문학은 비판적으로 사유하는 인문학이 되지 못하고 자신의 삶을 합리화하는 도구로 전락하는 경향이 없지 않다. 사유 없는 인문학은 대중의 욕망을 충족시키기 위해 소비되는 상품에 지나지 않는다. 정암고전총서 기획은 이와 같은 한계상황을 극복할 수 있는 기본적인 토대를 마련하고자 하는 절실한 문제의식에서 시작되었다.

정암학당은 철학과 문학을 아우르는 서양 고전 문헌의 연구와 번역을 목표로 2000년 임의 학술 단체로 출범했다. 그리고 그 첫 열매로 서양 고전 철학의 시원이라 할 『소크라테스 이전 철학자들의 단편 선집』을 2005년도에 펴냈다. 2008년에는 비영리 공익

법인의 자격을 갖는 공적인 학술 단체의 면모를 갖추고 플라톤 원전 번역을 완결한다는 목표 아래 지금까지 20여 종에 이르는 플라톤 번역서를 내놓았다. 이제 '플라톤 전집' 완간을 눈앞에 두고 있는 시점에 정암학당은 지금까지의 시행착오를 밑거름 삼아 그리스·로마의 문사철 고전 문헌을 한국어로 옮기는 고전 번역 운동을 본격적으로 펼치려 한다.

정암학당의 번역 작업은 철저한 연구에 기반한 번역이 되도록 하기 위해 처음부터 공동 독회와 토론을 통해 이루어진다. 번역 초고를 여러 번에 걸쳐 교열, 비평을 하는 공동 독회 세미나를 수행하여 이를 기초로 옮긴이가 최종 수정하는 방식으로 진행된다. 이같이 공동 독회를 통해 번역서를 출간하는 방식은 서양에서도 유래를 찾기 어려운 시스템이다. 공동 독회를 통한 번역은 매우 더디고 고통스러운 작업이지만, 우리는 이 같은 체계적인 비평의 과정을 거칠 때 믿고 읽을 수 있는 텍스트가 탄생할 수 있다고 확신한다. 이런 번역 시스템 때문에 모든 '정암고전총서'에는 공동 윤독자를 병기하기로 한다. 그러나 윤독자들의 비판을 수용할지 여부는 결국 옮긴이가 결정한다는 점에서 번역의 최종 책임은 어디까지나 옮긴이에게 있다. 따라서 공동 윤독에 의한 비판의 과정을 거치되 옮긴이들의 창조적 연구 역량이 자유롭게 발휘될 수 있도록 노력했다.

정암학당은 앞으로 세부 전공 연구자들이 각각의 팀을 이루어

연구와 번역을 병행함으로써 아리스토텔레스 철학 원전, 키케로 전집, 헬레니즘 선집 등의 번역본을 출간할 계획이다. 그리고 이렇게 출간할 번역본에 대한 대중 강연을 마련하여 시민들과 함께 호흡할 수 있는 장을 열어 나갈 것이다. 공익법인인 정암학당은 전적으로 회원들의 후원으로 유지된다는 점에서 정암고전총서는 연구자들의 의지뿐만 아니라 시민들의 소중한 뜻이 모여 세상 밖에 나올 수 있는 셈이다. 이런 점에서 정암고전총서가 일종의 고전 번역 운동으로 자리매김되기를 기대한다.

　정암고전총서를 시작하는 이 시점에 두려운 마음이 없지 않으나, 이런 노력이 서양 고전 연구의 디딤돌이 될 것이라는 희망, 그리고 새로운 독자들과 만나 새로운 사유의 향연이 펼쳐질 수 있으리라는 기대감 또한 적지 않다. 어려운 출판 여건에도 정암고전총서 출간의 큰 결단을 내린 아카넷 김정호 대표에게 경의와 감사의 뜻을 전한다. 끝으로 정암학당의 기틀을 마련했을 뿐만 아니라 앎과 실천이 일치된 삶의 본을 보여 주신 이정호 선생님께 존경의 마음을 표한다. 그 큰 뜻이 이어질 수 있도록 앞으로도 치열한 연구와 좋은 번역을 내놓는 노력을 다할 것이다.

2018년 11월
정암학당 연구자 일동

'정암학당 플라톤 전집'을 새롭게 펴내며

플라톤의 사상과 철학은 서양 사상의 뿌리이자 서양 문화가 이루어 온 지적 성취들의 모태가 되었다는 점에서 큰 의미를 지니고 있다. 특히 그의 작품들 대부분은 풍성하고도 심오한 철학적 문제의식을 담고 있을 뿐만 아니라 생동감 넘치는 대화 형식으로 쓰여 있어서, 오늘날까지 많은 사람이 최고의 철학 고전이자 문학사에 길이 남을 걸작으로 손꼽고 있다. 화이트헤드는 '유럽철학의 전통은 플라톤에 대한 일련의 각주'라고까지 하지 않았던가.

정암학당은 플라톤의 작품 전체를 우리말로 공유할 수 있도록 하자는 취지에서 뜻있는 학자들이 모여 2000년에 문을 열었다. 그 이래로 플라톤의 작품들을 함께 읽고 번역하는 데 매달려 왔다. 정암학당의 연구자들은 애초부터 공동 탐구의 작업 방식을 취해 왔으며, 이에 따라 공동 독회와 토론을 통해 텍스트를 이해하는 노력을 기울여 왔고, 초고를 여러 번에 걸쳐 교열·비평하는 수고 또한 마다하지 않았다. 2007년에 『뤼시스』를 비롯한 3종의 번역서를 낸 이후 지금까지 출간된 정암학당 플라톤 번역서들은 모두 이 같은 작업 방식으로 이루어진 성과물들이다.

정암학당의 이러한 작업 방식 때문에 번역 텍스트를 출간하는데 출판사 쪽의 애로가 없지 않았다. 그동안 출판을 맡아 준 이제이북스는 어려운 여건에서도 플라톤 전집 출간의 의미를 이해하고 전집 출간 사업에 동참하여 많은 노력을 기울여 주었다. 그 결과 2007년부터 2018년까지 20여 종의 플라톤 전집 번역서가 출간되었다. 그러나 최근 이제이북스의 여러 사정으로 인해 전집 출간을 마무리하기가 어려워졌다. 정암학당은 플라톤 전집 출간을 이제이북스와 완결하지 못하게 된 것에 대해 아쉬움을 표하는 동시에 그동안의 노고에 고마움을 전한다.

정암학당은 이 기회에 플라톤 전집의 번역과 출간 체계를 전반적으로 정비하기로 했고, 이런 취지에서 '정암학당 플라톤 전집'을 '정암고전총서'에 포함시켜 아카넷 출판사를 통해 출간할 것이다. 아카넷은 정암학당이라는 학술 공간의 의미를 이해하고 '정암학당 플라톤 전집' 출간의 가치를 공감해 주었다. 여러 가지

측면에서 많은 어려움이 있었음에도 어려운 결단을 내린 아카넷 출판사에 감사를 표한다.

정암학당은 기존에 출간한 20여 종의 번역 텍스트를 '정암고전총서'에 편입시켜 앞으로 2년 동안 순차적으로 이전 출간할 예정이다. 그러나 이런 작업이 짧은 시간에 추진되었기 때문에 번역자들에게 전면적인 수정을 할 시간적 여유가 주어지지는 않았다. 따라서 아카넷 출판사로 이전 출간하는 플라톤 전집은 일부의 내용을 보완하고 오식을 수정하는 선에서 새로운 판형과 조판으로 출간한다. 이 점에 대해서는 독자들께 양해를 구한다. 정암학당은 출판사를 옮겨 출간하는 작업을 진행하는 동시에, 플라톤 전집 중 남아 있는 텍스트들에 대한 번역본 출간 시기도 앞당길 수 있도록 노력할 것이다. 그리하여 오랜 공동 연구의 결실인 '정암학당 플라톤 전집' 전체를 독자들이 조만간 음미할 수 있도록 최선을 다할 것이다.

끝으로 정암학당의 기반을 마련해 주신 고 정암(鼎巖) 이종건(李鍾健) 선생을 추모하며, 새 출판사에서 플라톤 전집을 완간하는 일에 박차를 가할 것을 다짐한다.

2019년 6월

정암학당 연구자 일동

차례

작품 내용 구분

제1부 기본적인 지혜 탐색 (973a1∼979d6)

I. 지혜와 행복: 탐색의 어려움과 희망 (973a1∼974d2)

1. 지혜 문제(즉, 지혜에 이르는 앎이 무엇인가?): 입법의 완성으로서 지혜 탐색의 필요성 [클레이니아스] (973a1∼b6)
2. 행복의 도달 불가능성: 인생의 어려움 [아테네인] (973b7∼974a7)
3. 지혜 탐색의 막막함 [아테네인] (974a7∼c7)
4. 공동 탐색의 희망 [클레이니아스] (974c8∼d2)

II. 지혜와 행복의 원인 노릇하는 앎 찾기 (974d3∼979d6)

1. 소극적 탐색: 지혜의 평판을 주나 지혜롭게 만들지는 못하는 소위 앎들 (내지 기술들)의 열거와 제거 (974d3∼976c6)
   1) 소위 앎들의 검토 시작: 지혜의 평판을 주되 일차적, 필수적인 것부터 검토 (974d3∼975a5)
   2) 1단계(필수품 확보 관련 앎): 육식과 채식 위한 양식 확보 기술 및 농사술, 건축 및 일체의 도구와 설비 제작술, 사냥술, 예언술과 해석술 (975a5∼c8)
   3) 2단계(놀이로서의 모방술): 도구 이용 모방과 몸 자체에 의한 모방, 말을 이용하는 모방, 각 뮤즈 영역의 모방, 회화에서 파생된 모방 (975c9∼d9)
   4) 3단계(구조 기술): 전쟁술, 의술, 조타술, 수사술 (975e1∼976b4)
   5) 4단계(천성에 속하는 기술): 기억술, 임기응변적 대처 (976b5∼c6)

2. 적극적 탐색: 지혜롭게 만드는 앎 (976c7~979d6)

  1) 훌륭하고 정의로운 시민이 되게 하는 앎을 찾기 위한 제거적 사유 실험: 현존하는 앎 가운데 제거할 경우 인류를 가장 몰지각한 동물로 만들 앎이 무엇인지 탐색 (976c7~d8)

  2) 사유 실험의 예비 대답: 우리에게 좋은 것의 원인이면서 특히 지혜의 원인인 신(하늘)이 준 앎, 즉 수의 앎 (976d8~977b8)

  3) 사유 실험을 수론에 적용하여 수론의 일차적 필수성 확인: 수가 제거되면 참된 설명을 결여하게 되어 앎과 지혜에 못 이르게 되며 결국 행복해질 수 없음 (977b9~e2)

  4) 수는 지혜와 행복의 원인: 수를 알아야 참된 의견을 넘어 설명을 제시할 수 있는 앎 상태가 되어 행복해질 수 있음 (977e3~978b6)

  5) 수의 셈을 배우게 된 과정: 달의 주기적 변화를 통해 하늘이 가르침 (978b7~979b3)

  6) 탐색의 어려움: 지혜로워져야 함은 쉽게 합의되지만 어떻게 지혜로워지는지는 어려운 문제 (979b3~d6)

제2부 본격적인 지혜 탐색 (979d7~992e1)

Ⅲ. 막간 대화: 탐색의 목표와 주요 의제 제시 (979d7~980c6)

 1. 탐색의 중요성과 순서: 우선 지혜가 무엇인지, 그리고 차선으로 어떤 지혜들이 어떤 종류로 있는지 논해야 함 (979d7~980a6)

 2. 신들에 관한 논의의 방법: 찬미는 공경으로, 기도는 믿음으로 (980a7~c6)

6. 보이는 신들에 대한 상론: 하늘의 여덟 별의 궤도와 관조의 행복 (986a8~987d2)

  1) 보이는 신 여덟과 관조 (986a8~d4)

    (1) 보이는 신 여덟에 대한 기본 입장 (986a8~c5)

    (2) 관조의 행복 (986c5~d4)

  2) 보이는 신 여덟에 대한 상론: 행성들의 이름과 특징 (986d4~987d2)

7. 신과 영혼에 관한 태도: 외래 천문학을 지혜로 바꾼 희랍인들은 신적 제의도 훌륭하게 만들 수 있으며, 신에 대한 탐색을 불경시할 것이 아니라 영혼이 우주의 원인이요 좋은 것들의 원인이라 간주해야 함 (987d3~988e4)

V. 지혜로워지기 위한 배울거리들 (988e5~992e1)

1. 경건과 천문학: 덕(지혜)의 핵심인 경건에 어떻게 접근할지를 다루는 앎이 신으로서의 우주를 아는 천문학 (988e5~990b4)

2. 지혜에 이르기 위한 배울거리들 (990b5~992e1)

  1) 예비 훈련용 배울거리와 본격적 배울거리 (990b5~991d5)

    (1) 예비 훈련용 배울거리 (990b5~991b4)

      ① 어려서부터 익힐 예비 훈련용 배울거리의 필요성 (990b5~c5)

      ② 예비 훈련용 배울거리: 수론, 기하학, 입체 기하학, 화성학 (990c5~991b4)

    (2) 본격적 배울거리: 교과의 최종 요체로서의 천문학 및 시험으로서의 변증술, 그리고 엄밀한 천문학적 계산 및 천문학적 앎과 영혼 선차성론의 결합 강조 (991b4~d5)

  2) 배울거리들(즉, 수적 학문들)의 단일성과 가장 지혜로운 사람이 얻게 될 단일성과 축복, 그리고 이 지혜를 향한 야간 위원회의 의무 (991d5~992e1)

등장인물

크레타인 클레이니아스

『법률』에서 클레이니아스는 크레타의 크노소스 시민으로 나온다(1권 629c). 그가 자신을 포함한 10인에게 크노소스 국가가 이주지 건설 임무를 부과했다는 사실을 밝힘으로써(3권 말 702b~d), 『법률』의 '말로써 행하는 국가 건립'은 바로 이 '마그네시아'(9권 860e) 건립이라는 눈앞의 과제 덕분에 『국가』와 달리 더욱 긴밀한 현실감을 독자에게 제공하며 진행된다. 네일스(D. Nails 2002, 102쪽)에 따르면, 이것이 실제 상황이라면 그는 아테네와 스파르타에서 온 두 사절을 맞는 특사인 셈이지만, '클레이니아스'는 크레타에 전형적인 이름은 아니다. 『법률』에서 그는 이야기를 주도하는 아테네인 손님의 대화 상대자로서, 비록 아테네인만큼의 비중을 갖는 것은 아니지만 존재감 희미한 메길로스와 달리 상당히 적극적으로 아테네인의 발언에 대응한다.

그런가 하면 이 작품 『에피노미스』에 나오는 클레이니아스는 표면적인 대사의 분량이나 방식만 보면 일견 『법률』에서와 거의 흡사한 위상과 역할을 담당하는 것으로 보인다. 그러나 아테네인이 법의 신적 기원을 거론하며 서두를 열었던 『법률』과 달리 여기서는 클레이니아스가 먼저 지혜의 문제를 적극 제기하는 것으로 대화의 운을 떼고, 이후 그것에 대해 다소 뜨뜻미지근한 비관적 자세를 보이는 아테네인에게 희망 어린 태도를 견지하면서 공동 탐색을 권유하는 진취성을 드러낸다. 『법률』과는 결이 다른 이런 캐릭터 설정이 어떤 함축과 의도를 내포하면서 이 대화편 전체의 음조와 논의의 향방에 영향을 주는지 살펴보는 일은 흥미로우면서도 의미 있는 시도가 될 것이다.

아테네인 손님

'손님'으로 옮긴 '크세노스'(xenos)는 외국인 친구가 서로를 가리키는 말이어서 상황에 따라서는 모임 주최자 내지 주인일 수도 있고 손님일 수도 있다. 『법률』에서는(그리고 이 작품 『에피노미스』에서도) 마치 크레타인인 클레이니아스가 자국에 있으므로 아테네인은 손님이 되고 클레이니아스는 주인이 되지만, 아테네인이 클레이니아스를 '크세노스'로 칭할 수도 있으니 '손님'이 그 원어의 고정적인 대응어는 아니다. 당장 아테네인의 첫 대사에 나오는 '손님들'(xenoi)이라는 호칭이 그렇다. 편의상 그렇게 옮길 수 있지만, 엄밀히 말해 클레이니아스는 아테네인의 '손님'이 아니다. 아무튼 이렇게 상호적인 명칭이지만, 크레타에서 벌어지는 대화여서 아테네인이 '크세노스'라고 불리는 것은 그저 등장인물이 사용하는 호칭으로만이 아니라 등장인물에게 저자가 부여하는 명칭으로서도 그리 부당한 것은 아닐 수 있다. 그러나 비슷한 처지의 메길로스에게도 '크세노스'라는 명칭을 사용할 법도 하건만(실제로 저자와 달리 등장인물 아테네인은 예컨대 『법률』 1권 635e5에서 "클레이니아스와 라케다이몬 손님"이라고 부르고 있다.) 정작 그에겐 저자가 막바로 이름을 할당할 뿐만 아니라 역사적 인물로까지 자리매김한다는 점이 흥미롭다. 아테네인의 익명성이 저자가 아주 의도적으로 견지하고자 하는 설정임을 짐작게 하는 대목이다. 그런가 하면 '아테네인'이라는 호칭 또한 의도적인 것임이 클레이니아스의 대사(『법률』 1권 626d)에 뚜렷이 시사되는 것을 보면 '아테네인 손님'이라는 인물 설정 자체에 저자의 적극적인 의도가 개입되어 있음이 분명해 보인다. 그렇기에 우선 작품 내에서 두 대화 상대자가 아테네인의 이름을 사용하지 않는 것이 무엇 때문이라고 이해할 수 있을지 궁금하다. 팽글(T. Pangle 1988, 511쪽)의 추측처럼 이들이 이름을 모르는데 아직 어떤 이유로 본인이 이름을 밝히지 않았고 이들도 예의상 이름을 굳이 묻지 않는 상황이거나 아는데도 어떤 이유에서 이름을 부르는 걸 일부러 자제하는 상황일까? 어느 쪽이든 이 손님은 익명으로 활동할 모종의 이유를 가지고 있는 것으로 설정된 셈이다. 그런가 하면 저자 쪽에서는 이렇게 익명으로 두는 설정이 이미 '엘레아인 손님' 실험을 통해 낯설지 않다. 그리고 그 설정은 아마도 초 · 중기의 소크라테스라는 인물에 버금갈 대체 인물의 필요성 때문일 것이다. 물론 키케로처럼 이 아테네인을 플라톤 자신의 아바타쯤으로 볼 수도 있지만 말이다(『법률에 관하여』 1.5.15).

『법률』에서처럼 이 작품에서도 예의 그 익명성을 그대로 유지하는 아테네인 손님은 서두에서 인생에 대해 다소 비관적인 전망을 가진 인물로 등장한다. 클레이니아스의 다독임을 통해 다소 희석되기는 하지만 이런 부정적 세계관이 통상 저작의 플라톤(혹은 그의 준-대변자 격인 소크라테스나 두 손님, 즉 엘레아인 손님과 아테네인 손님)과 결이 달라 보이는 것만큼은 부인하기 어렵다. 『법률』과 동일한 캐스팅이면서도 막상 각 인물의 성격과 발언은 온도차가 확연하게 설정되어 있는 것이다. 이런 유사성과 차이가 무엇을 향해 가게 되는지 유심히 지켜볼 만하다.

스파르타인 메길로스

『법률』에서 메길로스는 기본적으로 입법과 관련한 스파르타인들의 견해를 대변하는 인물이지만, 아테네의 '국외 후원자'(proxenos) 집안의 일원이기도 한 것으로 설정된다(1권 642b~d). 네일스(2002, 198쪽)에 따르면, 기원전 4세기 아테네 연대기 저자인 안드로티온이 펠로폰네소스 전쟁 중이던 410년부터 407년 사이 어느 시점에 포로 석방과 강화 논의를 위해 아테네에 파견된 스파르타 특사 3인 가운데 대표 격으로 거명되며, 크세노폰(『헬레니카』 3.4.6)에도 396년 티사페르네스와 교섭한 스파르타 측 평화 중재자로 언급되는데, 『법률』의 메길로스와 동일 인물일 수 있다. 『법률』에 언급된 '프록세노스'(proxenos)라는 직책이 다른 맥락에서는 '외교 사절'을 가리킬 수도 있으며, 아마도 아테네의 국외 후원자 이력이 아테네로 파견되는 사절 역할로 이어졌을 수 있다. 4권에서는 셋 가운데 가장 연장자임이 밝혀진다(712c). 종합해 보건대, 『법률』의 메길로스는 단순한 가상 인물로 설정되었다고 보기에 너무 생생하고 구체적으로 묘사가 이루어져 있고 역할 또한 스파르타라는 국가를 대변하는 것이므로, 역사 속에 외교관으로 언급된 동명의 인물로 보는 것이 적절해 보인다. 흥미로운 것은, 그가 아테네인과 클레이니아스가 대화를 주고받는 내내 거의 듣고만 있다가 잊어버릴 때쯤 되면 가끔씩 한두 마디 존재감을 확인시키는 인물로 등장한다는 점이다. 예컨대, 『에피노미스』가 주로 염두에 두는 자리인 『법률』 10권과 12권만 보더라도, 메길로스는 8권 842a 이후 길게 침묵하다가 10권의 891a~b에서 간단한 두 마디 말을 하며 등장하고, 긴 침묵으로 돌아갔다가 다시 12권 말미 969c~d 의 두 마디 말을 하기 위해 등장한다. 긴 침묵이 무색하게 마지막 대사가 그 의 몫으로 배정되기는 하지만, 『법률』에서 메길로스는 줄곧 거의 대사 없이 자리만 차지하는 인물이다.

이 작품 『에피노미스』에서 그의 존재감은 훨씬 더 미미하다. 일단 클레이니아스의 서두 발언(973a2)에서 그의 참석이 언급되는데, 이는 『법률』과의 연결을 의도했다면 어느 정도는 예상 가능한 연출이다. 그러나 이렇게 배역이 주어졌지만 정작 대사는 전혀 배정되지 않는다. 『법률』에서처럼 존재 환기라도 하는 양 대화 상대 두 사람을 부르는 아테네인의 말에 딱 한 번 더 등장할 뿐이다(977a3). (물론 이름까지는 아닌 존재 환기는 979e1~2에도 나온다. 양수, 즉 고전어에서 단수와 복수 외에 두 사람을 지칭하는 데 어쩌다가 사용되는 수가 동원되며 '대변'이라는 표현까지 등장한다. 이후 980d7, 986a8, 989a6 등에 복수 표현이 등장한다.) 요컨대, 이 작품에서 그는 클레이니아스에 의해 대변될 뿐 『법률』에서와 달리 목소리를 전혀 부여받지 못한다. 그러니까 이 작품의 등장인물로서 메길로스는 참석해 있다는 점에서만 중요한 인물일 뿐이다. 마치 플라톤이 작품에서 자신을 드러내지 않는데 그가 등장하는 두세 곳에서 그저 참석 여부만 언급되는 것과 흡사하다. 이는 매우 의도적인 역할 배정으로 보인다. 사실상 다른 두 사람 사이의 대화라 해도 과언이 아닌 작품에 굳이 이 사람을 참석시키고 가끔씩 존재 환기를 해주는 저자의 의도가 무엇인지 탐색하고 음미해 볼 만하다.

일러두기

1. 기준 판본

버넷(J. Burnet 1922), 즉 OCT를 기본 텍스트로 삼지만, 데 플라세(É. des Places 1956), 즉 뷔데(Budé)판과 타란(L. Tarán 1975)의 텍스트와 비교하여 최선이라고 판단되는 독법을 선택한다. 사본에 대한 분류와 정리는 버넷이 아니라 뒤의 두 텍스트, 그중에서도 특히 더 나중의 것인 타란을 따른다.

2. 주요 사본

A = Parisinus Graecus 1807 (9세기 말).

O = Vaticanus Graecus 1 (9세기 말 혹은 10세기).

K = Marcianus Graecus 1022, olim 188 (14세기).

Z = Parisinus Graecus 3009 (15~16세기).

π: O⁴[= O 사본의 다른 손(10세기 혹은 11세기)]가 언급하는 다른 독법 중 총대주교 (Patriarch)의 책(콘스탄티노플 총대주교 도서관 소장)에서 온 독법.

[※ 위 첨자: 파생 사본의 위 첨자(예컨대, O⁴, K⁶, π° 등) 표시 가운데 숫자는 몇 번째 손이나를 가리키며, 'c'는 'correctio'(수정), 'o'는 'orthôsis'(정정)의 약자이다.]

3. 괄호 사용

1) 둥근 괄호 ( )는 다음의 경우에 사용한다.

   (1) 괄호 안의 내용과 밖의 내용에 동일성이 성립하여 바꿔 쓸 수 있는 경우

      ① 우리말 번역어에 해당하는 한자어를 병기하거나 원어를 밝히기 위해 사용한다. 이때 희랍어 단어는 읽는 이의 편의를 위해 로마자로 표기한다.

      ② 제시된 희랍어(특히 희랍 신 이름)의 뜻을 밝혀 주기 위해 사용한다. 예: 카오스(틈)

      ③ 반대로 우리말 번역어의 희랍어 원어(특히 신 이름)를 밝혀 주기 위해서도 사용한다. 예: 천상의(우라니아)

(2) 괄호 안의 내용이 밖의 내용과 바꿔 쓸 수 없는 경우

④ 말의 앞뒤 흐름이 끊기고 다른 말이 삽입됨으로 해서 생각의 연결이 잘 드러나지 않을 때 삽입된 말을 묶기 위해 사용한다. 본문이 아닌 주석 등에서 앞의 말에 대한 상세한 설명이나 부연을 할 때도 사용한다.

⑤ 주석 등에서 어떤 말을 넣어서 읽거나 빼서 읽거나 둘 다가 가능한 경우에 사용되기도 한다. 예: (성문)법을, 꿈(의 신)이

2) 삼각 괄호 〈 〉는 사본에 없지만 보충되어야 한다고 텍스트 편집자가 판단한 내용을 표시하기 위해 사용한다.

3) 사각 괄호 [ ]는 주석 등에서 다음의 용도로 사용한다.

(1) 문맥 이해에 도움을 줄 목적으로 옮긴이가 원문에 없는 내용을 삽입 혹은 보충할 때 사용한다.

(2) 괄호가 중복될 때 둥근 괄호보다 상위의 괄호로 사용한다.

4. 표기법

고유명사 등 희랍어 단어를 우리말로 표기할 때는 고전 시대 발음에 가깝게 표기한다. 특히 후대 희랍어의 요타시즘은 따르지 않는다. 다만 우리말 안에 들어와 이미 굳어진 것들은 관행을 존중하여 표기한다.

5. 여격 번역

여격을 옮길 때 우리말의 허용 범위를 넓혀 사물에도 '…에' 대신 '…에게'를 적용한다.

6. 연대 표시

이 번역에 언급되는 연대는 기본적으로 기원전 연대다. 혼동의 여지가 있거나 다른 특별한 이유가 있을 때를 제외하고는 대개 '기원전'을 덧붙이지 않는다.

에피노미스

플라톤의 에피노미스 혹은 철학자[1]

크레타인 클레이니아스, 아테네인 손님, 스파르타인 메길로스

클레이니아스 우리의 합의와 관련해서는[i] 우리 모두가 제대로   973a
왔네요.[2] 손님.[ii] 나와 당신과 여기 메길로스, 이렇게 셋이서, 현
명에 속하는 것[iii](즉, 우리가 주장하기로, 그것이 사유되면[3] 인간의

---

i   '어제의 합의에 따라' 모였다고 말하면서 『테아이테토스』와 연결된 작품임
     을 표시하며 『소피스트』 서두와 비교할 만하다. 기존 번역 대부분은 그 서두
     처럼 여기도 '우리의 합의에 따라'로 옮긴다. '우리가 합의한 것을 염두에 두
     면', 즉 '우리가 합의한 것을 이행하기 위해서라면'이라는 취지(미세하게 통
     상 번역과 다르게 새기는 이유는 미주 2를 참고할 것.)의 이 첫 어절은 말하
     자면 『법률』 12권에서의 '합의'를 이행하는 논의임을 표명함으로써 이 작품
     이 『법률』의 시퀄 작품이라는 표시 역할을 한다.
ii   『법률』 서두에서는 아테네인 '손님'이 다른 두 사람을 '손님들'로 부르면서 그
     들의 두 국가가 가진 훌륭한 법의 신적 기원에 관한 물음으로 대화의 문을
     열었던 반면, 이 작품에서는 거꾸로 클레이니아스가 아테네인을 '손님'으로
     부르면서 이전 『법률』 대화가 미완의 과제로 남긴 지혜 문제를 함께 탐색할
     필요성의 제기로 대화의 문을 연다는 점이 흥미로운 대조를 이룬다.
iii 'to tēs phronēseōs'는 '현명에 대한 것'으로 옮길 수도 있으며, 직역하면 '현

27

상태ⁱ를, 인간에게 가능한 만큼의 현명과 관련하여 가장 아름다운 상태로 만드는 그것)을 도대체 어떤 이야기⁴로 검토해야 하는지 숙

b 고하려고 말이죠.⁵ 법률들의 제정에 관련된 다른 것들은, 우리가 주장하는 바로는, 전부 우리가 검토했지만, 발견해야 할 뿐만 아니라 말하기도 해야 할 가장 중대한 것, 즉 도대체 무엇을 배워야⁶ 가사자(可死者)인 인간이 지혜로울 수 있는지는 우리가 말하기는커녕 발견조차 못했거든요. 자, 이제는⁷ 이걸 남겨 두지 않도록 시도해 봅시다. 이걸 남겨 둔다면, 일들을 처음부터 끝까지 명백하게 만들겠다며 우리 모두가 염두에 두고 착수했던 목표를 실행하지 못한 채 사실상 미완성으로 두게 될 테니까요.⁸

명의 그것'이다. 저자는 일부러 '것'에 해당하는 내용을 비워 두고 있다. 지금식 표현으로는 '현명의 x'쯤에 해당한다. 느슨하게 '현명의 본성', '현명에 이르는 공부'로 해석을 넣어 구체화하거나 아예 중립적으로 '현명의 문제' 정도로 새길 수도 있지만, 후자의 경우 오독의 여지가 있고(이것이 현명한 상태의 원인 노릇을 해야 한다.) 애매한 표현을 일부러 구사하는 저자의 의도가 살지 않는다. 해석을 넣는 번역과 관련한 세부 내용은 미주 5를 참고할 것. 플라톤 작품에서 '현명'(phronēsis)은 자주 '지혜'(sophia)와 동일시된다. 아리스토텔레스는 특히 『니코마코스 윤리학』에서 지혜와의 차이를 강조하면서 이를테면 '실천적' 지혜쯤에 해당하는 현명에 주목하고 있다. 이 작품은 두 용어를 섞어 씀으로써 이 두 입장의 차이를 의식하게 만든다.

i   'anthrōpinē hexis'는 '인간의 성향'으로 옮길 수도 있고, 직역하면 '인간적 상태[/성향]'이다. '인간'에 대한 우회적 표현, 즉 곡언법(periphrasis)으로 볼 수도 있다(타란 206쪽). 저자의 곡언법에 관해서는 아래 976a3 '동물들의 본성' 주석을 참고할 것.

아테네인 친애하는 클레이니아스, 아름다운[i] 말입니다만, 내 생각에 당신은 이상한, 그러면서도 어떤 식으로 보면 또 이상하지 않은 이야기를 듣게 될 겁니다. 실은 많은 사람들이 삶을 겪어가면서 같은 이야기를 내놓거든요. 인간 종족[ii]은 축복 받지도 행복하지도 않은 거라고 말이죠. 그러니 나를 따라오면서 그들과 더불어 나도 이런 일에 관해 아름답게 말하고 있다는 생각이 당신에게 드는지 살펴봐 주세요.[9] 나는 소수를 제외하고는 인간들이 축복 받고 행복한 자가 될 가능성이 없다[10]고 주장합니다. (난 이 주장을 우리가 살아 있는 동안으로 한정합니다. 누군가가 어떤 것들을 목표로 삼아 살아 있을 때도 가능한 한 가장 아름답게 살려 애쓸 뿐만

c

---

i 우리말 맥락만 보면 '훌륭한' 말이라고 옮기는 것이 자연스러울 수 있지만, '아름답다'(kalos)는 말을 반복해서 사용하는 저자의 의도를 살리기 위해, 그리고 '좋다/훌륭하다'(agathos)와 가시적으로 구별하기 위해 우리말의 자연스러움을 유보하기로 한다. 저자는 서두에서부터 현명을 갖춘 아름다운 상태/성향(의 사람)과 아름다운 말/대화를 이야기해 왔고 이제 곧 아름다운 삶과 아름다운 죽음에 대한 아름다운 희망을 이야기할 참이다. 이 모든 사태들이 서로 연결됨을 보이는 것이 플라톤(주의)적인 접근이고 저자의 숨은 의도 가운데 하나일 것이다. 물론 앞으로 이야기할 아름다운 삶과 죽음, 그리고 희망에 대한 두 등장인물의 접근과 태도가 대조되기는 하지만 말이다.

ii '인간 부류'로 옮길 수도 있다. '인간 종족'이나 '가사적 종족'으로 옮기는 말이 4회 더 나오는데(974d8, 976e2, 977e4, 989b2), '종족'이라는 말의 원어 'genos'는 '영혼 부류', '물체 부류', '동물 부류'(그리고 '낮 부류')에 나오는 '부류'의 원어이기도 하다. 편의상 '종족'으로 나눠 옮기지만 '부류'와 원어가 같은 말임에 유의할 필요가 있다. 978c7 '낮 부류', 981d4, 6 '부류(들)'의 주석도 참고할 것.

아니라 삶을 끝낼 때도 바로 그런 끝을 맞으려[11] 애쓸 수 있을 텐데요. 삶을 끝낸 후에는 그가 목표로 삼았던 그것들 전부에 도달하게 되리

d 라는 아름다운 희망이 그에게 있지요.[i]) 내가 이야기하고 있는 건 조금도 지혜로운[12] 것이 아니고, 희랍인들이든 이방인들이든 할 것 없이 우리 모두가 어떤 식으로든 알고 있는 것입니다. 애초부터 생성된다는 것[13]이 어떤 동물[ii]에게나 어렵다는 것 말입니다. 처음에는 잉태되는 것들의 상태[14]에 참여하게 되고, 그다음으로는 태어나며, 그리고 더 나아가 양육되고 교육받는 것이 말입니다. 이

974a 모든 것들이 무수히 많은 노고를 통해 생성된다고 우리 모두는 주장합니다. 그리고 시간도, 실로 힘들었던 시간들은 제쳐 두고 누구나 다 무난하다고 봐줄 만한 것만 헤아려 보면 꽤 짧을 겁니다. 그런데 이 시간이야말로 인간의 삶 중반 어딘가에서[15] 이를 테면 모종의 숨 돌릴 여유를 만들어 주는 것으로 보입니다. 하지

---

i   아테네인은 지금 인상적인 언어유희를 통해 삶의 아름다운 끝(teleutē)에 대한 "아름다운 희망"(kalē elpis)을 이야기하고 있는데, 나중에 클레이니아스는 아테네인의 이 발언에 덕담으로 화답하게 된다(980b). 플라톤 저작 내에서는 특히 『소크라테스의 변명』(이하 『변명』) 말미(무죄 투표자에게 하는 연설, 특히 40c~41d)와 그 대목을 인용하는 것으로 보이는 『파이돈 63e~64a가 이런 희망["좋은 기대"(euelpis)]을 언급하는 중요한 자리였다.

ii   'zōion'은 본래 '생물'로 넓혀 읽을 수 있는 말이지만 이 작품에서(그리고 관련 작품인 『티마이오스』 등에서도 그렇고 플라톤 저작 일반에서도 그러한데) 기본적으로 동물을 주된 지시 대상으로 염두에 두고 사용된다. 981d3 '뿌리로 묶여 제자리에 머물러 있는 것들'이 '생물'로 넓혀 읽을 수 있는 예외적인 경우다.

만 그야말로 순식간에 닥쳐온 노령이, 누구라도 자신이 살아온 삶을 헤아려 보고 나면 다시 태어나 한 번 더 삶을 살아볼 의향 이 전혀 없게 만들 겁니다. 어린애 같은 생각으로 가득 차 있는 사람이 아닌 한은 말이지요.[i]

그럼 이것들[ii]에 대해 내가 가진 증거가 대체 무엇일까요? 지금 논의를 통해 탐색되고 있는 것이 본래부터 이렇다[16]는 것이 그 증 거입니다. 그런데 우리는 어떤 방식으로 우리가 지혜롭게 될지 를 탐색하고 있습니다. 마치 각자에게 이런 어떤 능력이 있기라 도 한 것처럼 말이죠. 그런데 그 능력은, 누군가가 소위 기술들

b

---

[i] 아테네인에게 이 발언을 할당하면서 저자는 이른바 '실레노스의 지혜'[니체 (F. Nietzsche 1872) 36쪽]를 염두에 두고 있는 것으로 보인다. 이것은 '태 어나지 않는 게 최선이고 일단 태어났다면 빨리 죽는 게 차선'이라는 내용의 토포스(논변을 만들거나 다룰 때 손쉽게 사용하도록 표준화 내지 정리된 논 변 방식 내지 모델)를 가리킨다. 테오그니스(425~428행), 소포클레스(『콜로 노스의 오이디푸스』 1225~1238행) 등 여러 희랍 작가들이 언급한 바 있고, 현대에는 하이네(『모르핀』), 쇼펜하우어(A. Schopenhauer 1851, 321쪽), 니 체(1872, 35~36쪽) 등의 언급이 잘 알려져 있으며, 가장 최근의 반출생주의 논의로는 태어나는 것이 태어나지 않는 것보다 해악이라는 논변을 제시하는 베너타(D. Benatar 2006, 특히 2장)가 인상적이다. 그런데 이것은 플라톤에 서는 발견하기 어려운 생각이다(타란 53쪽, 211쪽). 『파이돈』 62a가 거론되 기도 하지만, 문면으로 보나 문맥으로 보나, 보편 언명으로 된 실레노스의 지혜를 지지하는 것으로 보기는 어렵다.

[ii] '이것들'이 직전에 언급된 사항(즉, 인생의 어려움)이라고 보는 논자들이 많 았다. 그러나 더 넓은 맥락의 논의 사항, 즉 행복이 소수에게만 가능하다는 점(973c4~5)을 가리킨다고 보면(예컨대, 타란 53쪽, 212쪽), 이 질문에 대 한 대답도 그것에 맞게 지혜 또한 소수에게만 가능하다는 점이 될 것이다.

혹은 현명들에 대한, 혹은 우리가 앎이라고 생각하는 그 비슷한 다른 어떤 것들에 대한[i] 모종의 현명을 향해 다가갈 때마다, 부리나케 도망갑니다. 이것들 가운데 어떤 것도 이런 인간적인 것들에 관한 지혜라는 이름으로 불릴 만한 자격이 없다는 거죠. 그런데 영혼은 어떤 본성[ii]에 따라 이것이 자신에게 있다고 강하게 확신하며 직감으로 추측하고 있지만, 그게 무엇이고 언제 어떤 방식으로 있는지[17] 발견해 낼 능력이 전혀 없습니다. 지혜에 관한 우리의 막막함과 탐색이 이와 아주 흡사하지 않나요?[18] 그것들이 우리 가운데, 온갖 방식으로 이야기되는 온갖 논변들을 통해 자신들과 다른 사람들을 현명하고 일관성 있게 검토할 능력이 있다고 판명되는 사람들 각자가 희망하는 것보다 더 엄청난 일이라 판명되고 있으니 말입니다. 이것들이 그렇지 않나요? 혹은, 그렇다고 우리 동의할까요?

클레이니아스 우린 당신이 말한 그것들에 동의할 겁니다, 손님. 아마도 당신과 더불어 시간을 보내며 생겨날 희망, 즉 그것들에 관해

c

d

---

i   '현명들에 대한'과 '다른 어떤 것들에 대한' 대신 '현명들 가운데'와 '다른 어떤 것들 가운데'로 옮길 수도 있다. 두 방향으로 읽을 수 있다는 애매성이 저자의 의도일 수 있다. 우리말 '의'에 해당하는 희랍어 속격 표현을 어느 쪽으로 읽든 '현명들의 현명'이라는 표현이 다소 어색하게 들리지만, '현명' 대신 '앎'이나 '기술'을 넣어 읽으면 의미가 좀 더 살아난다. 앎에 대한 앎은 플라톤이 『카르미데스』 166b5~173d7에서 심도 있게 논의한 바 있다.

ii   '자연'으로 옮길 수도 있는데, 앞으로도 계속 '자연'과 '본성'은 'physis'를 옮긴 말로서 서로 바꾸어 쓸 수 있다.

32

다시금 가장 참된 의견을 갖게 되리라는 희망에 기대서 말입니다.

아테네인 그렇다면 다른 앎들, 즉 앎이라 불리고는 있지만 그것들을 포착해서[19] 가지고 있는 사람을 지혜롭게 만들어 주지는 못하는 것들을 우선 하나하나 검토해야 합니다. 걸리적거리지 않게 이 앎들을 치워 놓아야[20] 우리가 필요로 하는 저 앎들을 앞에 세워 놓을 뿐만 아니라 세워 놓은 것들을 배우는 일까지 시도할 수 있게 될 겁니다.

그러니까 처음에는 가사적(可死的) 종족[i]에게 일차적으로 필요한 앎들을 살펴봅시다. 어째서 그것들이 거의 가장 필수적이요 참으로[ii] 일차적이면서도, 막상 그것들을 알게 되는 사람이 처음에는 한때 모종의 지혜로운 사람이라는 평판을 받은 적도 있지만 적어도 요즘에는 지혜롭다는 평판을 못 받을 뿐만 아니라 그런 앎으로 인해 오히려 비난을 사기까지 하는지를 알아보도록 합시다. 이제 우리가 말하려는 것은 그것들이 무엇인지, 그리고 가능한 한 가장 훌륭한 인물[iii]로 판명되었다는 평판을 두고 경

e

975a

---

i '종족'이나 '부류'로 옮기는 'genos'와 관련해서는 973c2 '인간 종족'의 주석과 978c7 '낮 부류', 981d4, 6 '부류(들)'의 주석을 참고할 것.

ii 아래 976b4에서부터 계속 나오게 될 '진짜'(ontōs)와 거의 유사한 의미를 갖는다. 상세한 내용은 그곳의 관련 주석을 참고할 것.

iii 직전(우리말에서는 직후)에 등장하는 '사나이'와 원어상 같은 말('anēr')이어서 그냥 '사나이'로 옮길 수도 있는 말이다. 바로 아래에서 두 번 더 나오는 '지혜로운

쟁을 벌이는 거의 모든 사나이[i]가, 현명의 확보 때문만이 아니라 수행[ii]의 확보 때문에라도 그것들을 피한다는 것입니다.

자, 그럼 첫째로 동물들의 상호 포식에 대한 앎이 있다고 해둡시다. 신화[iii]에 따르면 그건 우리로 하여금 어떤 것들은 아예 먹는 걸 삼가도록 하는 반면, 어떤 것들은[21] 합법적으로 먹도록 정해 놓았지요.[22] 그 예전 사람들이 모쪼록 우리에게 자비로우면

b 좋겠는데, 실제로도 그렇지요. (우리가 이야기하던 그 사람들이 누구든 이제 우리가 작별을 고해야 할 첫 번째 사람들이니 하는 말입니

인물'에 들어 있는 '인물'의 원어도 마찬가지다(975b3, 976a7).

i 방금 전 각주에서 언급된 바 있는 'anēr'의 번역어로 통상 '사람'을 택하기도 하는데, 사실 이 말은 그냥 '사람'이 아니라 영어의 'man'처럼 남자를 가리키면서 동시에 사람 일반을 가리키는 데 사용되기도 하는(그래서 남자다움이 사람다움으로 통용되는) 문제의 소지가 매우 많은 말이다. 문제의 소지에도 불구하고 미세한 뉘앙스를 살리기 위해 불가피하게 이 번역어를 도입하고(975a2, 987d3), 가능한 경우 '인물'을 병용하기로 한다(975a3, 975b3, 976a7). 우리말 '사람'과 더 가까운 말이면서 자주 등장하는 'anthrōpos'는 '인간'으로 통일하여 옮긴다. 그리고 이 두 단어가 사용되지 않은 통상의 밋밋한 맥락에서만 '사람'이라는 중립적 번역어를 사용하기로 한다.

ii 현명을 확보한 후에 이어지는 현명의 수행(epitēdeusis)일 수도 있지만, 일차적으로는 현명을 확보하기 위한 수행을 가리키는 것으로 보인다.

iii 여기 신화(mythos)는 『법률』 6권 782b에서도 인유된 바 있는 트립톨레모스 신화를 가리키는 것으로 보인다. 트립톨레모스는 엘레우시스 출신의 농사 관련 영웅인데, 데메테르가 자신의 곡물과 농경술을 세상에 전파할 인물로 그를 택했다고 이야기된다. 지금 저자의 맥락에서는 이런 유의 '지혜', 그리고 그것에 대한 종교적 숭상이 상당한 영향력과 평판을 지님에도 불구하고, 자신이 강조하려는 천문학적 지혜, 그리고 그것에 기반한 새로운 종교적 경외의 중요성에는 턱없이 못 미친다는 생각이 바탕에 깔려 있는 것으로 보인다.

다.) 하지만 어쨌든 보릿가루와 밀가루 만듦은 그것이 제공하는 양식과 더불어 아름답고 훌륭하지만, 완벽하게 지혜로운 인물을 만들어 내는 건 결코 할 수 없을 겁니다. (바로 이것, 즉 만듦이라는 이름[i]이 만들어지는 것들 자체에 대한 반감을 만들어 낼 수도 있을 거라서 하는 말입니다.)[ii] 그리고 아마 땅 전체에 대한 경작도 그럴 수 없을[iii] 겁니다. 우리 모두가 기술을 가지고 땅을 다루는 것이 아니라 신의 가호에 따라 자연적으로[23] 그렇게 하는 것으로 보이니까 말입니다. 게다가 집의 직조와 건축 일반 그리고 온갖 설비들을 만들어 내는 기술,[iv] 즉 대장일과 목공, 도공, 직조공의 기술과 온갖 도구들의 마련까지도 인민[24]을 위한 유익함을 갖고 있지만, 덕에 기반해서[v] 그렇게[vi] 불리는 건 아닙니다. 게다가 일체의

c

---

i   혹은 '만듦(poiēsis)을 [지혜롭다고] 부르는 이름'.

ii 두 문장에서 유사어를 이용한 언어유희가 구사되는 것으로 보인다. 편의상 '만듦'과 '만들어 냄'으로 두 계열 단어를 구분하여, 한쪽의 'poiēsis'와 'poiein'-'poieisthai'는 '만듦'과 '만들다'-'만들어지다'로 옮기고, 다른 쪽의 'apergazesthai'는 '만들어 내다'로 나눠 옮기기로 한다.

iii 즉, 완벽하게 지혜로운 인물을 만들어낼 수 없을. 혹은 '그것이 아닐', 즉 '우리가 찾는 그 앎이 아닐'로 읽을 수도 있다.

iv 여기 이 말에서부터 두 문장 아래의 '해석술'에 이르기까지 '기술'로 새긴 말들은 '기술'에 해당하는 단어가 원문에 명시되어 있지는 않지만 함축되어 있다고 보아 보충해 넣은 것이다. 물론 '기술'(technē)이 아니라 다른 단어, 예컨대 '능력'(dynamis) 같은 것이 생략되어 있다고 보는 것도 가능하다. 나중에(976b5) 이 단어도 언급된다.

v   즉, 덕을 가져다준다고 해서.

vi 즉, 기술/앎/지혜로.

사냥술도 이미 풍부해지고[25] 전문 기술이 되어 있지만, 지혜로움
과 더불어 위대함을 돌려주지는[i] 못합니다. 게다가 적어도 예언
술도 그리고 해석술도 전혀 그러지 못합니다. 이야기되는 것만
알 뿐 그게 참인지 아닌지는 배우지 못했기 때문이죠.[ii]

d   자, 이제 필수적인 것들의 확보가 기술을 통해 성취되긴[26] 하지
만 이 기술들 가운데 아무것도 어떤 지혜로운 사람도 만들지 못
한다는[27] 걸 우리가 보고 있으니, 이것 다음으로는 어떤 놀이가
남아 있을 수 있겠네요. 대체로 모방적인, 그런데 전혀 진지하지
않은 놀이가 말이죠. 사람들은 여러 도구를 가지고 모방을 하는
가 하면, 자기 몸 자체로 하는, 아주 모양이 좋지만은 않은[28] 여
러 흉내로 모방을 하기도 하거든요. 말로 모방하기도 하고 온갖
뮤즈에 속한 모방을 하기도 하며, 그림 그리는 기술을 어머니로
삼는 모방이 이루어지기도 하지요. 많은 다채로운 장식들이 젖
은 것이든 마른 것이든 여러 종류의 것들을 통해 완성되면서 말
입니다. 그런데 누군가가 이런 것들 가운데 어떤 것에 있어서든
최대의 열심을 가지고 기술을 연마한다 해도 모방술은 그를 지
혜롭게 만들어 주지 못합니다.

i   '돌려준다'(apodidonai)는 것은 기술/앎/지혜라는 이름에 상응하는 기대치
    에 값하는 효능을 보여 준다는 뜻이다.
ii   아리스토텔레스식 용어를 빌리자면, 'hoti'(…라는 것), 즉 'p다.'라는 것은 알
    지만, 'di' hoti'(왜 …인지), 즉 왜 'p다.'가 참으로 성립하는지는 모른다는 말
    일 것이다.

이 모든 것들이 다 성취되었으니 이제 남은 건 수없이 많은 사람들에게[29] 베풀어질 수없이 많은 구조(救助)[30]가 될 겁니다. 그중 가장 중대한 것이면서도 가장 많은 것들에 적용되는 구조는 전쟁술이라 불리는 구조, 즉 장군술인데,[31] 이것은 쓰임새에 있어 가장 정평이 나 있지만, 행운을 가장 많이 필요로 하며 지혜에 의해서라기보다는 오히려 자연에 따른 용기에 의해서 주어져 있는 것이지요.[32] 그런가 하면 또 다른 구조가 있는데, 사람들이 의술이라고 부르지만 내가 보기엔 이것도 구조예요. 계절들이 때 아닌 추위와 더위 및 그 비슷한 모든 것들을 이용해서 동물들의 본성[i]으로부터 강탈해 가는[ii] 것들 거의 모두를 막아 주는 구조지요. 하지만 이런 구조들[iii] 가운데 가장 참된 지혜로 정평이 난 것이라곤 아무것도 없습니다. 그것들을 우리가 일정한 척도 없이[33]

i '동물들[/생물들]'에 대한 일종의 곡언법적 표현일 수 있다(타란 228쪽). 앞으로 'x의 본성' 혹은 'x적인 본성'의 형태로 등장하는 '본성'이라는 말은 '자연'이라고 흔히 옮기기도 하는 'physis'의 번역어인데, 곡언법으로, 즉 그냥 x로 새겨도 크게 무리가 없는 방식으로 이 저자에 의해 자주 사용된다. 우리 말로는 '자연물' 혹은 좀 더 의미를 따라 새기면 '존재자'쯤으로 이해해도 된다. 즉, 'x의 본성'이라는 말을 'x라는 자연물[/존재자]' 혹은 그냥 'x'로 새겨도 되는 맥락들이 자주 출현하게 될 것이다.

ii '강탈하다'(leizesthai) 대신 '노획하다'가 더 적절한 번역어일 수 있다. 이 단어에서 잘 드러나듯 저자는 앞선 전쟁술 사례 이후 계속 전쟁 은유를 사용하고 있으며, 아마도 아래 수사학 사례에서 통상의 용어 '능력'(dynamis) 대신 사용된 '힘'(rhōmē) 역시 이런 은유의 일환이 아닐까 싶다.

iii 혹은 '기술들'.

의견들을 가지고 추측해 가면서 가지게 되기 마련이거든요.[34] 그런데 내가 보기에 우리는 조타수들 그리고 동시에 선원들 또한 구조자들이라고 말할 수는 있겠지만, 누구든 우리를 안심시킨답시고 온갖 근거들을 대가며 이들 가운데 그 누구를 두고[35] 지혜로운 인물이라고 공표하지는 못하게 합시다.[i] 아무도 바람의 분노든 호의든 알지 못할 테니까요. 일체의 조타술에겐 그런 앎이 소중하지만 말이죠. 게다가 말하기의 힘 덕에[ii] 자기들이 송사에 구조자가 된다고 주장하는 사람들도 [지혜로운 사람들이] 아니긴 마찬가집니다.[iii] 기억력과 의견 다루는 요령을 가지고 사람들의 성격에[36] 주의를 기울이지만 진짜[iv] 정의로운 것들의 진실로부터는

---

i   지혜를 산출하는 기술에 대한 논의로부터 기술자에 대한 논의 쪽으로 저자의 초점이 이행하고 있다.

ii 혹은 '힘에 있어서'.

iii 저자는 여기서 기술자에 대한 논의로 이행할 뿐만 아니라 기술에 대해서는 이름조차 거명하지 않고 있다. 타란(228쪽)은 이 대목으로부터 수사술이 기술임이 부인되고 있다는 함축을 읽어 낸다.

iv 혹은 '참으로', '실제로', '정말로'. '있다/…이다' 동사 'einai'에서 나온 분사 'on'(있는 것, 존재자)의 파생형이다. [또 다른 파생형으로 'tōi onti'가 982c2에 한 번 나오는데 '실제로'로 옮긴다.] 이 단어는 앞으로 진짜 자주 등장하는데(이 작품에서만 16회), '참된', '진실된'을 뜻하는 형용사 'alēthēs'의 파생형으로 974e1에서부터 등장한 'alēthōs'(참으로)[또 다른 파생형이 '진리', '진실'을 뜻하는 'alētheia'이며, 그것의 부사적 표현 'alētheiāi'가 989c8에만 등장하는데 '진실로'로 구분하여 옮긴다.]와 구별하기 위해 편의상 '참으로'는 피하고 주로 '진짜(로)'로 통일하여 옮기되, 문맥에 필요할 때만 '실제로'나 '정말로'를 택하기로 한다. 특히 986d2("참된 의미에서만이 아니라 실제로도")나 992c3("진짜 참된")은 두 계열 단어가 함께 등장하는 곳이어서 흥미

멀리 벗어나 헤매고 있으니 말이에요.

지혜의 평판과 관련해서 어떤 이상한 능력이 아직 남아 있는
데, 다중이 지혜라기보다는 오히려 천성이라고 부를 법한 것이
지요. 누군가가 뭘 배우든 쉽게 배우면서도 아주 많은 걸 그것
도 빠짐없이 기억한다는 걸 다른 누군가가 알아차릴 때면 그렇
게 부를 법하지요. 그리고 누군가가 각자에게 유익한 것을, 즉
무슨 일이 일어나는 게[37] 적절할지를 상기해 내고 그걸 빠르게 해
낼 때도 또한 그렇지요. 이것들 모두를 어떤 사람들은 천성으로,
또 어떤 사람들은 지혜로, 또 어떤 사람들은 천성적[38] 총기(聰氣)
로 놓겠지요.[39] 하지만 분별 있는 사람들 가운데서는 어느 누구
도 도대체 이런 것들 가운데 어떤 것을 두고서든 누군가를 진짜
지혜롭다고 부르려 하지 않을 거거든요.

하지만 어떤 앎이, 즉 그걸 가지면 지혜로운 사람이 그저 지
혜롭다는 평판을 얻는 데 그치지 않고 진짜 지혜롭게 될 수 있
는 어떤 앎이 꼭 나타나야만 합니다. 자, 그럼 봅시다. 극도로
어려운 논의를 우리는 시도하고 있습니다. 이야기된 것들 말고
다른 앎을 발견하려고 말입니다.[40] 실제로도 그리고 그럴법하게
도 지혜라고 이야기될 수 있으면서도, 그걸 획득한 사람이 비천
하거나 어리석게 되지 않고 오히려 그 앎 때문에 국가의 지혜롭

롭다. 특히 전자는 이 두 부사를 나란히 쓰는 경우여서 저자의 중복 표현 습
관과도 관련된다.

고 훌륭한 시민이요 정의롭게 다스리고 다스림 받는 사람이면서 동시에 조화로운[i] 사람이 될 그런 앎을 말이죠. 그러니 무엇보다도 이 앎을 첫째로 알아봅시다. 지금 우리에게 현존하는 앎들 가운데, 인간적 본성[ii]으로부터 완전히 제거되거나 우리에게 생겨나지 않을 경우 인간들의 무리를 가장 몰지각하고 무분별한 동물로 만들어 버리게 될 유일한 앎이 도대체 무엇인지 말이에요.

e   사실 적어도 이것, 즉 알아보는 것만큼은 아주 어려운 일은 아닐 겁니다. 앎을 서로, 말하자면 일대일로 놓고 비교하면, 가사적 종족 전체에게 이런 일[iii]을 할 수 있는 앎은 바로 수(數)를 준 앎일 테니까요.[iv] 그리고 우리에게 그걸[v] 줌으로써 우리를 구원해 주는 자는 어떤 우연[41]이라기보다 오히려 신 자신이라고 난 생각

---

i   혹은 '근사한'. 원래 음악에 쓰이는 말인 'emmelēs'는 '가락에 맞는'을 뜻한다. '우아하게 잘 어울리는', '절도 있게 행동하는' 등으로 옮길 수도 있겠다. '조화로운'이 타인과 잘 어울린다는 의미를 굳이 배제할 이유는 물론 없지만, 아마도 '내적 조화를 갖춘'의 의미(즉, 플라톤 저작에 자주 등장하는 정의가 의미하는 바)가 이 말의 함축 가운데 중핵에 속하는 것이 아닐까 싶다.

ii   곡언법적 표현. 저자의 곡언법에 관해서는 976a3 '동물들의 본성' 주석을 참고할 것. 이 작품에는 곡언법적 표현이 매우 자주 등장하는데, 이제부터 특별한 경우 외에는 따로 언급하지 않기로 한다.

iii 즉, 그것의 부재가 해당 종족을 몰지각하고 무분별한 동물로 만드는 일.

iv   혹은 '이런 일을 할 수 있는 앎은 바로, 가사적 종족 전체에게 수(數)를 준 앎일 테니까요.'로 옮기는 것도 가능하다. 이 경우에는 '가사적 종족'을 인류로 읽게 될 것이다.

v   즉, 수를 준 앎을.

합니다. 그런데 누구를 내가 신이라고[42] 생각하는지 밝혀야 합니다. 그가 이상할 수도 있고, 어떻게 보면 또 이상하지 않을 수도 있겠지만 말입니다.[i] 우리에게 좋은 모든 것들의 원인이, 단연 최대로 좋은[43] 것인 현명의 원인이기도 해 왔다고 생각하는 게 어찌 마땅하지 않겠어요? 그럼 누구를 대체 내가 신이라고 드높이 기까지 하면서 말하는 걸까요, 메길로스 그리고 클레이니아스? 감히 말하건대 하늘(우라노스)이겠지요. 다른 모든 신령들, 그리고 동시에 신들도 그러듯,[ii] 그를 공경할 뿐만 아니라 유독 그에게 기도를 올리는 게 가장 정의롭기도 한 분 말입니다.[44] 그런데 그가 우리에게 좋은 다른 모든 것들의 원인이기도 해 왔다는 데는 우리 모두가 동의할 겁니다. 그런데 정말로[45] 그가 수도 함께 주었으며, 앞으로도 또한 계속 줄 것이라고 적어도 우리는 주장합니다. 누군가가 유심히 따를[iii] 용의가 있다면 말입니다. 누군가가 그에 대한 올바른 관조 쪽으로 가게 된다면, 그를 부르는 건

977a

b

---

i   이어지는 수사 의문이 이상하지 않음을 설명해 준다. 이상함(atopon)은 아마도 널리 퍼진 전통적 계승 신화에 등장하는 우라노스의 운명 때문에 우라노스를 최고신으로 공경하는 것이 주는 부담을 가리키는 것으로 보인다(타란 235쪽).

ii 우리(즉, 인류)만이 아니라 다른 모든 신령들과 신도 그를 공경하고 기도하듯. 혹은 '신들도 그렇듯'[즉, 신들도 공경받고 기도받을 권리를 갖듯]으로 새길 수도 있다.

iii 즉, 그(즉, 신)를 따를. '그것(즉, 수)을 따를'이나 '우리를 따를'로 이해할 수도 있지만, 이어지는 맥락으로 보아서는 신을 따르는 일을 가리키는 것으로 보는 것이 무난해 보인다.

우주(코스모스)든 올림포스ⁱ든 하늘(우라노스)이든 어느 쪽이 됐든 자기 마음에 맞는 대로 부르도록 하되,ⁱⁱ 다만 어떻게 그가 자신을 다채롭게 치장하고 자기 안에서 별들이 온갖 경로들ⁱⁱⁱ로 돌도록 회전시키면서 만물에⁴⁶ 계절들과 더불어 자양물까지 제공하는 지는 유심히 따라가 보도록 합시다. 그러니까 그는 수 전체와 함

---

i 올림포스(Olympos)는 호메로스에서 신들의 거처로 상상된 올림포스산을 가리키며 본래 하늘(ouranos)과는 구별되는 것으로 상상되었지만 그 구별이 흐릿해지는 경우도 있었다. 이런 애매성이 여기서도 함축되어 있는 것으로 보인다. 아무튼 여기 맥락에서 장소의 인격화가 저자가 강조하고자 하는 논점인데, 올림포스는 그 논점을 시각화 효과를 통해 부각하기 위해 동원되고 있는 것으로 보인다.

ii 그 신의 다중적 호칭을 열어 놓는 이 발언은 애매한 표현을 일부러 구사하는 저자 자신의 기조와 긴밀히 맞닿아 있는 것으로 보인다. 하늘/우라노스, 우주/코스모스, 올림포스(하늘)/올림포스산 등 인격화하면서도 인격화 전의 것을 그대로 함께 보존하려는, 다시 말해 애매성과 무차별성을 즐기려는 저자의 의도에 주의할 필요가 있다. 인격화 사례의 (애매성을 드러내기 위한) 표기 방식에 관해서는 아래 988e6 '정의(디케)'의 주석을 참고할 것.

iii 혹은 '궤도들'. 이제부터 '궤도'로 새길 수 있는 용어, 즉 '궤도', '경로', '주기', '회전' 관련 유사어가 대략 5개가 등장한다. 편의상 지금 나온 'diexodos'와 저작 끄트머리에 나오는 'hodos'(990c2)는 '궤도'를 피해 그 말들이 가진 또 다른 주요 의미인 '경로'로 옮긴다. 그리고 다른 번역어를 주기 어려운 'polos'(986c4에만 등장함.)는 '궤도'로 옮긴다. 다른 두 후보인 'periodos'와 'kyklos'가 실은 이 사안에서 중요한 용어이고 둘 다 '궤도'나 '주기'(혹은 '회전')로 옮길 수 있는 것들인데, 기본적으로 전자를 '궤도'로, 후자를 '주기'로 옮기지만, 맥락상 의미 때문에 978e에서만 다시 전자를 '주기'로, 후자를 '회전'으로 바꿔 옮기기로 한다. '궤도', '경로', '주기', '회전' 등은 원어상 서로 중복되거나 혼동의 여지가 있으므로 이 단어들의 더 구체적이고 정확한 내용은 「찾아보기」에서 확인할 수 있다.

42

께 나머지 현명[47]도 그리고 다른 좋은 것들도 제공한다고 우리는 주장할 수 있을 겁니다. 그렇지만 가장 큰 건 이것, 즉 누군가가 그가 주는 수들이라는 선물을 받아서 그 궤도[i] 전체[ii]를 두루 다 섭렵하게 될 경우입니다.[iii]

계속해서, 우리가 하던 논의에서 어떤 식으로든 조금만 앞으로 되돌아가서[iv] 상기해 봅시다. 우리가 인간적 본성으로부터 수를 제거하면 우리는 결코 무엇에 있어서든[48] 현명하게 되지 못할 거라고 우리가 사유했던 게 역시 무척이나 옳은 것이었음을 말입니다. 그렇게 되면 아마도 설명[v]을 결여하게 된 이 동물의 영혼이 더 이상 덕 전체를 결코 획득하지 못할 테니까요. 그리고 둘과 셋을 알지 못하고 홀도 짝도 알지 못하며 수라고는 아예 모르는 동물은 자기가 어떤 것들에 대해 감각들과 기억들만 소유하고 있을 뿐인 바로 그 어떤 것들에 관해 결코 설명을 제시할

c

---

i   혹은 '주기', '회전', '경로'. 여기 이 'periodos'를 교육 과정을 가리키는 은유로 볼 때는 '과정'으로 옮길 수도 있다. 유사어의 번역에 관해서는 위 'diexodos'의 주석과 「찾아보기」를 참고할 수 있다.

ii   즉, 전 우주의 회전.

iii '궤도/과정 전체(pasa hē periodos)를 두루 다 섭렵한다(epexerchesthai)'는 것은 천문학적 은유를 교육에 적용한 것으로 보인다.

iv   976d의 사유 실험 제안 대목을 가리킨다.

v   혹은 '이유', '이성'. 'logos'는 계산을 뜻할 수도 있고 언어/진술/설명 및 그 능력을 뜻할 수도 있다. 바로 다음 문장에서 그렇듯, 이 맥락에서 'logos'는 애매성이 의식되고 의도되어 있다.

d 수 없을 거예요. 물론 나머지 덕, 즉 용기와 절제는 그것이 소유하지 못할 이유가 전혀 없지요. 하지만 누군가가 참된 설명을 결여하고 있으면 결코 지혜롭게 될 수 없을 것이고, 덕 전체의 가장 중요한 부분인 지혜가 그에게 속하지 않는다면 더 이상 그는 완벽하게 훌륭한 사람이 됨으로써 행복하게 될 수가 결코 없을 겁니다. 그렇기에 수를 기초로 삼는[49] 것이 전적으로 필수적입니다. 물론 이것이 왜 필수적인지에 대해서는 이미 이야기된 것들 전부보다도 훨씬 더 풍부한 설명이 있을[50] 수 있겠지만 말입니다. 그러나 지금의 이 설명 또한 옳게 이야기된 거라 할 수 있을 겁니다. 다른 기술들에 속하는 사항들이라고 이야기된 것들(방금 전에 우리가 그 기술들을 모두 기술들이라고 인정하면서[51] 그 기술들

e 에 속하는 사항들을 검토한 바 있지요.)과 관련해서도 그것들 가운데 어느 것 하나도 전혀 남아 있지 않으며, 누군가가 수론(數論)을 제거하면 그것들 모두가 완전히 제거된다는 것 말입니다.

그런데 아마도 누군가는 기술들에 주목하고서, 인간 종족이 사소한 목적들을 위해 수를 필요로 한다는 생각을 할 수도 있을 겁니다. 물론 그것[i] 또한 중요하긴 하지요. 하지만 누군가가 생성의 신적인 것과 가사적인 것[ii]을 보게 될 경우, 그러는 가운데 신 경

978a 외만이 아니라 진짜 수까지도 알게 될 것인데, 그렇더라도 아직

---

i   즉, 사소한 목적들.
ii 즉, 생성이 갖고 있는 신적인 요소와 가사적인 요소.

은 누구나 다 수 전체를, 즉 그것이 함께 생겨남으로 해서 우리에게 얼마나 큰 능력의 원인이 될지를 알 수는 없을 겁니다. 시가(詩歌) 전반에 속한 것들 또한 움직임과 소리들이 하나하나 세어지는 걸 필요로 한다는 게 분명하니까요. 그리고 무엇보다도 중요한 건 그것[i]이 모든 좋은 것들의 원인이라는 것입니다.[52] 그리고 그것이, 어쩌면 생겨날 수도 있는 그 어떤 나쁜 것의 원인도 아님을 잘 알아야 합니다.[53] 그러나 대체로 계산이 안 되고 질서도 없으며 볼품도 없고 리듬도 없으며 조화도 없는 운동은, 그리고 모종의 나쁨을 이미 나눠 가진 모든 것들은,[54] 수 일체를 결여하고 있습니다. b 그리고 행복한 자로 삶을 끝마치려는 사람이라면 이걸 이렇게 사고해야 합니다. 그리고 누구든 정의로운 것과 좋은 것과 아름다운 것 및 그런 모든 것들을 도대체 알지 못하면, 참된 의견을 포착했다 하더라도 자신만이 아니라 남까지 완전히 설득할 수 있을 만큼 그런 것들을 하나하나 세어낼[ii] 수가 없을 겁니다.

그럼, 이제 바로 이것[iii]에 대해 숙고하면서 계속 가 봅시다. 우

---

i   즉, 수.

ii 혹은 '열거할'. 즉, '수로 설명할'.

iii '바로 이것'(tout' auto)이라는 표현이 여기 용례를 포함해서 이 맥락에 세 번 등장하게 된다. 여기 '바로 이것'은 직후에 말할 내용(즉, 우리가 어떻게 세는 걸 배웠는가?)을 가리킬 수도 있지만, 이 말의 표준적 용법을 적용하여 직전에 말한 내용(즉, 하나하나 세어낼 수 있음)을 가리키는 것으로 보아도 좋겠다. 아래 두 번 더 등장하는 것들도 이런 식으로 직전 내용을 가리키는 것으로 보는 것이 더 적절해 보인다.

리는 어떻게 세는 걸 배웠나요? 자, 봅시다. 하나와 둘이라는 것

c 이 과연 어디서부터 우리에게 생겨나서 우리가 그것들에 대해 개
념을 갖게 된 걸까요? 우리는 그런 개념을 가질 능력이 있도록
하는 이런 본성을 만유(판)^{i}로부터 받아 가지고 있는데 말입니다.
그런데 다른 많은 동물들에게는 바로 이것^{ii}을 위해서까지 본성이
생겨나 있는 건 아니어서 아버지^{iii}로부터 세는 걸 배울 능력이 없
습니다.^{55} 반면에 우리에게는 신이 맨 처음에 바로 이것^{ii}을 심어
넣어 줌으로써 현시(顯示)되는 것^{56}을 우리가 알아차릴 역량을 갖
게 해 주었고,^{57} 그다음엔 현시해 주었고 또 현시해 주고 있습니
다. 그것들^{iv} 가운데서 하나하나를 놓고 볼 때 낮 부류^{v} 말고 누군
가가 바라볼 수 있는 더 아름다운 것이 뭐가 있을까요? 그다음엔
밤 부분으로 시각을 가진 채 가게 될 텐데,^{58} 거기서는^{59} 완전히

d 다른 것이 그에게^{60} 나타나게 될 겁니다. 그래서 바로 이것들^{vi}을
여러 밤 여러 낮 동안 쉴 새 없이 돌릴 때^{61} 하늘(우라노스)은 조금

---

i   만유(to pan)가 판(to Pan)으로 인격화되는 것으로 보인다.
ii 즉, 수 개념을 가질(혹은 셀) 능력.
iii 인격화되어 있지만 위의 만유, 즉 우주를 가리키는 것으로 보인다. 타란(246
    쪽)도 그렇게 본다.
iv 즉, 현시되는 것들[= 천체들].
v   혹은 '날 부류'. 희랍어에서는 같은 단어로 낮과 날이 표현된다. 이 '낮(의) 부
    류', 그리고 다음 문장에 나오는 '밤(의) 부분' 등은 곡언법을 즐기는 저자의
    습성에 기인한 표현이다. 뜻만 생각하면 그냥 '낮', '밤'으로 새겨도 무방하다.
vi 즉, 천체들. 타란(247쪽).

46

도 쉼 없이 인간들에게 하나와 둘을 가르치는 겁니다. 가장 배움
이 더딘 사람조차 세는 걸 충분히 배울 때까지 말입니다. 우리 각
자는 이것들을 보면서 셋이다, 넷이다, 여럿이다라는 개념도 갖
게[62] 될 테니까요. 그리고 이것들[i]로부터 신은 하나[ii]를 만들었습니
다. 달(즉, 어느 때는 더 크게 나타나고 어느 때는 더 작게 나타남으로
써 늘 서로 다른 날을 드러내면서 열다섯 낮밤이 지날 때까지 자기 경로   e
를 밟아 가는 달)을 만들어 냄으로써 말입니다. 바로 이것이 한 주
기[63]입니다. 누군가가 하나의 회전[64] 전체를 하나로 놓고[65] 싶어 한
다면 말입니다. 그래서 신이 배울 능력이 있도록 하는 본성을 부
여해 준 동물들 가운데, 말하자면, 가장 배움이 더딘 동물조차도
배울 수 있게 되는 겁니다. 그리고 이것들[iii]까지 그리고 이것들 안
에서는 동물들 가운데 그럴 능력이 있는 것 모두가 각각의 것 하
나하나를 그것 자체로[iv] 숙고함으로써 아주 잘 셀 수 있게 되었습   979a
니다. 하지만 매번 모든 것들을 서로와의 관계에서 수로 헤아리
는 것에 대해 말하자면 그[v]는, 물론 더 큰 목적[vi]을 위해서 그랬겠

---

i   즉, 이 여럿들. 타란(248쪽).
ii   단위를 뜻하는 것으로 보인다.
iii 아마도 열다섯.
iv   즉, 15 이하의 수 각각을 서로와의 관계를 따지지 않는 방식으로.
v   즉, 신.
vi   아마도 산술적인 목적(즉, 15를 넘는 수를 셀 수 있게 해 주는 것)보다 더
     큰, 이를테면 천문학적인 목적.

다고 난 생각하지만, 바로 이 목적을 위해서도, 우리가 말했듯이, 달을 차고 기울도록 만들어 넣고서 달[月]들을 결합하여 해[年]가 되게 했고,[66] 그래서 그것들 모두가[i] 행복한 운명에 의해 수와의 관계에서 수를 통찰하기 시작했습니다. 이런 것들[ii] 때문에 우리에게 열매들이 있을 뿐만 아니라 땅도 모든 동물들에게 자양물이 될 것들을 가득 품게 되었습니다. 생겨나는 바람들과 비들이 정해진 운명을 거스르지도 적도를 벗어나지도 않음으로 해서 말입니다. 하지만 이것들에 반해서 나쁜 쪽으로 어떤 일이 일어나게 되면 신적 본성을 탓할 것이 아니라, 자신들의 삶을 정의롭게 정돈하지[67] 못하는 인간적 본성을 탓해야 합니다.

b

그런데 법률들에 관해 탐색하면서 우리는 대체로 다음과 같이 생각했습니다.[68] 인간들에게 최선인 다른 것들[iii]은 알아내기 쉬울 뿐만 아니라 누구든 이야기되는 것들을 이해할 역량도 행할 역량도 갖추게 되기도 할 거라고 말입니다. 유익할 법한 것이 도대체 무엇이고 유익하지 않은 것이 무엇인지를 알아내기만 한다면 말입니다. 그러니까 우리가 가졌고 지금도 여전히 가지고 있는 생각은 이겁니다. 추구되는 다른 모든 활동들은 대단히 어렵

c

---

i 즉, 그 동물들 모두가. 혹은 '모든 것이'. 아니면 '모든 것들을'로 읽을 수도 있는데, 이 경우는 아래 '수와의 관계에서 수를'도 '수와의 관계에서 수로'로 읽게 되겠다.

ii 즉, 태양과 달의 회전.

iii 즉, 외적인 좋음들과 몸의 좋음들.

48

지는 않지만, 어떤 방식으로 쓸만한 인간들이 되어야 하는지는 지극히 어렵다는 겁니다. 그리고 이번엔, 다른 모든 쓸만한 것들을 얻는 일은, 즉 재산이 얼마만큼이어야 하고 또 얼마만큼이면 안 되는지, 그리고 몸은 어떠해야 하고 또 어떠하면 안 되는지를 따져 얻는 일은, 흔히들 하는 말마따나, 가능하기도 하고 어렵지 않기도 합니다. 그리고 영혼이 훌륭해야 한다는 것에 대해서는 모두가 그 누구와도 동의하고, 어떤 방식으로 훌륭해져야 하는지에 대해서도 이번엔 정의롭고 절제 있고 용기 있어야 한다는 것에는 모두가 동의하고, 이것, 즉 지혜로워야 한다는 것 또한 모두가 그래야 한다고 주장하지만, 막상 어떤 지혜에 있어서 지혜로워야 하는지에 대해서는, 방금 전에 우리가 검토한 것처럼, d 다중들 가운데 아무도 더 이상 그 누구와도 도무지 합의를 하지 않습니다. 그러니까 이제 우리는 앞서의 모든 지혜들을 넘어서 적어도 바로 다음과 같은 점에서 보잘것없는 것이 아닌 어떤 지혜를 발견해가고 있습니다. 즉, 적어도 우리가 검토해 온 것이기도 한 바로 그것들을 배운 사람만큼은 지혜롭다고 여겨진다는 점에서 말입니다. 하지만 이것들을 아는 사람이 지혜롭고 훌륭한지, 바로 이것에 관해서는 설명을 요구해야 합니다.

클레이니아스 손님, 중대한 것들에 관해 중대한 것들을 밝히려 시도한다니 이 얼마나 그럴법한 말씀이신지![69]

e 아테네인 그래요, 사소한 것들이 아니니까요, 클레이니아스. 하지만 더 어려운 건, 전적으로 모든 면에서 참된 것들임을 밝히려 시도하는 일이죠.

클레이니아스 정말 그래요, 손님. 하지만 그럼에도 불구하고 당신이 주장하려는 바를 이야기하면서 지치지 마시길.

아테네인 물론입니다. 그러니 두 분도 들으면서 지치지 마시길.

클레이니아스 그럴 겁니다. 그리고 우리 두 사람을 대변해서 내가 당신에게 밝히고 있는 겁니다.

980a 아테네인 아름다운[70] 말입니다.[i] 자, 그럼 처음부터[71] 다음과 같이 진술해야 할 것으로 보입니다. 필수적으로[72] 우선 가장 좋기로는 우리가 하나의 이름으로 포착할 수 있다면 우리가 지혜라고 생각하는 그것이 무엇인지를 진술해야 할 것이고, 우리가 도저히 그렇게 할 수 없다면 차선으로 누군가가 우리 이야기[ii]에 따라 지혜롭게 되려면 포착해야 할 그런 지혜들이 도대체 어떤 것들이고 얼마나 되는지를 진술해야 할 것으로 보입니다.

클레이니아스 이야기하시지요.

아테네인 그럼 그다음으로 다음과 같은 일을 했다고 입법자가 신

---

i 작은 존재감에도 불구하고 대화의 기본을 지켜 주는 상대방에 대한 찬사다. 이어지는 대화에서 클레이니아스는 곧바로 찬사와 덕담으로 갚아 준다.

ii 'mythos'는 플라톤 작품에서 대개 'logos'와 대비되어 쓰이지만 서로 교환 가능한 말로 쓰이는 경우도 있다. 여기는 후자 쪽 사례다.

의 분노를 살 일은 없습니다. 신들에 관해 이전에 이야기된 것들보다 더 아름답고 훌륭하게 묘사하면서[i] 이야기하는 것, 이를테면 아름다운 놀이를 하듯 하면서 그리고 신들을 공경하면서 그렇게 이야기하는 것,[73] 그리고 행복의 찬가들로[74] 기리면서 자신의 삶을 보내는 것 말입니다.

b

클레이니아스 정말 아름다운 말을 하셨네요, 손님.[ii] 이것이, 즉 신들을 찬미하고[iii] 더 순수하게 삶을 보내고서 가장 훌륭하고도 아름다운 끝을 맞는 것이, 당신의 법률들의 끝이길 기원합니다![iv]

아테네인 그런데, 클레이니아스, 우리가 어떤 의미로 이야기를 하고 있는 건가요?[75] 신들을 찬송함으로써 우리가 그들을 대단히 공경하고 있는[76] 거라고 생각하나요? 신들에 관해서 가장 아름답고 훌륭한 것들이 우리에게 떠올라 이야기할 수 있게 되기를 기

---

i   혹은 '비유하면서', '재현하면서'.

ii   아테네인의 찬사를 곧바로 찬사로 되돌려 주고 있다. 이어 덤[즉, 이자 (tokos). 『국가』 6권 말 태양 비유 시작 대목(506d~507a)에 잘 표현되어 있다. 강철웅(2011) 12~14쪽, 특히 주석 11~16을 참고할 것.]으로 덕담까지 덧붙여 주는 기민함과 자유인다움(eleuthriotēs)까지 동원된다.

iii 'prospaizein'은 본래 '즐기다', '놀다', '웃다'의 뜻으로 흔히 쓰이는 말이다. 애써 이 말의 뉘앙스를 담으려 한다면 '찬미하는 놀이를 하고'쯤이 되겠다.

iv   아테네인은 앞에서 인상적인 언어유희를 통해 삶의 아름다운 끝에 대한 "아름다운 희망"(kalē elpis)에 관해 이야기한 바 있다(973c). 희구법(optative)으로 이루어진 지금 이 발언은 앞선 저 아테네인의 희망에 대한 클레이니아스 측에서의 화답이자 덕담이라 할 수 있다. 삶의 끝을 법의 끝으로 연결하는 제 나름의 기교를 구사하면서 말이다. 대체로 크지 않은 클레이니아스의 존재감이 여기서만은 특별히 예외다.

도하면서 말입니다. 당신은 이런 의미로 이야기하고 있는 건가요, 아니면 어떤 의미로 하는 건가요?

c 클레이니아스 아, 정말 기가 막히게도 바로 그런 의미입니다. 그건 그렇고, 신령스러운 이여, 신들에게 믿음을 갖고 기도도 하고, 이야기도 하세요. 신들과 여신들에 관련된 아름다운 것들에 대해서[77] 당신에게 떠오르는 이야기를 말입니다.

아테네인 그렇게 될 겁니다. 신 자신이 우리를 인도하신다면. 그저 함께 기도해 주시길.

클레이니아스 그다음 것을 이야기하시지요.

아테네인 그렇다면 신의 생성과 동물의 생성을 앞선 사람들이 잘못 묘사했으니, 우선은 내가 그걸 앞서의 이야기에 따라서 더 훌d 륭하게 묘사하는 게 필수적인 것으로 보입니다. 불경한 이야기들에 대항해서 내가 시도해 온 그 이야기[78]를 다시 붙잡아서, 신들이 있다는 것을, 즉 사소한 것들이든 더 중대한 것들이든 모든 것들을 돌보고 정의로운 일들에 관련된 것들에 대해 좀체 회유되지 않는[79] 신들이 있다는 것을 밝히면서 말입니다.[i] 당신들이 기억을 하고 있다면 말이죠, 클레이니아스. 당신들이 기록된 노트들을 받

---

i   여기 언급된 세 항목(즉, 신들이 있다. 만물을 돌본다. 정의와 관련해서 회유되지 않는다.)은 『법률』 10권 884b~907d에서 논증된 세 테제(결론은 907b5~7에 정리되어 있다.)를 가리킨다.

기까지 했으니[i] 하는 말입니다. 그때 말해진 것들이 정말 참된 것들이기도 했고요. 그것들 가운데서도 가장 중요한 건 이것이었지요. 영혼 일반이 물체 일반보다 더 오래되었다는 것 말입니다.[ii] 기억들 하나요? 아니면,[80] 다른 것들이야 어찌 됐든 이것만큼은 분명 기억하겠지요? 더 좋고 더 유구하고 더 신과 같은 것은 더 열등하고[81] 더 새롭고 더 비천한 것에 비해서 그렇다는 게 설득력 있으며, 어느 모로 보나[82] 다스리는 것이 다스림 받는 것보다 더 오래된 것이고, 이끄는 것이 이끌리는 것보다 어떤 식으로든[83] 더 오래된 것이니까요. 자, 그러니 이것만큼은 우리가 받아들입시다.[84] 영혼이 물체보다 더 오래되었다는 것 말입니다. 그리고 이것이 그렇다면, 우리에게 있어서 생성의 첫 번째 것의 첫 번째

e

981a

---

i   혹은 '노트들(hypomnēmata)을 얻기까지[/손에 넣기까지](elabete) 했으니'. 흔히들 '노트들에 기록해 두기까지 했으니'로 옮기지만, 통상의 번역 관행을 따르지 않았다. 타란(259~260쪽)과 브리송(L. Brisson 2005, 19~20쪽) 등이 그런 방향으로 새긴다. 브리송은 이다산을 향한 여정이라는 전원적 맥락을 가진 『법률』과 달리 이 작품의 대화가 스콜라적 맥락(즉, 아카데미적 맥락)을 가진다는 점, 그리고 12권까지도 포함한 『법률』 전체가 이미 출판되었다는 점 등을 이 언급으로부터 읽어 낸다. 후자는 달리 볼 여지가 없지 않지만, 전자는 의미 있게 음미해 볼 만한 통찰이다. 『법률』에 이런 사건을 가리키거나 암시하는 언급은 나오지 않는다.

ii   『법률』 10권 893b1~899d4의 논의를 염두에 둔 것으로 보인다. 앞으로 계속 등장할 '물체'(sōma)는 우리말에서 '몸'이나 '신체'로 새기는 것이 훨씬 더 자연스러울 경우가 적지 않지만(예컨대, 981e5), 통일성을 드러내기 위해 택하지 않는다.

것ⁱ만큼은 아마도 더 설득력 있는ⁱⁱ 것으로 개시되었다고 할 수 있 겠지요.⁸⁵ 그러니 시작의 시작이 더 근사한 상태이며, 우리가 지 혜의 가장 중요한 부분들에, 즉 신들의 생성에 관한 부분들에 가 장 올바르게 들어서고 있는 거라고 놓읍시다.^{iii 86}

클레이니아스 이것들이 가능한 한에서 잘 이야기되고 있다고 합 시다.

아테네인 자, 그럼 가장 참되게 자연에 따라 동물이라고 이야기 되는 건 바로 이것이라고, 즉 영혼과 물체가 단일한 구조(構造)로 결합해서 그 구조가 단일한 형태를 낳게 될 때의 그것이라고 우 리 주장할까요?⁸⁷

클레이니아스 그게 제대로죠.⁸⁸

b 아테네인 그러니까 이런 것이 가장 정당하게 동물이라 불리는 건

---

i 즉, 우리가 논하고 있는 생성의 첫 번째 항목의(즉, 첫 번째 항목 중에서도) 첫 번째 항목(즉, 영혼). 여기 논의는 『법률』 10권 891c~899d를 염두에 두 고 개진되고 있는 것으로 보인다. 상세한 내용은 미주 85를 참고할 것.

ii 이때 영혼이 가진 상대적 설득력(pithanoteron)이란 그것이 첫 번째 항목이 라는 것의 설득력일 것이다. 『법률』 10권 887b의 "설득력"(pithanotēs), 즉 제대로 된 신론이 확보해야 할 설득력을 염두에 둔 표현으로 보인다. 무엇을 맨 앞에 놓느냐가 신론 혹은 신 생성론이 가질 설득력의 관건이라는 것이다.

iii 줄곧 등장하는 '놓다'(tithenai) 동사는 맥락에 따라 '정해 놓다', '가정하다', '받아들이다', '간주하다', '여기다' 등 여러 가지로 새길 수 있게 등장하다 가 말미로 가면서 '법을 놓다', 즉 '입법하다'라는 말로 쓰이게 된다(984d4, 987a7, 992d5). 지금 대화자들이 사실상 입법자이기도 하다는 것이 이 동사 사용의 중요한 배경을 이룬다. 상세한 내용은 미주 86을 참고할 것.

가요?

클레이니아스 그렇습니다.

아테네인 그런데 그럴법한 설명에 따라[i] 입방[89] 물체들, 즉 그것들로부터 누군가가 가장 아름답고 훌륭한 것들을 빚어낼 수 있는 입방 물체들은 다섯이라고 이야기되어야 합니다. 그리고 나머지 부류 전체는 단일한 형태를 가집니다. 진짜 가장 신적인 부류, 즉 영혼 부류 말고는 다른 어떤 것도 비물체적인 것으로 생겨날 수도 없고 어떤 식으로도 결코 아무런 색도 갖지 않는 것일 수도 없으니까요. 이것은 아마도 그것에게만 빚어냄과 만들어 냄이 어울리는 그런 것인 반면, 물체에는, 우리가 이야기하는 것처럼, 빚어짐과 생겨남[ii]과 보임이 어울립니다. 전자에는 (다시 이야기해 봅시다. 단 한 번만 말해서는 안 되니까요.) 보이지 않는 것임만이 아니라 아는 것임과 사유되는 것임도 어울리는데, 이는 그것이 기억과 계산(즉, 홀과 짝이 계속 바뀌며 행해지는 계산)을 나눠 가짐으로써 그렇습니다. 그렇다면 물체들이 다섯이니까, 그것들이 불과 물, 그리고 셋째로 공기, 넷째로 흙, 다섯째로 에테르라고 말해야 합니다.[iii] 그리고 이것들 가운데 무엇

c

---

i   자연에 관한 설명(logos)은 그럴법한(eikōs) 수준의 것일 수밖에 없다는 『티마이오스』(예컨대, 27d~29d, 53c~56c)의 성찰을 반영하는 구절이다.

ii   즉, 만들어짐.

iii 『티마이오스』에서 플라톤은 다섯째 원소 에테르를 인정하지 않는다(40a, 81e~82a 등).

이 우위를 점하느냐에 따라 많은 다양한 동물 각각이 완성된다고 말해야 합니다.

d   그런데 그건 다음과 같이 하나하나 배워야 합니다. 첫 번째로 우리가 다루는 하나[i]로 흙으로 된 것을 놓읍시다.[90] 즉, 모든 인간들, 모든 발 많은 것들과 발 없는 것들, 그리고 움직여 다니는 것들과 뿌리로 묶여 제자리에 머물러 있는 것들[ii] 말입니다. 그런데 그것이 하나라는 것은 다음과 같은 것이라고 생각해야 합니다.[91] 이 모든 것들[iii]이 모든 부류들[iv]로부터 나왔지만[92] 이것[v]은 대부분 흙과 그것의 단단한 본성으로 되어 있다는 것 말입니다.

그리고 생겨나는 것이면서 게다가 보일 수도 있는 또 다른 동

---

i   혹은 뜻을 따라 보충해 읽으면 '한 부류'. '부류'에 해당하는 단어 'genos'가 직접 등장한 것은 아니지만 내용상 함축되어 있다. 정작 그 단어가 동물을 가리키기 위해 등장하는 것은 아래 981d6에서다.

ii   그 하위 부류에 식물이 포함되어 있는 것으로 보아 우리가 사용하던 '동물'이라는 번역어에 재고의 여지가 있기는 하다. 그러나 '동물'과 '생물'을 넘나들던 고대 희랍의 용어법을 감안하면 일반적으로는 '동물'로 옮기다가 이런 대목에서 '생물'로도 새기는 것이 적절해 보인다.

iii 즉, 동물들.

iv   즉, 물체 부류들. 여기서 저자는 물체들(즉, 단순 물체들. 이하 '물체'로 줄임.)에 대해 '부류'(genos)라는 용어를 사용하지만, 이제 곧 동물들에 대해 이 용어를 사용하게 되고(981d6), 이후로는 984c의 물체 부류 용례(2회) 외에는 모두(7회) 동물 부류를 지칭하기 위해 사용된다. 지금 언급하고 있는 '하나'도 사실상 '한 동물 부류'라는 것 또한 그곳["다른 동물 부류"(981d6)]에서 회고적으로 밝혀지게 된다.

v   즉, 이 동물 부류, 즉 흙으로 된 동물 부류.

물 부류^{i}를 두 번째로 놓아야^{93} 합니다.^{ii} 그것의 가장 많은 부분^{94}
이 불로 되어 있거든요. 물론 흙과 공기로 된 부분들도 있고 다   e
른 모든 것들의^{95} 부분들도 조금씩은 가지고 있지만 말입니다.
바로 그렇기 때문에 그것들^{iii}로부터 동물들이 온갖 종류로 게다
가 보이는 것들로 생겨난다고 말해야 합니다. 그런데 다시, 하
늘에 속한 동물 부류들은, 바로 그것 전체가 별들의 신적 부류로
생겨났다고^{96} 말해야 하는 것으로서, 가장 아름다운 물체와 가장
행복하고도 훌륭한 영혼을 받은 것이라고^{97} 생각해야 합니다.^{iv}
그것들에게는 의견에 따라 대체로 두 운명 가운데 하나를 나눠
주어야 합니다. 그것들 각각이 완전히 그리고 전적인 필연에 의   982a
해 불멸이자 불사요 신적이거나,^{98} 아니면 각자가 도대체 조금이
라도 더 많은 생명을 추가로 필요로 하지 않을 정도로 충분히 생
명이 오래 지속되는 어떤 삶을 가지거나 말입니다.

i   이제까지 주로 '부류'(genos)는 물체 부류나 영혼 부류를 가리키는 말로 사
     용되었지만(978c7의 '낮 부류', 그리고 '인간 종족', '가사적 종족' 용례를 논
     외로 하면 말이다.), 여기서부터는 그것들의 복합물이라 할 수 있는 동물 부
     류를 가리키기 위해서도 사용된다.
ii   타란(83쪽, 265쪽)도 지적하듯 우주적 질서나 시간상 가치상 둘째라는 뜻이
     기보다 이야기에서 둘째로 놓겠다는 뜻으로 보인다.
iii 즉, 다섯 입체들.
iv   신이 천체에 혹은 우주에 부여한 구형이 형태 가운데 가장 완전하고 자신과
     가장 닮은 아름다운 형태라는 『티마이오스』의 논의(33b)와 연결되는 대목으
     로 보인다. 여기 'sōma'에는 우리말 맥락에서 '몸'이 더 어울리지만, 용어의
     통일성을 드러내기 위해 '물체'로 옮긴다.

그러니 우선, 우리가 이야기하고 있는 대로, 이런 두 동물이 있다고 사유해 봅시다. (이야기를 다시 해 보자는 겁니다.) 즉, 둘 다 보이는 것들이긴 한데, 하나는 (그렇게 여겨질 수도 있을 것을 이야기하자면[i] 전체가) 불로 되어 있고, 다른 하나는 흙으로 되어 있다고, 그리고 흙으로 된 것은 무질서하게 움직이지만[99] 불로 되어 있는 것은 완벽한 질서를 갖춰 움직인다고 말입니다. 그런데 무질서하게 움직이는 것은, 대체로 우리 주변의 동물이 꼭 그렇게

b 행동하듯, 무분별하다고 생각해야 하는 반면, 어떤 것이 다니는 길이 질서 가운데 있을 뿐만 아니라 하늘에 있기도 하다면, 이는 그것이 현명하다는 것의 큰 증거로 여겨져야 합니다. 그것이 언제나 동일한 관점에서 동일한 방식으로 자기 길을 다니면서 작용을 가하기도 하고 받기도 한다면 이는 그것이 현명하게 살고 있다는 것의 충분한 증거를 제공하는 걸 테니까요. 지성을 소유한 영혼의 필연은 모든 필연들 가운데서도 단연 가장 큰 필연으로 판명될 겁니다. 영혼은 지배받는 게 아니라 지배하면서 입법하니

c 까요. 그리고 영혼이 최선의 지성에 따라 최선의 결정을 해낼 때, 그 결과로 변경 불가능한 것이 실제로 지성에 따라[ii] 완벽한 것으

---

i 즉, 앞서 언급한 '의견'(981e7) 수준에서 이야기하자면. 엄밀한 기준을 적용해서 말하면 전체가 불로 되어 있다고 말하는 것이 완벽하게 맞지는 않지만, 이해의 편의를 고려하여 이렇게 이야기하겠다는 뜻으로 보인다.

ii '지성에 따라'로 옮긴 'kata noun'은 일상어에서 '마음에 들게'라는 뜻으로 쓰이는 말이다. 최선의 지성에 따른(kata ton ariston noun) 영혼의 결정이 지성

58

로 나오게 되고,[100] 금강석조차 도대체 그것보다 더 강하지도 더 변경 불가능하지도 않다고 판명될 것입니다. 오히려 최선의 숙의로써 각 신들에 의해 이미 결정된 것이 완벽하게 될 수 있게끔 정말로 세 모이라(운명의 여신)들이 꽉 붙잡아 지켜 줍니다. 그리고 진즉에 인간들은 다음과 같은 것을 별들과 그것들의 이런 행진[101] 전체가 지성을 가지고 있다는 것의 증거로 삼았어야 합니다. 즉, 그것들이 이리저리 계획을 바꿔가며 이때는 이런 것들을, 다른 때는 다른 것들을 행하면서 헤매기도 하고 궤도를 바꾸기도 하는 게 아니라, 오래전에 이미 결정된 것들을 놀라우리만치 긴 어떤 시간 동안 행하고 있기 때문에[102] 언제나 동일한 것들을 행한다는 것 말입니다. 이것에 대해[103] 우리 중 다수는 정반대로 생각했습니다.[i] 그것들은 동일한 것들을 동일한 방식으로 행하기 때문에 영혼을 갖고 있지 않다고 말입니다. 인간적인 것[ii]은 움직이기 때문에 분별이 있고 살아 있는 것인 반면 신적인 것은 동일한 운동들[104] 내에 머물기 때문에 무분별한 것이라고 상정할 정도로 대

d

에 따른(kata noun), 즉 마음에 드는 결과를 산출한다는 취지의 언어유희다.

i   '다중(hoi polloi)은 우리의 이 생각에 대해[/이 생각과] 정반대로 생각했습니다.'로 옮길 수도 있다. '우리'를 다중 내지 다수와 같은 쪽에 둘 것인가 여부를 달리 보는 셈이다.

ii   혹은 뜻을 보충하여 읽으면 '인간적인 부류[/존재자]' 혹은 그냥 '인간'. 아래 '신적인 것'도 그렇게 읽을 수 있다. 곡언법 등 애매한 표현을 즐기는 저자의 습관에 기인한 표현이다.

중은 무분별한 사람들을 좇았습니다. 그런데 실은 적어도 인간이

e 더 아름답고 더 훌륭하고 친근한 것들 편에 섰다면[105] 다음을 받아들일 수 있었을 겁니다. 바로 이것[i] 때문에, 언제나 동일한 관점에서 동일한 방식으로 동일한 것들 때문에 행하는 것은 분별 있는 것이라고 생각해야 한다는 것 말입니다. 그리고 이것도, 즉 보기에 가장 아름답고, 모든 가무단들 가운데서 가장 아름답고 가장 웅장한 행진과 가무를 펼치면서,[106] 살아 있는 모든 것들에게 마땅히 주어야 할 것을 제대로 다 주는 것이 별들의 본성[ii]이라고 생각해야 한다는 것도 받아들일 수 있었을 겁니다.

i   '바로 이것'(touto auto)은 이어지는 주어에 포함된 내용(즉, 균일한 행위를 함)을 가리키는 것[타란의 해석(272쪽)]이라기보다는, '지성을 소유한 영혼의 필연'[다시 말해 지성과 필연-불변성(자유-가변성이 아니라)의 연결]을 가리키는 것으로 보인다. 즉, 별들이 자신들의 결정대로 오랜 시간 동안 균일하게 행위해 올 수 있었던 것은 지성을 가진 영혼을 내장하고 있어서임을 부각하는 것이 아닐까 싶다. 관련 논의를 되짚어 보자면 다음과 같다. 지성을 통한 영혼의 결정은 변경 불가능한 완벽한 것이다. 별들의 균일한 운행은 지성 소유의 증거이며, 운명이 이런 필연적 운행을 담보한다. 그런데도 무분별한 사람들은 반대로[즉, 균일함이 아니라 무질서가 살아 있음(영혼을 가짐)과 분별 있음의 징표라고] 생각하는데, 사실 아름다운 것 쪽을 지향하는 사람은 '바로 이것'(즉, 지성을 소유한 영혼은 변경 불가능한 행위를 균일하게 행한다는 것) 때문에 균일한 행위가 분별있는 것이라고 생각해야 함을 받아들일 수 있을 것이다.

ii 아래 984d7에 나오는 같은 표현 '별들의 본성'(hē tōn astrōn physis)은 '별들이라는 자연물', 즉 '별들의 곡언법에 해당한다. 여기는 굳이 곡언법으로 보지 않아도 되지만, 이 작품에 '본성'(혹은 아마 '생성'도) 곡언법에 자주 쓰인다는 점을 유념할 필요가 있다. 저자의 곡언법에 관해서는 976a3 '동물들의 본성' 주석을 참고할 것.

그리고 실로 그것들이 영혼을 가진[107] 것들이라고 우리가 말하 983a
는 게 정당하다는 데 대해서는, 우선 그것들의 크기를 사고해 봅
시다. 그것들이 작아 보이지만 실제로는 보기만큼 작지 않고, 그
것들 각각은 덩어리가 엄청나게 큽니다. (이건 믿을 만합니다. 충
분한 논증들에 의해 받아들여지고[108] 있거든요.) 해 전체가 땅 전체보
다 더 크다고 옳게 사고해 보는 것이 가능하고, 그야말로 모든 운
동하는[109] 별들이 놀랄 만한 어떤 크기를 갖고 있으니까요. 그러
니 포착해 봅시다. 어떤 자연물[i]이 그렇게나 큰 크기를 가진 덩어
리를 언제나 지금 돌고 있는 것과 마찬가지의 동일한 시간 동안
돌게 할 수 있는 무슨 방도가 있을지를 말입니다. 그렇다면 신이 b
그 원인일 것이고 다른 식으로는 절대 가능하지 않다고 난 주장
합니다. 우리가 몸소 밝힌 것처럼, 영혼을 가진 것은 신을 통해서
말고 다른 식으로는 절대 생겨날 수 없을 거거든요.[ii] 그런데 신은

---

i   통상 '자연'으로 옮기는 'physis'를 이렇게 옮겼다. 혹은 뜻을 따라 '자연적 존
    재자'나 '자연력'쯤으로 풀어 새길 수도 있다.

ii 질서 있는 천체 운동의 원인 노릇하는 '어떤 자연물'이 바로 신이라는 지금
    의 언급은 질서 있는 운동의 원인이 영혼이고 별들이 바로 그 영혼을 가진
    사물이라는 981a~982b의 언급과 적어도 외견상으로는 충돌하는 것으로 보
    인다. 해결의 방향은 아마도 신이 영혼과 긴밀히 연결된다는 점, 영혼과 물
    체 외에 제3의 존재자가 없다는 점과 연결 지어 읽음으로써 얻어질 수 있을
    것이다. 이런 방향의 독해를 시도하는 칼치(V. Calchi 2023)는 이 작품 전체
    에 개진된, 신과 영혼의 연관에 주목하면서 결국 저자가 제시하는 신론은 범
    신론도 아니지만 그렇다고 흔히 받아들이듯 단일신론(henotheism)이라고도
    할 수 없는 독특한 신론, 즉 다신론적 틀 내의 단일한 신 그림이라고 해석한

이것을 할 수 있기 때문에, 우선 모든 물체와 모든 덩어리가 동물이 되게 하고 그다음에 그것들이 그가 최선이라고 사고하는 방식으로 운동하게 하는 게 그에겐 지극히 손쉬운 일이 되었습니다. 그래서 지금 이 모든 것들에 관해[110] 하나의 참된 진술을 우리가 개진할 수 있게 되길 바랍니다.[111] 땅도 하늘도 모든 별들도, 그리고 이것들[i]로 된 모든 덩어리들도, 영혼이 그것들 각각에 덧붙여 생겨나거나 심지어 각각의 것들 안에 생겨나지 않으면, 매년, 매달 그리고 매일 자기 길을 그렇게 정확하게 다닐 수 없고, 생겨나는 모든 것들이 우리 모두에게 좋은 것들이 될 수 없습니다.[112]

그런데 인간이 더 보잘것없는 것일수록 더더욱, 정말이지, 허튼소리를 하고 있을 게 아니라 뭔가 의미 있는 말을 명료하게 하고 있다는 게 드러나야[113] 합니다. 그러니까 누군가가 물체들의 어떤[114] 돌진들이나 본성들[115]이나 그 비슷한 어떤 것을 원인으로 말하려 할 경우에는[ii] 명료한 것은 아무것도 말하지 못할 겁니다.

다(93~95쪽, 107~110쪽). 이런 신론을 결국 그는 고전 시대와 헬레니즘 시대를 잇는 다리로 자리매김하는데, 이것에 관해서는 「작품 안내」에서 좀 더 상론하기로 한다.

i   즉, 물체들.

ii 저자는 천체들의 생성과 운동을 특히 염두에 두면서 말하고 있다(타란 275쪽). '돌진'(rhymai)과 관련하여 저자는 아마도 소용돌이 같은 것을 염두에 두면서 그것이 우주 생성론적 과정의 시작점이자 천체들을 움직이게 하는 추진력으로 작용한다고 생각하는 것으로 보인다. 소크라테스 이전 철학자들에게 이런 회전 운동은 그저 기계적인 것이었지만, 저자는 반대로 천체들의 회전

오히려 우리가 말한 것을 단단히 다시 붙잡아야 합니다. 그 진술   d
이 일리가 있는지[i] 아니면 어느 모로 보나 하자가 있는지 보아야
합니다. 즉, 우선 있는 것들이 둘인데 하나는 영혼이요 다른 하나
는 물체이며, 둘 각각에 많은 것들이 속하지만 그것들 모두가 서
로 다르고 한쪽 것들이 다른 쪽 것들과도 다르며, 그것들[ii] 중 어
떤 것과든 공통되는 제3의 다른 어떤 것도 없다, 그런데 영혼은
물체보다 월등하다는 진술 말입니다. 전자는 분명 분별이 있는데
후자는 무분별하고, 전자는 다스리는데 후자는 다스림을 받으며,
전자는 모든 것들의 원인인데 후자는 그 어떤 겪음의 원인도 아
니라고 우리는 놓을[116] 겁니다. 그러니까 실로 하늘에 속한 것들   e
만큼은 다른 어떤 것에 의해 생겨난 것이지, 이처럼[iii] 영혼과 물체
의 산물이 아니라고 주장하는 것은 아주 어리석고도 불합리한 일
입니다. 어쨌든 그런 모든 것들[iv]에 관한 논의들이 성공해서 그런
모든 것들이 신적인 것들로 생겨났다는 게 설득력 있게 드러나야

    운동 자체가 그것들이 지성을 갖고 살아 있다는 것의 증거라고 생각한다.
i   '그 진술[/논의/논변/이야기](logos)이 일리(logos)가 있는지'는 같은 단어
    'logos'의 애매성을 활용한 언어유희다.
ii   즉, 영혼과 물체. 영혼에 속하는 것들과 물체에 속하는 것들로 보는 것도 불
    가능하지는 않다.
iii   '우리가 말하는 것처럼'으로 대개들 이해하는 것 같다. 예컨대, 램(W.R.M.
    Lamb 1927, 459쪽), 매키라한(1626쪽) 등. 그러나 '여기 지상에 있는 것들처
    럼'으로 이해하는 것도 가능하고, 그쪽이 더 그럴듯해 보인다.
iv   즉, 아마도 하늘에 속한 것들, 즉 천체들.

하는 거라면, 그것들이 분명 둘 중 하나라고 놓아야[117] 합니다. 그
것들을 신들 자신으로서 가장 올바르게 찬송해야 하거나 아니면
984a 그것들은 신상(神像)들처럼 신들의 모상(模像)들로 생겨났는데 신
들 자신이 만들어낸 거라고 상정해야 하거나 말입니다.[i] 그것들을
만들어낸 그 신들이 몰지각하거나 별 가치가 없는 자들이 아니
라, 우리가 말한 대로, 우리는 그것들이 이 둘 중 하나라고 놓아
야[118] 하며, 이렇게 놓고[119] 나면 그것들을 모든 신상들보다 월등하
게 공경해야 하니까요. 신상들치고 그것들보다 더 아름답고 모든
인간들에게 더 폭넓게 공유되는 것으로 드러날 게 결코 없을 것
b 이고, 순수성과 위엄과 생(生) 전반에 있어서 그것들보다 월등해
서 월등한 장소들에 세워져 있는 것 또한 없을 테니까요. 그것들
이 이런 모든 방식으로 생겨나 있으니 말입니다.[120]

　자, 그럼 이제 신들에 관해서는 딱 이 정도만 다루기로 하고,
우리에게 보이는 동물들 둘 즉, 하나는[121] 불사적인 것으로 생겨

---

i　여기서 '신상'으로 옮긴 'agalma'를 가지고 언어유희를 하는 『티마이오스』
　37c를 염두에 두고 쓴 대목이 아닐까 싶다. 그곳에서 티마이오스는 우주가
　영원한 신들의 '즐길거리'(agalma)로 생겨났고 만든 신 자신 또한 '즐겼다'
　(ēgasthē)고 이야기한다. 매우 흥미롭고 인상적인 대조다. 기존 국역, 즉 박
　종현 · 김영균(2000, 102쪽과 주석 158)과 김유석(2019, 62쪽과 221~222쪽
　의 주석 150과 151)은 해당 구절의 'agalma'를 각각 '상'(像)과 '성소'로 옮기
　면서 각각 다이달로스 제작물의 생동성과 데미우르고스의 위상에 주목하면
　서도 플라톤이 구사하는 언어유희에 주목하거나 주의를 환기하는 데 미흡한
　것이 아쉽다.

64

났고, 다른 하나, 즉 흙으로 된 것 전체는 가사적인 것으로 생겨
났다고 우리가 주장하는 두 동물을 알아보았으니, 다섯의 중간
것들 셋, 즉 이 둘 사이에 생겨나 있는 것들에 대해 적합한 의견
에 따라[i] 최대한 명료하게 이야기하려 시도하는 일에 착수해 봅
시다.[122] 불 다음에는 에테르를 놓읍시다.[123] 그리고 그것으로부터
영혼이 동물들을 능력을 가진 것으로 빚어낸다고, 즉 다른 부류   c
들[ii]과 마찬가지로 대부분[iii]은 바로 그것[iv]의 본성으로 되어 있지만
더 작은 부분들은 상호 결속[v]을 위해 다른 부류들[vi]로부터 온 것으
로 빚어낸다고 놓읍시다.[124] 그리고 에테르 다음으로 영혼은 공기
로부터 동물들의 또 다른 부류를 빚어내고 세 번째 부류는 물로

---

i   자연에 관한 설명이 그럴법한 수준의 것일 수밖에 없다는 『티마이오스』(예컨
    대, 27d~29d, 53c~56c)적 관점을 반영하는 981b3~4의 '그럴법한 설명에
    따라'(kata ton eikota logon)와 유사한 표현이다.

ii 즉, 동물 부류들.

iii 즉, (그) 능력의 대부분. 아래 '더 작은 부분들'도 마찬가지. 물론 동물의 대
    부분이라 읽는 것도 가능하다. 예컨대, 매키라한(1626쪽)이 그렇게 읽는데,
    능력을 아예 번역에서 제외하는 것은 적절하지 않아 보인다.

iv 즉, (우위를 점하고 있는 것인) 에테르.

v   저자는 『티마이오스』 31b~32c의 '끈'(desmos), 즉 우주를 구성하는 네 단
    순 물체를 결속시키는 끈을 염두에 두고 있는 것으로 보인다. 단어가 'syn-'
    복합어로 바뀐 것은 타란(44쪽 주석 198) 주장처럼 강조 목적 혹은 991e5에
    나오는 '끈'(desmos)과 차별화할 목적 때문일 것이다. 저자가 언급하는 '끈'
    은 『티마이오스』와 달리 990e4에 나오는 '비례'(analogia)가 그렇듯 수에 대
    한 학문들 사이의 결속을 이루는 수단이다.

vi 즉, 물체 부류들.

부터 빚어냅니다.[125] 그리고 이 모든 것들을 만들어 냄으로써[i] 영혼은 하늘 전체를 동물들로 채웠다는 게 그럴법합니다. 모든 부류들[ii]을 능력에 따라[iii] 다 사용해서 말입니다. 그렇게 모든 것들이 다 살아 있음을 나눠 갖고 생겨나 있지만,[iv] 환히 보이는[126] 신들의 생성으로부터 시작해서 두 번째 것들, 세 번째 것들, 네 번째 것들, 그리고 다섯 번째 것들은 결국 우리 인간들로 끝을 보게 됩니다.[v]

d

그럼 이제 신들, 즉 제우스, 헤라, 그리고 나머지 모든 신들에 대해서는 동일한 법에 따라[vi] 각자 자기 내키는 대로 놓도록[127]

---

i 어법상으로는 '만들어 낸 후'로 새기는 것이 불가능하지 않지만(예컨대, 매키라한 1626쪽), 맥락에 덜 어울린다. 이 '만들어 냄', 즉 제작 후에 '채움', 즉 배치라는 별도의 생성 단계가 뒤따른다(따라서 제작과 배치가 시간상으로도 장소상으로도 구분된다)고 상정하는 것은 앞의 두 부류 생성 설명에도 없는 사족으로 보이기 때문이다.

ii 즉, 물체 부류들.

iii 즉, 위에 언급한 각 부류에 해당하는 능력에 따라. 혹은 영혼의 능력에 따라(즉, 영혼의 능력이 닿는 한).

iv 즉, 모든 것들이 다 동물이지만. 이어지는 대목이 열거로 되어 있긴 하지만 '서로 다른 종류다'라는 대조가 함축되어 있다. 타란(280쪽)이 이렇게 해석한다.

v 저자는 『티마이오스』 27a를 염두에 두고 있으며 다섯 동물의 우주적 위계(『티마이오스』와 양립 불가능하지만)를 생각하고 있다(타란 280쪽).

vi 즉, 동일한 법에 따르기만 한다면, 혹은 동일한 법에 따르면서도/따르지만. 이 법이 무엇을 가리키는지 논란의 여지가 많다. 타란(281~282쪽)에 따르면 저자는 전통적인 신들에 관해 제정되는 법을 염두에 두고 있으며, 부도덕한 요소를 제거하는 한 전통적 신들을 받아들일 수 있다는 점과 제정되는 법

66

하고 이 논의[128]가 확고하다고 여기도록 합시다.[i] 반면에 보이는 신들, 즉 가장 위대하고 가장 존귀하며 모든 곳을 가장 날카롭게 바라보는 신들로서 첫 번째 신들이라고 이야기해야 하는 것은 별들의 본성[ii] 및 이 별들과 더불어 생겨나 있다고 우리가 감각하는 것들[iii]입니다. 그리고 이들 뒤 이들 아래 바로 다음에 신령들이 있고, 공기로 된 부류가 세 번째이자 중간 자리를 차지하고 있으면서 해석[iv]의 책임을 지는데,[129] 상서로운 말의 전달[v]을 위해 우리는 기도로써 특별히 공경해야 합니다. 그런데 이 두 동물, 즉 에테르로 되어 있는 것과 그것 다음에 있는, 공기로 되어 있는 것, 그 둘 각각은 전체가 감지되지 않습니다.[130] 사실 가까이 와 있더라도 그 둘 각각은 우리에게 분명히 드러나지 않습니다. 그런데 그것들은 잘 배우고 기억도 잘하는 부류에 속하기 때

e

985a

이 모든 신에게 보편적으로 적용되는 내용이어야 하고 불변적이어야 함을 강조하고 있다.

i   전통적인 신들과 신령들에 관한 관행적인 믿음을 인정하는 『티마이오스』 40d~41a와 비교할 만하다.

ii   985d에 같은 표현이 나온 바 있는 '별들의 본성'(hē tōn astrōn physis)은 '별들이라는 자연물', 즉 '별들'의 곡언법에 해당한다.

iii   즉, 별들의 회전들(타란 282쪽).

iv   즉, 신의 뜻에 대한 해석. 혹은 '중재', 즉 신과 인간 사이의 중재.

v   혹은 '중개', '중재'. 혹은 뜻을 달리 보아 '진행', '여정'. 982c7에서는 별들의 '행진'을 가리키는 말로 나왔지만, 이 대목은 타란(284쪽)이 언급하듯 『향연』 202e에 의해 촉발된 대목일 것이다. 따라서 그곳에 나오는 두 단어 '해석과 전달', 즉 'hermeneuon kai diaporthmeuon'에 준해 이해하는 것이 좋다.

문에 놀라울 정도의 현명을 나눠 갖고 있어서[131] 우리의 사고 전

체를 알고 있으며, 우리 가운데 아름답고도 훌륭한 사람을 놀라

울 정도로 반길 뿐만 아니라 심하게 나쁜 사람을 미워하는데, 이

미[i] 그것들은 고통을 나눠 갖기 때문이라고 이야기합시다. 사실

신적인 운명의 극치를 누리고 있는 신은 이것들, 즉 고통과 쾌락

의 밖에 있으며, 모든 면에서 현명함과 앎을 나눠 갖고 있으니까

b 하는 말입니다. 그리고 하늘은 동물들[ii]로 가득 차 있으니 그들은

서로를[iii] 상대로 해서만이 아니라 가장 꼭대기의 신들을 상대로

해서도 모든 사람들과 모든 것들이 뜻하는 바를 해석해 줍니다.

동물들의 이 중간 것들[iv]이 날렵한 돌진 운동으로 땅으로도 하늘

전체로도 옮겨 다니기 때문입니다. 그리고 다섯 번째[v]인, 물로

---

i   즉, 다섯째까지 오기도 전에 이미 천체 다음의 둘째, 셋째에 해당하는 위상
    을 가지는 동물들이 쾌고를 나눠 갖는다는 뜻이다.

ii 다섯 동물 부류 모두.

iii 중성이 아닌 남성으로 언급되어 있다. 동물이 이미 인격화되어 생각되고 있
    음을 반영한다. 따라서 계속 이야기해 온, 동물의 에테르 부류와 공기 부류
    를 가리키는 것으로 볼 수 있다.

iv 984b4에서는 '중간 것들'이 세 부류였지만 여기서는 문맥상 바로 앞 문장의
    주어이기도 했던 에테르 부류와 공기 부류만 가리키는 것으로 보인다. 물 부
    류는 아직 언급되지 않았다.

v   생성의 순서가 아니라 설명의 순서를 가리키는 것으로 보인다. 즉, 다섯 동
    물의 순서를 따지는 단계는 이미 지났고 흙 부류는 앞에서 언급되었으므로,
    언급해야 할 다섯 부류 중 유일하게 남아 있는 것이 물 부류여서 '다섯 번째'
    로 언급되는 것이다.

된[132] 것은 그것[i]으로부터 생겨난 반신이라고, 그것도 어떤 때는 보이다가 또 다른 때는 숨겨져 안 보이게 되면서 어렴풋한 모습으로[133] 경이로움을 선사한다고 누군가가 묘사하면 올바르게 묘사하는 게 될 겁니다.   c

그러니까 이 다섯이 진짜로 있는 동물들이므로 우리 가운데 일부는 그것들과 이러저러하게 마주치게 됩니다. 즉, 자다가 꿈에서 맞닥뜨릴 수도 있고, 신탁으로든 예언으로든 일부 사람들에게 이야기가 되어 들을 수도 있는데, 그들이 건강할 때 들을 수도 있지만, 개중에는 아플 때 들을 수도 있고 심지어 삶의 끝에 맞닥뜨려서 들을 수도 있습니다.[ii] 그럴 때[134] 사적으로든 공적으로든 의견들이 생겨나게 마련인데, 그것으로부터 많은 사람들이 거행하는 많은 성스러운 의식들이 생겨나 있고 또 개중에는 앞으로 생겨날 것도 있습니다. 이 모든 것들의[135] 입법자가 아주 조금이라도 지성을 가진 사람이라면 자기 국가의 신 경외[iii]가 명료함이라곤 조금도 갖추지 않은 방향으로 가도록 혁신을 감행하는 일은 절대 하지 않을 겁니다. 또한 그는 조상의 법이 제사에   d

---

i   즉, 물.

ii   죽기 직전이 예언 능력을 가장 잘 발휘하는 때라는 생각이 표명된 플라톤 『변명』 39c(소크라테스 자신), 『파이돈』 84e~85b(백조) 등을 참고할 만하다.

iii   977e6에 명사화 전 단계 표현(to theosebes)으로 등장한 바 있는 이 '신 경외'(theosebeia)와 동일한 것을 가리키는 '경외'(eusebeia)가 아래 989b2에 등장한다.

관해 말한 것들을 금하지도 않을 겁니다. 자신이 아예 아무것도 알지 못하는 상황에서 말입니다. 가사적 본성[i]이 그런 것들에 관해 안다는 건 가능하지 않다는 게 그에게도 해당되니까요.[136]

그런데 같은 이치를 적용하면,[ii] 다음과 같은 일을 감행하지 않는 사람들이야말로 가장 나쁜 사람들 아닌가요? 진짜 우리에게 환히 보이는 신들을 우리에게 이야기해 줘서 환히 보이게[137] 만드는 일, 즉 다른 신들인데 예배도 못 받고 자기들에게 합당한 공경도 못 받고 있는 걸 환히 보이게 만드는 일을 하지 않는 사람들 말입니다. 그런데 실은 그런 일이 마침 바로 지금 벌어지고 있습니다. 이는 마치 언젠가 우리 가운데 누군가가 해나 달이 생겨나서 우리 모두를 굽어보는 걸 보았는데도 어떤 식으로든 그걸 설명할 능력이 없어서 설명하지 못하고, 그들이 마땅히 받을 공경의 몫을 못 받고 있는 상황에서 적어도 자기 할 몫은 하려고 열심을 내지 않는 경우, 즉 그들을 공경받는 영역으로 이끌어 와서 명백하게 하고 그들을 위해 축제들과 제사들이 생겨나게 만들며 그들 각자를 위해 시간을 따로 떼어 내어 더 길거나 (자주 있기로는) 더 짧은 연(年)[138]에 해당하는 기간을 배정하는 일을 하

---

i '가사적 자연물[/존재자]', 즉 '가사자'를 지칭하기 위한 곡언법적 표현이다. 986c7에도 같은 표현이 다시 등장한다.

ii 즉, 분명한 것(즉, 앎)에 기초하지 않은 종교 의식 도입(혹은 폐지)을 경계하는 논의의 정신을 따르면 분명한 앎, 즉 천문학에 기초한 새로운 종교 의식 도입이 정당화될 뿐만 아니라 심지어 의무이기까지 하다는 뜻이다.

려고 열심을 내지 않는 경우와도 같거든요. 그런 사람은 나쁜 사람이라고 부르는 게 정당하게 부르는 걸 거라는 데 그 사람 자신도, 그를 아는[139] 다른 누군가도 동의하지 않을까요?

클레이니아스 어찌 그렇지 않겠습니까, 손님? 정말이지 가장 나쁜 사람이죠.

아테네인 하지만 이게 바로, 친애하는 클레이니아스, 지금 나에게 환히 보이게[140] 벌어지고 있는 일이라는 걸 아시길.

클레이니아스 무슨 뜻으로 하는 말인가요?

아테네인 하늘 전체에 있는 것들[i]의 여덟 능력[ii]이 서로 형제지간으로 생겨나 있다는 걸 당신들은 아시길. 이것들을 나 자신이 관찰한 바 있지요. 그렇다고 내가 뭐 대단한 일을 해낸 건 전혀 아니고요. 다른 사람에게도 쉬운 일이거든요. 이것들 가운데 셋은 다음의 것들, 즉 하나는 해의 것이고 하나는 달의 것이며 나머지 하나는 모든[141] 별들의 것인데, 그것들은 방금 전에 우리가 언급한 것들입니다.[142] 그리고 다섯 개의 다른 것들[iii]이 있습니다.

b

---

i 혹은 '자들'. 중성으로도 남성으로도 볼 수 있다.

ii 아래 986b3~5("바로 이 모든 능력들과 그것들 안에서 스스로 가든 탈것들 안에서 실려 감으로써 그런 식으로 다니게 되든 하는 자들")와 986e3~4["네 번째 운동(phora)과 경로(diexodos)"]로 미루어 볼 때 '능력'은 '궤도'나 '회전'으로 새기면 맥락에 잘 들어맞을 수 있을 것이다. 이하 계속 마찬가지.

iii 『티마이오스』의 시간의 생성 언급(38c~e)을 참고하면 여기 나머지 다섯은 다섯 행성, 즉 금성, 수성, 토성, 목성, 화성의 궤도(periphora)[/회전(periodos)]를 가리키는 것으로 보인다. 이제 아테네인은 잠깐 딴 이야기로 바로 이 모든 능력들과 그것들 안에서 스스로 가든 탈것들 안에서 실려 감으로써 그런 식으로 다니게 되든 하는 자들[i]에 대해서는 우리 모두 가운데 그 누구도 허투루 생각하면 절대 안 됩니다. 즉, 그들 가운데 일부는 신들이지만 일부는 아니라거나, 일부는 진정한[143] 신들이지만 일부는 우리 가운데 누구라도 그들이 어떤 유의 자들이라고 말하면 그렇게 말하는 것조차 도리가 아니게 될 때의 그런 어떤 유의 자들이라고 생각하면 안 됩니다. 오히려 우리 모두는 그들 모두가 형제이며 형제에게 할당되는 몫들[144]을 누리고 있다고 이야기도 하고 주장도 합시다. 그리고 받아 마땅한 공경을 그들에게 돌려줍시다. 어떤 자에게는 한 해를, 어떤 자에게는 한 달을 주면서도, 어떤 자들[ii]에게는 그들 각자가 우주를(즉, 모든 것들 가운데 가장 신적인 이성[iii]이 질서를 부여하여 가시적이게 된 그 우주를) 완성하는 데 힘을 보태며 자기 궤도를 밟아 가기 위한 그 어떤 몫도 시간도 배정하지 않는 일이 없도록 합시다.

샜다가 아래 986e3에서 이 논의로 다시 돌아오게 된다.
i 즉, (직후에 밝혀질 내용에 따르면) 신들.
ii 즉, 다섯 행성의 궤도들.
iii 『티마이오스』의 제작자인 최고신 같은 것을 가리키는 방식으로 인격화되고 위계화되어 있다. 그래서 '지성'(nous)으로 보기도 하고 직접 그 제작자 신으로 연결하여 이해하기도 하며(예컨대, 램 467쪽) 다양한 논의가 이루어져 왔지만, '(수학적) 법칙' 내지 '비율'쯤으로 보는 것이 이 작품의 논의와 더 잘 어울린다. 하워드(J. Harward 1928), 테일러(A.E. Taylor 1929), 타란(298쪽), 매키라한(1628쪽) 등이 그렇게 이해한다.

행복한 사람이라면 으레 이 우주에 대해 처음에는 놀라워하고[i] 그 다음에는 가사적 본성[ii]에게 가능한 만큼 배우고자[iii] 하는 사랑[iv]을 갖게 됩니다. 그럼으로써 자기 삶을 가장 훌륭하면서도 다복하게 보내게 되고 삶을 끝마치고 나서도 덕에 합당한 장소들로 가게 되리라고 생각하면서 말입니다. 그리고 참된 의미에서만이 아니라 실제로도 입문자가 되어 하나의 사람으로서 하나의 현명을 나눠 갖게 되면 남은 시간 동안 시각에 허용되는 한 가장 아름다운 것들의 구경꾼[v]이 되어 내내 그렇게 살게 됩니다.

자, 이제 이것 다음으로 우리에게 남아 있는 건 그들이 얼마나 많은지, 그리고 누구인지 이야기하는 겁니다. 우리가 결코 허언하는 자들로 드러나는 일이 없도록 해야 하니까요.[vi] 그러니까 나

---

i   세상에 대한 경탄(thaumazein)이 철학함의 시작이라는 생각은 플라톤이
    『테아이테토스』 155d에서, 그리고 아리스토텔레스도 『형이상학』 1권 2장
    (982b12~17)에서 표명한 바 있다.
ii 985d3에 이미 등장한 바 있는 '가사적 자연물[/존재자]', 즉 '가사자'를 지칭
    하기 위한 곡언법적 표현이다.
iii 관조의 행복을 논하는 직후 맥락과의 연결만 고려하면 '면밀히 관찰하고자'
    로 옮기는 것이 더 자연스러울 수 있다. 하지만 더 멀리 987d1~2의 '배우고
    나면(mathonta) 믿어야' 한다는 대목과의 연결까지 고려하는 것이 더 중요
    해 보인다. 으레 그랬듯 저자는 직후 관조의 맥락까지 포괄할 수 있는 애매
    한 표현을 사용하고 있다.
iv 철학함, 즉 지혜를 사랑함(philosophein)을 논하는 맥락에서 흔히 기대되는
    '필리아'(philia) 대신 '에로스'(erōs)가 언급되는 점이 인상적이다.
v   혹은 '관조자'.
vi 이 신들이 얼마나 많고 누구인지 밝히지 못하면, 이 천체들이 신들인데도 마

는 적어도 다음과 같은 것만큼은 확고하게 단언하고자[145] 합니다. 다시 한번 이야기하거니와, 그것들[i]이 여덟인데, 여덟 중에서 셋은 이야기가 되었고[ii] 다섯이 아직 남아 있습니다.[146] 네 번째 운동과 경로,[iii] 그리고 다섯 번째 것도 빠르기에서는 해와 거의 맞먹고 전반적으로 더 느리지도 더 빠르지도 않습니다.[iv] 이 셋 가운데서 충분한 지성을 가진 자가 이끌어야 합니다.[147] 자, 그러니 이것들[v]이 해와 샛별[vi]과 세 번째 것의 능력들[148]이라고 이야기합시다. 세 번째 것의 경우 이름은 알려지지 않아서 이름으로 가리킬[149] 수가 없는데, 이렇게 된 까닭은 최초로 이것들을 알아본 사

987a   람이 이방인이었기 때문입니다.[vii] 최초로 이것들에 주목하게 된

땅한 공경을 받지 못하는 상황을 타개하는 논의를 하겠다고 한 앞서의 결의 내지 일종의 약속(985d4~986a3)을 저버리게 된다는 말이다.

i   즉, 능력들(dynameis: 986a8).

ii 986b1~3에서 언급한 978c~979a를 가리킨다. 즉, 언급된 셋은 항성들, 달, 해의 회전(즉, 궤도)이다.

iii 혹은 '궤도'.

iv 이하 문맥과 『티마이오스』 38d를 참고하면 여기 네 번째 궤도와 다섯 번째 궤도는 각각 금성과 수성을 가리키는 것으로 볼 수 있다. 그것들의 명칭에 관해서는 곧 아테네인이 상론하게 된다.

v   즉, 이 운동들과 궤도들.

vi 원어로는 본래 '새벽을 가져오는 (별)', 그러니까 '새벽별'이라는 뜻이다. 우리말 이름의 어원은 '새 + 별'로 통상 분석되는데, 고유어 '새'의 원뜻은 동쪽 혹은 희다(즉, 밝다)는 뜻이라고 한다. 동쪽에 뜨는 밝은 별이라는 뜻에서 나왔지만, 언젠가부터 언중이 새벽별이라는 의미를 끼워 넣어 생각하게 된 것으로 보인다.

vii 아테네인(즉, 저자)은 세 번째 것, 즉 수성을 비롯해 다른 행성들에 고유하게 붙인 희랍어 이름이 없는 연유를 최초 발견자가 이방인들이었다는 데서

사람들을 키워낸 건 정말로 오래된 습관[150]이었는데, 그건 이집트와 시리아[i]가 풍부하게 소유한 여름철의 아름다움 때문이었거든요. 환히 보이는 별들을 그들은 말하자면 언제나 그것들 전부를 바라보았는데, 그들이 소유한 그쪽 세상이 언제나 구름과 비와는 거리가 멀었기 때문이지요. 그렇게 거기서부터 모든 곳으로, 그래서 여기까지도 온 겁니다. 만 년, 아니 무한한 시간의 시험을 통과한 그것들이 말입니다. 그렇기 때문에 우리는 과감히 이것들을 법률들 안에 놓아야[151] 합니다. 신적인 것들 중 어떤 것들은[152] 존귀하지 않은데 어떤 것들은 존귀하다고[153] 말하는 것은 확실히 분별 있는 사람들이 할 만한 말이 아니니까요. 그것들이 이름을 갖고 있지 않은 게 무엇 때문인지에 대해서는 적어도 이런 까닭이 이야기되어야 합니다. 그것들은 신들에게서 따온 이름을 받아 갖고 있어서 하는 말입니다. 샛별이 그리고 그와 동일한 자[ii]인 개밥바라기[iii]가 아프로디테에게 속한다는 것은 대체로 일리가

찾는다. 아래에서 드러나듯 그들이 자기들 신의 이름을 따서 그 행성들을 불렀기 때문이라는 것이다.

i 바빌로니아를 가리킨다. 희랍인들이 일찍이 아시리아(Assyria)를 '시리아'(Syria)로 불렀던 때가 있었다(헤로도토스 『역사』 7.63).

ii 여기 계속 반복되어 나오는 '자'는 '별'로 새길 수도 있다. '그' 또한 '그것'으로 새길 수도 있다. 원문의 남성 지시 표현이 인격화를 가리키는 일반적인 것일 수 있지만, 생략된 지시 대상이 직전 문맥(987a3)에 등장했던 별(astēr: 남성 명사)이어서일 수도 있기 때문이다.

iii 원어로는 본래 '저녁별'이라는 뜻이다. 우리말 이름은 개가 저녁밥을 바랄 무

있으며,[i] 시리아 입법자에게 아주 어울립니다.[ii] 해와도 또 이것[iii] 과도 대체로[154] 같은 경로를 달리는 자는 헤르메스에 속합니다.[iv] 그리고 달과 해와 더불어 오른쪽 방향으로 다니는 것들의 운동 셋을 더 이야기합시다.[v] 그리고 또 하나, 여덟 번째 자[vi]를 이야기 해야 하는데, 이는 특히나 우주라고 부를 만한 자로서, 저들 모

렵에 뜨는 별이라는 뜻이다.

i 아름다움 때문에 '아프로디테의 별'이라고 불렸다는 말이다. 아프로디테의 로마식 이름이 'Venus'(웨누스)이고 그대로 영어로 넘어와 'Venus'(비너스) 가 되었다. 주지하다시피, 행성을 가리킬 때는 '금성'이라는 뜻이다. 바빌 로니아의 이쉬타르(Ishtar: 사랑과 연애, 다산, 전쟁의 여신)가 아프로디테 가 되었을 것이다. 이하 바빌로니아 신(즉, 행성) 이름에 관해서는 레후(D. Lehoux 2020) 5쪽 참조.

ii 시리아(즉, 바빌로니아) 언급은 아프로디테 숭배가 동방 사람들 사이에 성행 했음을 반영하는 것이다.

iii 즉, 샛별(금성).

iv 행성 가운데 가장 빠른 속도로 도는 것 때문에 제우스의 소식 전달자 혹은 수행원 노릇을 하는 신인 '헤르메스의 별'이라고 불렸다. 헤르메스의 로마식 이름이 'Mercurius'(메르쿠리우스)이고 그대로 영어로 넘어와 'Mercury'(머 큐리)가 되었다. 주지하다시피, 행성을 가리킬 때는 '수성'이라는 뜻이다. 아 마도 바빌로니아의 나부(Nabu: 문해, 합리적 기술, 필경사, 지혜의 신)가 헤 르메스가 되었을 것이다.

v 오른쪽으로(epi dexia) 간다는 것은 서쪽에서 동쪽으로 간다는 말이다. 세 행성은 이어지는 설명(987c)에 나오는 것처럼 화성('아레스의 별'), 목성('제 우스의 별'), 토성('크로노스의 별')을 가리킨다.

vi 해와 달, 금성과 수성, 그리고 화성, 목성, 토성을 이야기한 후에, 이제 아테 네인의 별 목록은 여덟 번째 별로, 즉 앞에서(986e) "세 번째 능력"으로 언급 된 항성들의 구로 되돌아가고 있다.

두와 반대쪽으로 다닙니다. (이들에 대해 조금이라도 알고 있는 인간들에게는[155] 적어도 그렇게 나타날 텐데) 저 다른 자들을 이끌면서[156] 말입니다.[157] 하지만 우리는 우리가 충분히 알고 있는 것들을 이야기할 수밖에 없고 또 이야기하고 있습니다. 진짜로 있는 지혜는 올바르고 신적인 이해를 조금이라도 나눠 가진 사람에게 이런 어떤 식으로 나타나니까요. 그러니까 세 별이 남아 있는데, 그중 하나는 느림에 있어서 월등한데 혹자들은 그걸 크로노스[i]에게서[158] 따온 이름으로 부릅니다. 느림에 있어서 이것 다음인 것은 제우스[ii]의 것으로[159] 불러야 합니다. 그리고 이것 다음 것은 아레스[iii]의 것인데, 이것이 그것들을 다 통틀어 가장 붉은 색을 가지고 있습니다. 이것들 가운데 어떤 것도 누군가가 그 일부를 설명해 줄 때 파악하기 어렵지 않고, 오히려, 우리가 이야기해 온 것처럼, 배우고 나면[160] 믿어야 합니다.

그런데 희랍 사나이라면 누구든 다음과 같은 것만큼은 유념해야 합니다. 우리 희랍인들이 보유하고 있는 장소가 덕과 관련하여 그 어느 것보다도 거의 가장 훌륭한 장소라는 것 말입니다. 그것이 가진 칭찬할 만한 점은 그것이 겨울과 여름 본성의 중간

c

d

---

i   바빌로니아의 니누르타(Ninurta: 농업의 신)가 크로노스가 되었을 것이다.
ii 바빌로니아의 마르둑(Marduk: 바빌로니아 신들의 우두머리)이 제우스가 되었을 것이다.
iii 바빌로니아의 네르갈(Nergal: 전쟁의 신)이 아레스가 되었을 것이다.

이라 할 수 있다는 거라고[i] 이야기해야 합니다.[ii] 그런데 우리의 여름 관련 본성[iii]은 우리가 말했듯이 저 장소[iv] 어름[161]의 여름보다 처지기에, 이 신들의 질서[162]에 대한 파악을 우리 자신에게[163] 더 나중에 넘겨주었습니다. 그런데 희랍인들은 이방인들에게서

e 무엇을 넘겨받든 그것을 결국 더 아름다운 것으로 만들어낸다는 걸 받아들입시다. 특히 지금 이야기되고 있는 것들에 관해서도 바로 이 동일한 것을 유념해야 합니다. 즉, 그런 모든 것들을

988a 논란의 여지 없이 발견해 내기는 어렵지만, 희랍인들이 교육들

---

i '여름(의) 본성'(tēs therinēs physeōs)이라는 직역을 그냥 두었지만, 타란(311쪽)처럼 곡언법으로 보는 것도 가능하다. 그 경우에는 '그것[즉, 그 장소]이 겨울과 여름의 중간이라 할 수 있다는 거라고'라고만 새기면 된다. 곡언법의 가능성을 접어 두고 보면 '본성'을 '자연조건' 정도로 보아 '그것[즉, 그 장소]은 자연조건이 겨울과 여름의 중간이라 할 수 있다는 거라고'로 새길 수도 있다. 타란은 아주 철저한 곡언법을 받아들이고 있지만, 나는 이 작품의 곡언법적 표현이 짧게 말해도 되는데 그저 늘려서 말하는 것뿐인 기계적이고 단순한 돌려 말하기가 아니라 동원되는 단어에도 일정한 의미를 주면서 그것을 통해 저자가 보여 주고 싶은 바가 더 있을 것이라고 추측한다.

ii 『티마이오스』 24b~d에서 크리티아스는 아테나(이집트 이름으로는 네이트)가 계절의 적절한 혼화(eukrasia), 즉, 온화한 기후가 가장 현명한 인물들을 낳으리라는 걸 알아보고(katidousa) 아테네라는 장소를 선택했다는 이집트 사제의 말을 (솔론의 전언을 통해) 전해 준다.

iii 곡언법으로 새기면, '우리의 여름'. 물론 그것도 가능하지만, 동시에 이 말이 그저 '우리의 여름 본성'(hē hēmin therinē physis)이 아니라 다소 복잡하게 '여름에 관련된 우리네 본성/자연'(hē … hēmin eis to therinon physis)이라고 표현되어 있다는 점까지 감안하면 '여름과 관련하여 우리에게 주어진 자연조건'이라고 새길 수도 있다.

iv 즉, 이집트와 시리아(987a).

78

과 델피에서 오는 예언들, 그리고 법률들에 따른 일체의 예배를
활용하면 이방인들로부터 온 전승과 예배보다 진짜 더 아름답고
정의롭게 이 모든 신들을 돌보게 되리라는 크고도 아름다운 희
망이 있다는 것 말입니다.[i]

그리고 희랍인들 가운데 아무도 언제든 다음과 같은 두려움에
사로잡히지 말아야 합니다. 가사자들인 우리가 도대체 신적인
것들에 몰두하면 안 되는 것 아닌가 하는 두려움 말입니다. 오히
려 이것과 정반대되는 것에 유념해야 합니다. 즉, 신적인 것[ii]은   b
결코 무분별하지도 않고 분명 인간적 본성을 모르지도 않으며,
오히려 그것은 자신이 가르쳐 주면 인간적 본성이 그 가르침들
을 유심히 따라와 배우게 되리라는 것을 안다는 것 말입니다. 그
리고 바로 이것(즉, 수와 셈)을 그것이 우리에게 가르치고 우리는
배운다는 것을, 물론 그것은 압니다. 이것을 모른다면 그것은 모
든 것들 가운데 가장 무분별한 것이 될 테니까요. 그것이 신 때
문에 훌륭하게 된 사람과 더불어 시기심 없이 기뻐하는 게 아니
라, 배울 능력이 있는 사람을 성가셔한다면, 속담마따나 그것 자
신이 진짜로 '자신을 모르는' 게 될 테니까요.

---

i   여기 언급되는 '아름다운 희망'은 서두에 아테네인 자신이 언급한 '아름다운 희
    망'(973c)과 다르다(타란 312쪽). 그러나 그저 다르기만 한 것이 아니라 서두의
    그 비관적 희망, 특히 974c에서 아테네인 자신이 부각한 비관적 전망에 적극적
    으로 대응하는 클레이니아스의 희망(974d)과 잘 연결된다.
ii 즉, 우주.

그러니까 다음과 같은 말들은 강력하고 아름다운 근거를 갖고
c 있습니다. 신들에 관한 첫 번째 관념들,ⁱ 즉 그들이 어떻게 생겨났
고 어떤 유의 자들이었는지[164]에 대한 첫 번째 관념들, 그리고 그
들이 또한 어떤 행위들에 착수했는지에 대한 이야기가 인간들에
게 있었을 때는,[165] 절제 있는ⁱⁱ 사람들의 마음에 맞지도 않고 호의
를 사지도 못하는 방식으로 이야기가 되고 있었습니다. 그다음[166]
이야기들,[167] 즉 불과 물과 다른 물체들에 속한 것들ⁱⁱⁱ이 가장 오래
된 것들인 반면 놀랄 만한 것인 영혼에 속한 것들ⁱᵛ은 나중의 것들
이며, 영혼이 물체와 자신을 움직이는ᵛ 게 아니라, 물체가 뜨거움
과 차가움들 및 그 비슷한 모든 것들을 가지고 스스로 자신을 움
직이도록 할당받은 운동이 더 강하고 존귀하다고 진술하는 그다
d 음 이야기들도 마찬가지 대우를 받았고요. 그런데 이제 우리가
영혼이 물체 안에 있게 되면 물체와 자신을 움직이게 하고 돌게

i   혹은 '최초의 사고들'. '관념'으로 옮긴 'dianoēma'는 직전에 세 번(987d3, e2,
    988a7) 나온 동사 'dianoeisthai'(유념하다)에서 파생된 명사다.
ii 양식을 갖춘, 특히 (인간으로서) 분수를 아는 사람들이라는 뜻일 것이다.
iii 곡언법으로 보면 '불과 물과 다른 물체들'로 단순화하여 새길 수 있다.
iv 이것 역시 곡언법으로 보면 '영혼'으로 단순화하여 새길 수 있다.
v   이 문장에 나오는 '움직이다'는 다른 곳에서 줄곧 '운동하게 하다'로 옮기던
    'pherein'이다. [그리고 다음 문장(그리고 다른 곳들)에 나오는 '움직이게 하
    다'는 'kinein'이다.] 같은 계열의 명사 'phora'(운동)와 함께 나왔는데, 자연
    스러움을 살리기 위해 다른 곳에서 유지하던 용어 구분('운동'과 '움직임' 구
    분)을 이 문장에서만큼은 유보하기로 한다.

도 한다는 것이 전혀 놀랄 만한 일이 아니라고 말할 때는, 우리의 영혼도 자신이 그 어떤 무게를 가진 것이든 돌게 할 능력을 갖고 있음을 그 어떤 근거[168] 하에서도 불신하지 않습니다. 그렇기 때문에 지금도, 우리가 생각하기로는, 영혼이 온 세상의 원인이며 모든 좋은 것들은 그 비슷한[i] 것들의 원인인 반면 보잘것없는 것들은 그 비슷한[ii] 다른 것들의 원인이기에, 영혼이 일체의 운동과 움직임의 원인이며 좋은 것을 향한 운동과 움직임은 가장 훌륭한 영혼에 속하는 반면 그 반대의 것을 향한 운동과 움직임은 그 반대라는 것은 전혀 놀랄 만한 일이 아닙니다. 그러니까 좋은 것들은 그렇지 않은 것들을 응당 이겨 왔고 응당 이깁니다.

e

이 모든 것들을 우리는 불경건한 자들에게 되갚아주는 정의(디케)[iii]에 따라 이야기했습니다. 그런데 검증되고 있는 것[iv]과 관련

---

i   즉, 좋은.
ii 즉, 보잘것없는.
iii 인격화된 '디케'(Dikē)로 볼 수도 있고 그냥 보통명사 'dikē'(정의, 도의)로 읽을 수도 있다. 나는 전자 쪽에 훨씬 더 무게를 두지만, 후자를 완전히 배제하기도 어렵다. 그 둘의 애매성을 살리려는 것이 저자의 의도로 보인다. 인격화를 강조하려면 '디케(정의)'로 표기하는 것이 더 어울릴 수도 있지만, 본래의 의미를 살리면서 인격화하려는 저자의 의도를 감안하여 '정의(디케)'로 표기한다. 앞에서 나왔던 인격화 사례들, 즉, 977b2~3의 우라노스(하늘), 코스모스(우주), 올림포스나 978c1의 만유(판)에도 이런 고려 사항이 적용된다. 해당 주석도 함께 참고할 것.
iv 즉, 지혜(혹은 지혜 문제). 작품의 마지막 문장에서 이 '검증'(dokimazein)이

해서 우리가 적어도 훌륭한 사람만큼은 지혜롭다고 생각해야 한

989a 다는 것을 우리가 불신할 수는 없습니다. 그리고 우리가 내내 탐
색하고 있는 이 지혜를, 교육에서든 기술에서든[i] 과연 발견해 낼[ii]
수 있을지 봅시다. 이 지혜란 그걸 지각하는[169] 일에 결함이 있게
되면 우리가 바로 그런 자들[iii]이 되어 결국 정의로운 것들에 대해
몰지각한[170] 자들이 될 바로 그런 것입니다.[171] 자, 우리가 이렇다
고[iv] 난 생각하기에 이제 이야기해야겠습니다. 이모저모 탐색해
온 내게 명백해진 만큼 그 지혜가 당신들에게도 분명해지게 만
들려고 노력해 보겠습니다. 자, 덕의 가장 중요한 부분[172]이 아름
답게 행해지고 있지 않다는 것이 우리가 처한 상황의 원인입니

다시 강조된다(992e1). 유사한 어휘로 '시험'(basanos)이 변증술에 대해 언급
되기도 하며(991c4), 동사 형태로는 행성들에 대한 관찰과 앎의 유래를 논하는
맥락에 나왔다(987a6).

i 혹은 '교육을 통해서든 기술을 통해서든'.

ii 'epinoein'은 978d5에서 셋, 넷 등 여럿의 개념을 획득한다는 뜻으로 사용된
동사.

iii 즉, (지혜에) 결함이 있는 자들.

iv 즉, 지혜를 발견해야 하는, 그러지 못하면 정의에 대해 몰지각한 자들이 될
상황이라고. 혹은 '그렇게 할 수 있을 거라고', 즉 지혜를 발견해 낼 수 있을
거라고. 생략된 표현을 메우는 방식이 이렇게 엇갈릴 수 있는데, 매키라한
(1630쪽), 램(475쪽, 477쪽) 등은 아마도 타란(320쪽)을 따라서 후자 쪽으로
옮긴다. 나는 이 발언이 일차적으로 지혜 탐색 의무를 가진 현 상황에 대한
언급이라고 본다. 직후 내용도 그런 독해와 더 잘 어울릴 뿐만 아니라, 이제
까지의 대화 내용(특히 서두)을 감안해 보아도 탐색 성취에 대한 희망은 아테
네인보다는 클레이니아스에게 더 잘 어울린다.

다. 방금 전에 이야기된 것들[i]로부터 강력히 시사되는 바가 바로 이것이라고 난 생각합니다.[173] 그 누구도 결코 가사적인 종족에게 경외[ii]보다 더 큰 덕의 부분이 있다고 우리를 설득하지는 못할 테   b 니까요.[iii] 물론 이것[iv]이 가장 훌륭한 자연물들[v] 속에 생겨나지 못했던 건 가장 큰 무지[vi] 때문이라고 이야기해야 하지만 말입니다.

가장 훌륭한 자연물들은 가장 어렵게만 생겨날 수 있지만, 생겨나기만 하면 최대의 유익이 됩니다. 영혼은 느린 본성과 그 반

---

i   동물 생성론과 신 생성론(980c7~988e4), 특히 마지막 결론 대목(986a8~988e4)을 가리킨다(타란 320쪽). 그 대목의 전반부(986a8~987d2)로부터는 희랍인들이 모든 천체들이 신들이라는 것을 인지하지 못해서 그들을 온당하게 공경하지 못했다는 것이, 그리고 후반부(987d3~988e4)로부터는 우주에 대한 탐색이 불경하다고 생각할 필요 없으므로 그 탐색을 수행해야 한다는 것이 귀결된다.

ii   이 '경외'[/경건](eusebeia)와 동일한 것을 가리키는 '신 경외'(theosebeia)가 앞의 985c8(그리고 유사 표현으로 977e6)에서 언급된 바 있고 아래 990a1에 다시 등장한다. 『에우튀프론』, 『프로타고라스』 등 통상의 플라톤 작품에서 경건이라는 덕을 대변하는 말로 나오던 'hosiotēs'가 이 작품에는 등장하지 않는 것이 인상적이다. 사실상 '경건'으로 옮겨도 상관없는 말이지만, 통상 용어의 부재를 드러내기 위해 번역어를 달리하기로 한다. 「작품 안내」에서 상론한다.

iii   혹은 '우리를 설득하게 두면 안 되거든요.'

iv   즉, 경외[/경건].

v   혹은 '본성들', '피조물들', '존재자들'. 뜻으로만 보면 그냥 '인간들'로 새길 수도 있다. 이제부터 당분간 '자연물'(physis)이 주로 인간을 가리키는 말로 사용된다는 점에 유의하면 좋겠다.

vi   즉, 신들인 천체들에 대한 무지.

대 본성에 속하는 것들ⁱ을 적당히 그리고 온건하게 받아들일 때 좋은 기질을 가지게 되어 용기를 찬탄하고 절제 있음 쪽으로 쉽

c 게 설득되는 자가 될[174] 것이며,ⁱⁱ 가장 중요하게는, 이런 본성들ⁱⁱⁱ 가운데서 배울 능력이 있고 기억력이 좋은 경우[175] 이것들ⁱᵛ 자체를 실컷 즐길 능력을 갖게 되어 결국 배움을 사랑하는 자가 될[176] 테니까요. 이것들ᵛ은 쉽게 산출되지도 않지만, 일단 생겨나서 마땅한 양육과 교육을 받게 되면 자기들보다 열등한 대다수 사람들을 가장 올바르게 단속할 능력을 갖게 될 테니 말입니다.ᵛⁱ 신

---

i 곡언법적 표현을 걷어 내면 '느림과 그 반대[즉, 빠름]'.

ii 『정치가』 307b 이하에서 이방인 손님은 적도(to kairon)보다 더 날카롭거나 빠르거나 단단한 것도, 더 무겁거나 느리거나 부드러운 것도 똑같이 위험하다고, 전자는 방자하고 광포한 것인 반면 후자는 비겁하고 둔한 것이라고 지적한다.

iii 즉, 느림과 빠름(이 적당히 섞인 상태).

iv 즉, 아마도 배움과 기억.

v '이것들'(tauta)은 중성으로 표현되기는 했지만 아마도 가장 훌륭한 자연물 (즉, 인간)을 가리키는 것으로 보인다. 이를 반영하듯 원문에서는 문장 내에서 이내 자연스럽게 남성으로 옮겨 간다. 앞 문장에서도 주어는 여성인 '영혼'이었는데, 사실상 가장 훌륭한 자연물(즉, 인간)의 영혼이어서 문장 뒷부분은 거의 인간에 대한 기술이라 해도 좋을 정도로 어느새 자연스럽게 영혼에서 인간으로 초점이 이동한다. 이 문장에 들어와서 중성으로 표현된 '이것들'은 아마도 그 영혼 내지 인간이 갖추게 된 덕들(용기, 절제, 배움 사랑 등)을 가리키는데, 그러다가 자연스럽게 덕에서 덕을 가진 인간으로 초점이 이동하게 되는 것으로 보인다.

vi 지시사 표현의 애매성이 꼭 『법률』 12권 말미(968b~c)의 '그런 것'(to toiouton) 과 '그런 것들'(ta toiauta)을 닮았다. 『법률』 말미의 애매성에 관해서는 김남두 외(2018b) 391쪽 주석 106)을 참고할 것. 지시사만이 아니라 곡언법에 동원된

들과 관련해서 각각의 것들을 마땅한 방식으로 마땅한 때에 분별하고[177] 행하고 말함으로써 그런 능력을 갖게 될 것인데, 그때 그들은 제사들에 관해서만이 아니라 신들과 인간들에 공히 관련된 일들에서의 정화들에 관해서 겉치레로 술수를 부리는 게 아니라 진실로 덕을 숭상합니다. 바로 그것[i]이 국가 전체에게는 모든 것들 가운데 그야말로 가장 중요한 일입니다. 그러니까 바로 이 부분[ii]이 자연적으로 가장 권위 있고, 누군가가 가르쳐 준다면 가능한 한 가장 아름답고 훌륭한 것들을 배울 능력이 있다고 우리는 주장합니다. 하지만 신이 인도하지 않는다면 가르치는 일조차 있을 수가 없겠지요.[178] 어쨌든 설령 누군가가 가르치게 된다 해도 그런 일[iii]을 적절한 방식으로 수행하지 않는다면 차라리 배우지 않는 게 더 나을 겁니다.[iv] 그럼에도 불구하고 지금 이야기되

d

'physis' 등도 상당히 애매하게 사용되고 있는데, 다분히 의도적인 것으로 보인다. 이 작품에서도 말미에 이런 애매성이 다시 등장한다(992a).

i   즉, 덕을 숭상하는 일.

ii   개인 영혼의 부분이라고 이해할 수도 있고, 국가의 부분이라고 이해할 수도 있다. 문맥을 고려할 때 일차적으로는 후자(즉, 가장 훌륭한 자연물들, 즉 인간들)이겠지만, 전자도 배제할 필요는 없다. 덕의 부분으로 보는 논자들도 있다.

iii 즉, 가르치는 일.

iv   저자가 주장하듯 우주가 신적인 동물이라는 생각으로 천문학을 가르치는 게 아니라면, 예컨대 유물론자가 가르치듯 천체들은 살아 있지 않고 천체들의 운동은 그저 기계적 원인의 산물일 뿐이라고 가르친다면, 차라리 배우지 않는 것이 낫다는 말이다. 설령 여덟 궤도에 대해 알게 된다 해도 지혜, 즉 경외[/경건]에 도달하지는 못할 테니 말이다. 타란(324쪽)도 언급하는 대로 잘못된 교육보다 차라리 무지가 낫다는 생각을 비슷한 맥락에서 표명하는 『법

고 있는 것들로부터 미루어 보건대, 나 또한 이런 유의 가장 훌륭한 자연물에게 이것들을 배우라고 이야기할 수밖에 없습니다.

e 그러니 그것들이 무엇이고 어떤 유의 것들이며 어떻게 배워야 하는지를 이야기로 검토하려 시도해 봅시다. 이야기하는 나의
990a 능력만이 아니라 들을 능력이 있는 사람들의 능력이 허용하는 한에서 말입니다. 신 경외에 속하는 어떤 것들을 어떤 방식으로 배우게 될지를 말이죠. 그런데 듣는 사람에게는 아마도 이상한 것이긴 하지만, 적어도 우리가 그것을 부르는 이름은, 누구든 그 일에 대한 무경험 때문에 한 번도 생각해 본 일이 없을 만한 것, 즉 천문학입니다. 사람들은 또한 참으로 천문학자인 사람이 가장 지혜로울 수밖에 없다는 걸 모릅니다. 물론 이때 천문학자란 헤시오도스 및 그 비슷한 모든 사람들(예컨대, 뜨고 짐을 탐구한 사람)에 따라서 천문학자가 아니라, 여덟 궤도 가운데 일곱 궤도[i]
b 를 탐구한 사람, 즉 각 자연물이 놀랄 만한 본성[ii]을 나눠 갖지 않고서는 결코 쉽게 관찰할[iii] 역량을 충분히 갖추게 될 수 없을 그런 방식으로 그 궤도 각각이 자기 주기를 완주하는 것을 탐구한 사람을 말합니다. 그것에 대해서 우리는 방금 말했고 또, 우리가

률』 7권 819a1~6을 염두에 둔 것으로 보인다.
i 즉, 여덟 개 궤도 가운데 항성 궤도를 제외한 일곱 개 궤도.
ii '자연' 혹은 '본성'으로 흔히 옮기는 'physis'는 주어 '자연물'의 원어이기도 하다.
iii 혹은 '관조할'.

주장하는 것처럼, 앞으로도 말할 겁니다. 어떤 식으로 배워야 마땅하고 어떻게 배울 필요가 있는지를 말입니다. 그리고 우선 우리가 다음과 같은 것을 이야기하도록 합시다.

달은 자신의 궤도[i]를 가장 빨리 완주하는데, 그러면서 가장 먼저 달[月]과 보름[179]을 가져옵니다.[ii] 둘째로 우리는 해에 대해 파악해야 하는데, 해가 자신의 전 궤도를 통해 지점(至點)들을, 그리고 자기와[180] 함께 달리는 것들[181]을 가져온다는 것을 파악해야 합니다. 그런데 우리가 같은 것들에 관해 여러 번 같은 대화들을 나   c

---

i   혹은 '주기'. 아래도 마찬가지.

ii 사실 타란(328쪽)처럼 이 '가장 먼저'(prōtēn)를 '(그)보다 먼저'(proteron)의 대용 표현으로 보면 이 대목은 '달은 달과 그보다 먼저(prōtēn) 보름을 가져옵니다.'로 새길 수 있다. 타란의 이 독해는 기발하고 아주 유용한 독해로 평가해 줄 만하다. 결국 새로운 달로 시작하는 한 달이 희랍인들에게 완벽한 한 주기로 정착되지만, 그 한 달'보다 전에' 보름이 일종의 주기가 된다는 것이 저자가 주목하는 사항이라고 볼 수 있게 해 준다. 978d~e에서 저자는 이 '주기'가 이미 수의 발견에서 중요한 역할을 한다는 점을 강조한 바 있다. 이런 독해가 충분히 가능하고 유용하지만, 이 문장을 대하는 독자의 일감은 어쩔 수 없이 다음 문장에 나오는 '둘째로'와 연결 짓는 방식을 향하게 된다. 원문에서는 이 단어가 '둘째로'와 나란히 붙어 있다. 사실 타란을 포함한 이제까지의 논자들이 이 일감을 외면한 것은 달의 이 '첫째'가 무엇인지에 대한 이해가 불가능해 보여서다. 추측건대, 저자가 여기서 매기고 있는 순서는 타란이 주목하는 그것(즉, 새 달과 보름의 선후)이라기보다는 천체가 우리 삶에 (주기로써, 즉 수로써) 영향을 주는['가져옴'(agein)으로 표현된] 일(따라서 우리가 주목해야 할 일)의 순서가 아닐까 싶다. 저자가 보기에 우리가 주목해야 할 천체 회전의 효과 가운데 첫째가 달이 가져오는 주기이고, 둘째가 해가 가져오는 주기다. 나는 원문에서 '가장 먼저', 즉 '첫 번째'(prōtēn)라는 말이 결국 '궤도'(periodon), 즉 주기와 연결되는 말이라고 생각한다.

누지 않으려고 하는 말인데, 앞서 우리가 검토했던, 이것들의 나머지 경로들[i]은 알아차리기 쉽지 않으며, 오히려[182] 이것들에 대해 그럴[ii] 만한 능력이 있는 자연물들을 준비시키면서 아이 때와 청년 때부터 많은 것들을 미리 가르치고 습관이 들게 하는 노고를 언제나[183] 아끼지 말아야 합니다. 그렇기 때문에 배울거리들[iii]이 필요하게 될 겁니다.

가장 중대하고도 첫째인 것은 수들 자체에 대한 것입니다.[iv] 즉, 물체들을 가지는 수들[v]에 대한 것이 아니라 수들이 있는 것들의 본성에 제공하는, 홀짝의 기원[vi]과 능력 전체에 대한 것입니다. 그리고 이것들을 배우고 나면 이것들 바로 다음으로 그에게 있게 되는 것은 사람들이 무척이나 우스운 이름으로 기하학[vii]이라 부르지만, 실은 본성상 서로 닮지 않은 수들을 평면들의 영역에 조회하

d

---

i '이것들'은 달, 해를 포함한 천체들을 가리키고, '나머지 경로들'(hodoi)은 나머지 궤도들, 즉 달과 해 이외의 천체들의 궤도들을 가리킨다.

ii 즉, 알아차릴.

iii 혹은 '배움들'이나 '수학 교과'. 실은 아예 이것들 다를 가리킬 수도 있다. 즉, 배움 내지 배울거리들인데 그 주된 내용이 수학이라고 이해할 수도 있다는 말이다. '수학'이라는 개념이 발생하는 과정은 '배움' 내지 '배울거리'라는 일반적인 표현이 그 지시 대상을 좁혀 가는 과정이었던 것이다.

iv '수들 자체'는 추상적인 수를 가리키는 것으로 보이며, 977e6~978a1에서 '진짜 수'(ho arithmos ontōs)로 이미 언급된 바 있다. 이 첫째 배울거리의 이름, 즉 '수론'(arithmētikē)은 여기서 거론되지 않지만, 이미 언급된 바 있다(977e2).

v 즉, 구체적인 수로서의 개수.

vi 혹은 '생성'.

vii 기하학을 가리키는 'geōmetria'의 원뜻은 '땅 측량'이다.

여[i] 닮게 만들기임이 이미 뚜렷해졌습니다.[ii] 바로 이 경이로움이 인간적인 것이 아니라 신적인 것으로 생겨났다는 건 알아차릴 능력이 있는 사람에게는 명백하게 될 겁니다. 그리고 이것 다음으로는 세 곱을 해서[iii] 입체적 본성과 닮은 수들, 그런데 그중 다시 안 닮게[iv] 된 수들을 그는 다른 기술로 닮게 만듭니다. 그 기술은 그것을 접해 본 사람들이 입체 기하학이라 부른 기술입니다. 그런데 그걸 면밀히 살피고 곰곰이 사고하는 사람들에게 신적이고도 놀랄 만한 것은 두 배 주위를 늘 능력과 그 반대쪽 능력이 돎으로써[v]

e

---

i   '영역'으로 옮긴 'moira'는 '몫', '부분'을 가리키는 말로서 사실상 곡언법에 가깝다. 즉, '면들에 조회하여'로 새겨도 무방하다.

ii   '닮은'(homoios)을 '통약 가능한'으로 해석하는 사람들이 많았다. 그러나 희랍 수학이 '통약 불가능한 크기'는 받아들이지만 '통약 불가능한 수'는 받아들이지 않았다고 비판하는 타란(330~331쪽)이 제안하는 것처럼 유클리드 『기하학 원론』 7권 정의 21 "닮은(homoioi) 면수들과 입체수들(epipedoi kai stereoi arithmoi)이란 비례 관계인 변들을 가진 수들이다."에 나오는 '닮은'으로 이해하는 것이 더 적절해 보인다. 그 정의에 따르면, 두 수는 그 인수들이 비례 관계일 때 닮았다. 예컨대, 6 = 2 × 3이고 24 = 4 × 6이므로 면수 6과 24는 닮았다. 실제의 '닮은 수 만들기'(homoiōsis) 과정을 포함하여 더 상세한 설명은 타란(330~332쪽)을 참고할 것.

iii   '세 곱을 했다'(tris ēuxēmenoi)는 것은 직역에 더 가깝게는 '세 번 키워졌다'는 말로서, 인수 셋으로 이루어진 수 즉, 입체수라는 뜻이다.

iv   '안 닮은'(anomoioi) 수들이란 그 세 인수가 비례 관계에 있지 않은 수들이다.

v   아래에 언급될 기하학적 수열을 생성할 수 있는 첫 수가 2이므로, 그리고 그 다음 대응하는 수열도 계속 거기서 2배씩 커지므로, '늘' 2배 주위를 '돈다'(은유적 표현)고 말하는 것으로 보이며, 반대쪽 능력이 2배 주위를 돈다는 것은 같은 2:1 비율이 이번에는 반대쪽으로, 즉 감소하는 방향으로(1/2 쪽으로) 적용된다는 뜻이다.

어떻게 전체 자연이 각각의 비례[i]에 따라 종과 유를[184] 각인해 내는
991a 가 하는 것입니다. 그래서 두 배의 첫 번째 수열은 수에 있어서 하
나 대 둘의 비율로 움직이는 수열이고,[ii] 능력에 따른 수열은 그 두
배입니다.[iii] 그리고 입체적이고[185] 만질 수 있는 것에 이르는 수열
은 다시 또 두 배입니다. 하나에서부터 죽 가로질러 여덟까지 가
서 그것에 이르지요.[iv] 그런데 두 배의 비례[v]가 중간에 이르는데
그 중간이 더 작은 것보다 더 큰 그만큼 더 큰 것보다 더 작은 것
인가 하면,[vi] 또 다른 중간은 외항들 자체를 같은 부분만큼 초과하

i 즉, 기하학적 비례와 산술적 비례와 조화적 비례. 『티마이오스』 31c 전후에
   서 '비례'(analogia)는 불과 흙 사이에서 그것들을 묶어 주는 '끈'(desmos)으
   로 등장한다. 그런가 하면 여기 『에피노미스』에서는 말미(991e5)에 나오는
   '끈'(desmos)이 비례와 연결되기는 하지만, 기본적으로 단순 물체의 연결 수
   단이 아니라 학문들(나아가 사물들)의 연결 수단으로 등장한다. 오히려 앞
   984c2의 '상호 결속'(syndesmos)이 『티마이오스』의 '끈'과 연결되는 어휘.
ii '수열'의 원어는 계속 '비례'로 옮기던 말, 즉 'analogia'다. 이제 '비례'가 움직
   여(즉, 계속 작동하여) '수열'이 된다. 이해의 편의를 위해 '비례' 대신 '수열'로
   옮긴다. 두 배의 첫 번째 수열, 즉 두 배 비율로 만든 첫 번째 수열은 1:2를
   그대로 적용한 수열이다. 즉, 수열 1, 2, 4, …
iii 두 배의 두 번째 수열, 즉 능력(즉, 제곱)에 따른 수열(1^2:2^2)은 앞 첫 번째 수
   열 비율(1:2)의 두 배 비율(1:4)로 만든 수열이다. 즉, 수열 1, 4, 16, …
iv 두 배의 세 번째 수열 즉, 세제곱에 따른 수열(1^3:2^3)은 앞 두 번째 수열 비율
   (1:4)의 두 배 비율(1:8)로 만든 수열이다. 즉, 수열 1, 8, 64, … 이 수열은 1
   에서 8까지 죽 가로지르며 시작한다. 다시 말해, 매키라한(1632쪽 주석 5)도
   지적하듯, 이 세제곱 수열은 1제곱에 따른 수열, 2제곱에 따른 수열을 '거쳐'
   나온다. 즉, 3차원의 생성은 1차원과 2차원의 생성을 '거쳐' 나온다.
v 혹은 '수열'. 이제까지 편의상 '수열'로 옮긴 'analogia'가 계속 주어다.
vi 이른바 '산술 중항'을 가리킨다. 3과 5 사이에서 4는 3보다 1이 크고 5보다 1

면서 초과되는 것입니다.ⁱ (6과 12의 중간에는 6의 1과 2분의 1¹⁸⁶ 및 [b] 1과 3분의 1¹⁸⁷이 오지요.ⁱⁱ) 바로 이것들ⁱⁱⁱ 둘의 중간에서 비례^{iv}가 (뮤즈들의 행복한 가무에 의해^v 인간들에게 이미 주어져 있기에) 이쪽저쪽으로^{vi} 돌면서, 리듬과 화음을 가진 놀이를 위해¹⁸⁸ 쓸 수 있게 조화롭고 균형 잡힌 쓰임새를 인간들에게 배분해 주었습니다.

자, 그럼 이 모든 것들이 이런 식으로 생겨나 이런 상태를 유

이 작다. 저자 자신의 예(6과 12의 중항)는 아래에 나온다. 달리 산출 방법을 말하자면, 산술 중항은 두 외항의 합을 2로 나눈 수다.

i 이른바 '조화 중항'을 가리킨다. 3과 6 사이에서 4는 3보다 3의 3분의 1(즉, 1)만큼 크고 6보다 6의 3분의 1(즉, 2)만큼 작다. 저자 자신의 예(6과 12의 중항)는 아래에 나온다. 달리 산출 방법을 말하자면, 산술 중항은 두 외항의 곱을 산술 중항으로 나눈 수다. 두 중항에 관한 언급은 『티마이오스』 36a 전후 대목에 언급된 바 있다.

ii 6과 12의 산술 중항은 9이고, 조화 중항은 8이다. 6과 중항들의 관계로 보면 9:6 = 3:2이고 8:6 = 4:3이다. 또 12와 중항들의 관계로 보면 12:9 = 4:3이고 12:8 = 3:2다. 여기서 저자가 특별히 예로 드는 6, 8, 9, 12는 음계의 기본 간격(옥타브, 4도 화음, 5도 화음)을 이루는 기하학적 비례를 가리킨다. 타란(340쪽)에 따르면 저자가 여기서 기하학적 비례를 제시하고 그 중항은 그저 시사만 하는 것은 앞의 두 비례의 경우 중항은 제시하고 비례는 시사만 하는 것과 대비되는데, 이는 저자의 일차적 관심이 수론 자체, 즉 산술적 비례나 조화적 비례 자체보다 직후에 언급할 화성학, 즉 기하학적 비례를 향해 있음을 보여 준다.

iii 즉, 외항들. 즉, 6과 12.

iv 옥타브, 4도 화음, 5도 화음.

v 혹은 '행복한 가무에'. 원어 'eudaimoni choreiāi' 자체가 이 두 말을 모두 의미하는 애매한 표현으로 되어 있다. 앞에서 저자는 별들의 질서 있고 조화로운 가무의 아름다움을 언어유희와 함께 묘사한 바 있다(982e4~5).

vi 즉, 외항인 6과 12 양쪽 모두를 향해.

지한다고 합시다. 그런데 이것들에 대한 끝으로서, 신적인 생성

과,[189] 가시적인 것들 가운데 신이 인간들에게 관찰할 수 있도록

허락한 한에서 가장 아름다우면서도 가장 신적인 자연물로 가야

c   합니다. 그건[i] 누구든 설령 관찰했다고 해도 방금 상세히 이야기

된 것들[ii] 없이는 절대 넘겨받았다[iii]고 쉽게 장담할 수가 없는 것

입니다. 그리고 이것들에 더해 우리는 매번 가지는 대화 모임들

에서 질문도 하고 아름답게 말해지지 않은 것들을 논박도 하면

서 개별적인 것을 종에 귀속시켜야 합니다. 그것[iv]이 인간들에게

모든 면에서 가장 아름답고 첫째가는 시험[v]이라고 옳게 판명되고

있는 반면, 실제로는 아니면서 시험인 척하는 것들은 모두를 가

장 헛된 수고에 빠져들게 하는 것이기 때문입니다.

    게다가 우리는 시간의 정확함을, 즉 얼마나 정확하게 그것이 하

d   늘에서 일어나는 모든 것들을 완성해 내는지를 파악해야 합니다.

---

i   즉, '그 자연물은' 혹은 '그 생성과 자연물은'.

ii   즉, 직전에 상론한 배울거리들.

iii   혹은 '파악했다'. 987d8에 희랍이라는 장소가 희랍인들에게 신들의 질서에
       대한 이해를 '넘겨주었다'(paradedōken)는 언급이 있었다.

iv   즉, 방금 거론한 변증술. 그러나 흥미롭게도 내용이 거론되면서도 이 학문명
       자체가 언급되지는 않는다.

v   '시험'으로 옮긴 'basanos'는 '시금석'으로 새길 수도 있다. 동사형 '시험하
       다'(basanizein)는 행성들에 대한 앎의 유래를 논하는 맥락에 나온 바 있다
       (987a6). 유사한 어휘 '검증'(dokimazein)이 지혜와 관련하여 2회(988e6,
       992e1) 등장한다는 점도 참고할 만하다.

그래야만 영혼이 물체보다 더 오래된 것일 뿐만 아니라 더 신적인 것이기도 하다는 우리 이야기가 참임이 판명되었다고 확신하게 된 사람이 '만물이 신들로 가득 차 있다.'는 말이 지극히 아름답고도 충분하게[190] 말해진 거라고, 또 우리가 결코 더 뛰어난 이들의[191] 망각과 무관심으로 인해 방치된 게 아니라고 생각할 수 있게 됩니다.

그런데 이런 모든 것들에 관해서 우리는 다음과 같은 것을 사유해야 합니다. 누군가가 이것들 각각을 올바로 파악하고 있다면, 적절한 방식으로 넘겨받는 사람에게 큰 유익이 생겨납니다. 그렇지 못하다면 언제나 신에게 호소하는 것이 더 좋습니다.[ii] 그런데 그 방식이란 이런 겁니다. (적어도 이런 정도까지는 밝히는 것 e 이 불가피하니 하는 말입니다.) 적절한 방식으로 배우는 사람에게는 수의 전체 도해[192] 및 체계,[iii] 그리고 조화의 구조 전체,[iv] 그리

---

i   '만물이 신들로 가득 차 있다.'(theōn einai panta plea)는 말은 『법률』 10권 899b9에 언급된 바 있다. 아리스토텔레스에 따르면 이것은 탈레스의 말이다(『영혼에 관하여』 1.5, 411a8).

ii   여기서 저자가 호소하기(kalein)를 권하는 신(theos)은 저자 자신이 말하는 신, 즉 우주를 가리키는 것이 아니다. 일상인들의 통속 신앙이나 기존 신론에 대한 저자의 개방성을 엿볼 수 있는 대목이다. 바로 아래에서 저자는 튀케(행운의 여신)에 대한 호소 또한 언급하게 된다(992a2).

iii   '수의 전체 도해(diagramma)'란 수를 대변하는 기하학적 도형 전체를 가리키며 기하학의 대상인 반면, '수의 전체 체계(systēma)'란 세 인수로 된 수(즉, 입체수)의 체계를 가리키며 입체 기하학의 대상이다. 여기 세 학문 대상에 관한 적절한 설명은 타란 346~347쪽 참조.

iv   '조화의 구조[/조합](systasis) 전체'란 조화를 이루는 음들의 조합 일체를 가리키며 화성학의 대상이다.

고 별들의 회전의 일치[i]가 이 모든 것들에 대해 적용되는 단일한 것이라는 게 드러나야 하며,[ii] 또 우리가 이야기하는 것처럼 누군가가 하나에 주목하면서 올바로 배운다면, 드러나게 될 겁니다.

992a 이 모든 것들을[193] 자연적으로 묶어 주는 하나의 끈[iii]이 있다는 것이 곰곰이 사고하는 사람들에게 드러나게 될 테니까요. 하지만 누군가가 이것들[iv]에 다른 어떤 식으로 착수하려고 할 경우에는, 우리가 또한 이야기하는 것처럼, 튀케(행운)[v]에게 호소해야 합니다.[vi]

i   '별들의 회전의 일치[/일관성/일관된 패턴](homologia)'란 여덟 회전으로 이루어진 통합된 체계 및 각 운동 상호간 관계를 가리키며 천문학의 대상이다.

ii   수론, 기하학, 화성학, 천문학이 실은 단일한 앎 혹은 지혜로서 '만물에 대한 하나의 앎'으로 성립함을 선언하는 발언이라 할 수 있다.

iii 이 끈(desmos)은 수, 더 구체적으로는 비례 이론을 가리킨다(타란 345~347쪽).

iv   이 맥락에 계속 등장하는 '이것들'(tauta)은 직전에 나온 '이 모든 것들' 및 직후에 더 좁혀 명시되는 '이 배울거리들'과 어떤 관계인가 하는 물음을 우리에게 제기하면서, 동시에 앞에서(989c) 이미 등장한 비슷한 애매성이나 『법률』 12권 말미의 애매한 표현들을 떠올리게 한다.

v   '행운' 대신 '운', '운명'이나 '우연'으로 새길 수도 있다. 앞의 인격화 사례들, 즉 977b2~3의 우라노스(하늘), 코스모스(우주), 올림포스나 978c1의 만유(판), 988e6의 정의(디케) 등에서는 인격화와 인격화 전 사물의 애매성을 유지하려는 의도가 들어 있는 반면, 여기서는 인격화 쪽에 매우 기울어져 있기에 대문자로 된 인격화된 신명을 앞세우는 방식으로 표기하기로 한다.

vi   여기 언급된 '또한'(kai)은 직전의 개방적인 신론적 언급(991d8)과 연관된다. '신에게 호소하는 것이 더 좋다.'(991d8)는 말도 우리(즉, 일상인)가 이런 상황에서 으레 하는 말인데, 그것만이 아니라 이런 말도(kai legomen), 즉 튀케(Tychē), 즉 행운의 여신에 대한 호소가 필요하다는 말도 할 때가 있다는 말이다.

적어도 이것들 없이는 국가들에서 어떤 자연물[i]도 결코 행복하게 될 수 없을 테니까요. 오히려 이것이 방식이고 이것이 양육이며 이것들이 배울거리들입니다. 그것들이 어렵든 쉽든 간에 이 길로 가야 합니다.[194]

그리고 신들을 소홀히 대하는 것은 도리에 맞지 않습니다. 그들 모두에 대해 적절한 방식으로 이야기되는 전승[ii]이 행운에 의한[195] 것임이 명백하게 된 마당에 말입니다. 그리고 이 모든 것들을 이렇게[iii] 파악한 사람이 가장 참된 의미에서 가장 지혜로운 사람이라고 나는 이야기합니다. 그 사람에 대해서 또한 나는 농담이자 진담으로 다음과 같이 단언합니다.[196] 그런 사람들 가운데 누군가가 죽음으로 자신의 운명을 채울 때, 어쩌면 죽어서도 그가 여전히 있다고 한다면, 그땐 더 이상 지금처럼 많은 감각들을 나눠 갖지 않을 것이고, 혼자서 단일함의 운명[iv]을 나눠 받게 된 데다 여럿이다가 하나가 된 것이어서 행복하고도 가장 지혜로우며 동시에 축복 받은 자가 될 겁니다. 누군가가 축복 받은 자로

b

---

i   즉, 인간.

ii   적절한 방식으로 해석되고 이해되는 전승, 즉 이 작품에서 기술된 탐색들에 따라 개신된 전승을 가리킨다(타란 348쪽).

iii   즉, 적절한 방식으로.

iv   혹은 '단일함의 몫'. 즉, 단일함이라는 운명. 결국 단일함. 직역하면 '단일한 운명[/몫]'. 다른 곳에서도 구사된 곡언법의 일환일 것이다.

c 대륙들[i]에서 살든 섬들[ii]에서 살든 말입니다. 그리고 저 사람[iii]은 그런 행운을 늘 나눠 가질 것이고, (누군가가 이것들을 공적으로 추구하며 일생을 보내든 아니면 사적으로 그러든 상관없이) 신들에게서 허락받아 동일한 것들을 동일한 방식으로 행하게 될 겁니다. 그리고 처음에도 우리가 이야기하고 있던 것처럼[iv] 지금도 같은 이야기가 진짜 참된 이야기로 우리에게 있습니다. 즉, 소수를 제외하고는 인간들이 완벽하게 축복 받고 행복한 자가 될 가능성이 없다[197]는 이야기인데,[v] 이건 옳게 이야기된 겁니다. 본성상 신적이면서도 동시에 절제 있고 여타의 덕도 나눠 가지고 있는 사

d 람들, 그리고 이것들에 더해 축복 받은 배울거리와 연관되는 모든 것들(그런데 그것들이 무엇인지는 우리가 이미 말했습니다.[vi])을 파악한 사람들만이 신령스러운 것에 속하는 모든 것들을 충분히

---

i 섬들에 덧붙여 '대륙들'(ēpeiroi)이 언급된 것은 저자가 『파이돈』 말미의 신화와 거기서 이야기된 참된 땅에 대한 '지리'를 염두에 두고 있기 때문이다(타란 349쪽).

ii 즉, 이른바 '축복 받은 자들의 섬들'.

iii 지금 여기 우리와 아주 멀리 있는 사람에 대한 심리적 거리를 드러내는 표현이다. 아테네인의 비관주의적 태도와 연관이 있는 발언이다.

iv 서두(973c4~5)에 아테네인이 꺼냈던 '이상한'(973b8) 이야기를 가리킨다.

v 아테네인이 서두(973c4~5)에 언급한 이야기에서 '완벽하게'(teleōs)만 추가되었을 뿐 나머지는 그대로 다시 인용되었다.

vi 지혜에 이르기 위한 배울거리들로서 수론, 기하학, 입체 기하학, 화성학 같은 예비 훈련용 배울거리와 천문학, 변증술 등 본격적인 배울거리를 상세히 개진한 990b5~992a6를 가리킨다.

몫으로 얻었을 뿐만 아니라 갖고 있기도 하니까요.

그러니까 이것들을 이렇게 공들여 얻어낸 사람들을 위해서 우리는 다음과 같은 것을 사적으로 이야기하고 또 공적으로 법 아래 놓습니다.[198] 그들이 노령의 끝에 도달하면 그들에게 가장 중대한 관직들을 넘겨주어야 하고, 다른 사람들은 이들을 따르면서 모든 신들과 또 여신들을 찬양해야 합니다. 그리고 우리가 이지혜를 충분히 알고 또 검증도 했으므로[i] 야간 위원회로 하여금, 즉 그 구성원 모두[ii]로 하여금 이 지혜를 향하도록 권유해야 하며, 그것이 가장 올바른 일입니다.

e

---

i   '검증'(dokimazein)은 988e6에서 이미 지혜와 관련하여 사용된 어휘다.

ii   원문에서는 '모두'(pantas)가 가까운 곳에 가시적으로 자리해 있는 '우리'(hēmas)를 가리키는 것으로 볼 여지가 상당히 많다. 그런 식으로 옮기자고 하면 이곳의 '그들 모두'를 지우고 문장 처음의 '우리가'를 '우리 모두'로 바꾸면 된다. 예컨대, 그런 독해를 지지하는 타란(352쪽)이 드는 우호적인 논거는 973a1, b5의 유사 예다. 타란의 이해를 따르면 서두와 말미를 연결하는 장점은 있지만, 그 두 예는 세 사람이 모두 참석했다는 것을 강조하는 맥락이므로 여기 맥락에는 덜 어울린다. 이 맥락에서 '모두'는 사실상 거의 무의미한 추가다. 대화 진행 과정에서 메길로스가 명목상의 참가자일 뿐임이 분명해진 상황이어서 더더욱 그렇다. 따라서 원문에서는 멀리 있지만 '야간 위원회'(ton nykterinon syllogon)를 동사 '권유하다'(parakalein) 직전에 다시 소환하는 것으로 보는 것이 적절해 보인다. 결국 작품의 마지막 두 단어 'pantas parakalein'은 '우리(즉, 두/세 대화자) 모두가 권유한다'가 아니라 '그들(즉, 야간 위원회 구성원) 모두에게 권유해야 한다'가 된다. 그 '모두'는 사실상 독자를 향해 열린 표현이므로, 결국 마지막 문장을 통해 자연스럽게 독자에 대한 권유와 초대가 이루어지는 셈이 된다.

주석

1 플라톤의 에피노미스 혹은 철학자(PLATŌNOS EPINOMIS H PHILOSOPHOS)
: '에피노미스'(EPINOMIS)만 제시한 버넷(J. Burnet 1922, 즉 OCT)과 달
리 사본(A, O)에 나오는 이런 풀 버전을 기재한 데 플라세[É. des Places
1956, 즉 뷔데(Budé)판]를 따랐다. '에피노미스'는 뜻으로는 '법률-후속
편' 등으로 새기는 것이 불가능하지 않은 말이다. 출발점에서는 고유명
사가 아니라 '법률'(Nomoi)이라는 작품 제목에 '후속' 등을 뜻하는 전치
사 'epi'를 붙여 만든 말이다. 그러나 번역하지 않고 그대로 부르는 것은
학계의 오랜 관행이기도 하거니와, 거의 고유명사에 준하는 말로 굳어
졌다고 보기 때문이다. 실은 번역하는 것이 설령 정당한 일이라 해도 꼭
'법률-후속편'으로 옮겨야 하는지조차 의심스럽다. '초-법률' 내지 '반
(反)-법률'로 새길 여지마저 있다[토마슨(S. Thomason 2011) 1쪽]는 점까
지 고려하면, 그냥 '법률에 부쳐' 정도로 이해하는 것이 더 적절할 수도
있다. 이래저래 옮기지 않고 고유명사처럼 다루는 것이 유용하다. '에피
노미스'와 '철학자' 외에도 이 작품에 붙여진 제목으로 '야간 위원회', '법
률 13권' 등이 있다. '철학자'를 뺀 나머지 셋은 『법률』과 연결된다. '에피
노미스'가 가장 흔히 사용된 제목이다. 더 상세한 내용은 타란(L. Tarán

99

1975) 182쪽 텍스트 비평주, 그리고 23쪽과 주석 88을 참고할 것.

2 우리의 합의와 관련해서는(pros men to tēs homologias) 우리 모두가 제대로 왔네요. : 각주에서 언급한 대로 『테아이테토스』와 연관되는 작품이라는 표시를 서두에 놓는 『소피스트』 216a1~2와 비교할 만하다. '어제의 합의에 따라'(kata tēn chthes homologian) 모였다고 말하는 그 구절을 염두에 두고 이 구절도 '우리의 합의에 따라'(즉, '우리가 합의한 바를 지키려고')로 새기는 것이 가능하고 실제로 통상 그렇게 새긴다. 그러나 엄밀하게 말하면 표현의 방식이 다르고 내용도 미세하게 차이가 난다. 합의 자체가 아니라 합의 내용을 염두에 둔 표현[즉, '합의에 속하는 것'(to tēs homologias)]이고 전치사도 다르다(pros). 게다가 유보를 다는 표현 'pros men'(…에 관해서'는'/…에 관해서'라면')은 아래 '자, 이제는(nyn de) 이걸 남겨 두지 않도록 시도해 봅시다.'와 내용상 연결된다고 볼 만하다(그 부분을 소수 사본에 따라 'te' 대신 'de'로 읽는다면 말이다). 그러니까 모인다는 표면상 합의의 이행만으로 끝나는 것이 아니라 합의의 실내용, 즉 모여서 하려던 일의 완수까지가 해야 할 일이라는 생각이 바탕에 깔려 있는 것으로 보인다. 아무튼 '우리의 합의에 따라'로 새기는 경우에도 유보를 넣어 '우리의 합의에 따라서'는' 우리 모두가 제대로 오긴 했네요.' 정도로 옮기는 것이 적절하다.

3 그것이 사유되면(dianoēthēi) : '그것이 이해되면'으로 옮길 수도 있고, 아예 주어를 '현명에 속하는 것' 대신 '(어떤) 인간'으로 보고(즉, 동사를 수동태가 아니라 중간태로 보고) '그럴 마음만 먹으면'으로 옮길 수도 있다(타란 204쪽).

4 이야기(logos) : 좀 더 구체적으로 해석을 넣어 읽는다고 할 때, 앞의 '현명에 속하는 것'이 현명의 본성이라면 이것은 일차적으로는 '정의'(定義)쯤에 해당할 수 있고, 앞의 그것이 현명에 이르는 공부라면 '이야기'(담론)나 '논변' 정도가 될 수 있겠다.

5 현명에 속하는 것(to tēs phronēseōs)(즉, 우리가 주장하기로 그것이 사유되면(dianoēthēi) 인간의 상태(anthrōpinē hexis)를, 인간에게 가능한 만큼의 현명과 관련

하여 가장 아름다운 상태로 만드는 그것)을 도대체 어떤 이야기(logos)로 검토해야 하는지 숙고하려고 말이죠. : 각주에 밝혔듯 저자는 현명의 본성(즉, 현명이 무엇인지)이나 현명에 이르는 공부(즉, 어떻게 해야 인간이 현명하게 되는지) 등에 해당할 만한 내용을 막연히 '현명의 그것', 즉 '현명에 속하는 것' 내지 '현명에 대한 것'으로 지칭하고 있다. 해석을 넣어 구체화하는 독법을 택하지 않는 한 가지 이유는 이것이 현명한 상태의 원인 노릇을 해야 한다는 점 때문이었는데, 사실 그 난점만 문제라면 아예 '현명의 것'과 뒤의 '그것'의 지시 대상을 달리 보는 독해가 가능하다. 이는 타란(204쪽)도 채택한 하워드(Harward 1928)의 방식인데, 그렇게 읽으면 다음과 같이 옮길 수 있다. '현명의 문제를 도대체 어떤 이야기로 검토해야 하는지 숙고하려고 말이죠. 즉, 우리가 주장하기로, 그것이 사유되면 인간의 상태를, 인간에게 가능한 만큼의 현명과 관련하여 가장 아름다운 상태로 만드는 그것이 무엇인지를 말입니다.' 혹은 매키라한(R.D. McKirahan 1997, 1617~1618쪽) 식으로 다음과 같이 새길 수도 있다. '현명에 속하는 것[즉, 현명의 본성]을 도대체 무슨 이야기[/정의]를 가지고 검토[/설명]해야 하는지, [그리고] 우리가 주장하기로, (인간이) 그럴 마음만 먹으면 인간의 상태를, 인간에게 가능한 만큼의 현명과 관련하여 가장 아름다운 상태로 만드는 그것[즉, 현명에 이르는 공부]이 무엇인지[즉, 어떤 공부를 하면 인간이 현명하게 되는지]를 숙고하려고 왔지요.' '현명에 속하는 것'과 관련하여 저자가 '현명'(phronēsis)을 에둘러 표현한다는 것 외에도 아래에서 '지혜'(sophia)라는 말을 함께 사용한다는 것은 플라톤과 아리스토텔레스 사이에서 이 책의 위상과 역할에 관한 물음을 유발한다. 이런 맥락까지 염두에 두면서 이 말에 '지혜'와 구분되는 용어를 할당하되 '분별' 등 대안 번역어는 채택하지 않고 '현명'으로 통일하여 옮기기로 한다. 「찾아보기」를 통해 이 단어들의 출현 빈도와 자리를 비교하면서 그 쓰임새와 의미를 음미해 보는 것도 좋을 것이다.

6 무엇을 배워야(ti mathōn) : 혹은 '무엇 때문에'.

7 자, 이제는(nyn de) : 내가 주로 참고하고 있는 세 편집자 버넷, 데 플라

세, 타란(182쪽. 타란 텍스트의 쪽수는 다른 두 편집자의 경우처럼 생략하되, 텍스트 편집에 관한 설명이 붙어 있는 주석의 쪽수는 별도로 표시하기로 한다.) 모두와 다르게 사본 전통(A, O)의 'nyn te' 대신 소수 사본(cod. Voss.)의 'nyn de'를 받아들여 새겼다. 서두의 'men'에 대한 대조가 여기서 이루어지는 것이 아주 자연스러운 흐름을 제공한다. 사실 소수 사본 독법을 받아들인 편집자가 아예 없는 것은 아니었다. 예컨대, 19세기의 아스트 (F. Ast 1814) 495쪽.

8 법률들의 제정에 관련된 다른 것들은, 우리가 주장하는 바로는, 전부 우리가 검토했지만 […] 이걸 남겨 둔다면, 일들을 처음부터 끝까지 명백하게 만들겠다며 우리 모두가 염두에 두고 착수했던 목표(hou charin)를 실행하지 못한 채 사실상 미완성(ateles)으로 두게 될 테니까요. : 아마도 『법률』 12권의 다음 구절을 염두에 둔 것으로 보인다. "하지만 무슨 일에 있어서든지 매번, 어떤 것을 행했다거나 획득했다거나 정착시켰다고 해서 곧바로 그 일의 끝이 되는 게 아닙니다. 산출해낸 것을 위해 완벽하고 영속적으로 안정을 유지할 수 있는 수단(sōtēria)을 찾아내 주었을 때, 그때 비로소 행해야 했던 것 전부를 이미 행한 것이라고 생각해야 하며, 그러기 전까지는 그 일 전체가 미완성이라고 생각해야 합니다."(960b5~c1)

9 나를 따라오면서(hepou) 그들과 더불어 나도 이런 일에 관해 아름답게 말하고 있다는 생각이 당신에게 드는지 살펴봐 주세요(synide). : '따라오면서(hepou)… 살펴봐 주세요(synide)'라는 표현을 타란은 탐구 내지 앎을 여정에 비유하는 방식으로 이해한다(208쪽). 그러나 그가 예로 드는 974b1~5, 977b1~2, 7~8 등은 사실상 여정 그 자체라기보다 오히려 사냥 비유라 할 수 있고, 여기 '따르다'(hepesthai)는 사냥 비유에다가 '함께' 사냥함, 즉 공동 탐색(syzētēsis) 아이디어가 추가된 것으로 보는 것이 더 적절해 보인다. 977b에 등장하는 두 '따르다'[(syn)akolouthein]의 경우, 적어도 둘째 용례(synakolouthein)는 공동 탐색보다는 대상에 대한 탐색을 가리키기 위해 쓰이며, 첫째 용례는 '인도를 따르다'의 의미로 읽을 수도 있지만 대상 탐색의 의미를 배제하지는 않는다. 아무튼 그 둘

째 용례 또한 적어도 여기 973c3의 용례, 즉 공동 탐구자를 따른다는 의미와는 구별된다.

10 가능성이 없다(ou … dynaton) : 혹은 '능력이 없다'.

11 삶을 끝낼 때도 바로 그런 끝을 맞으려(teleutēsas teleutēs toiautēs tychein) : 이 부분에 해당하는 네 단어 조합이 원문에서는 문장 끝에 위치하는데, 타우[t]와 시그마[s] 및 모음 '에'[e, ē]가 반복되어 압운을 이룬다.

12 지혜로운(sophon) : 혹은 맥락만 고려하면 '심오한', '기발한'.

13 생성된다는 것(to genesthai) : 혹은 '(무언가가) 된다는 것', '됨', '만들어진다는 것', '생'(生).

14 상태(hexis) : 혹은 '성향'.

15 중반 어딘가에서(kata meson pēi bion) : 혹은 '중간에 어떤 식으로'.

16 본래부터 이렇다(pephyken) : 혹은 '이런 본성을 갖고 있다', '자연적으로 이렇다'.

17 있는지 : 뜻을 감안하여 '(자신에게) 있게 되는지[/생겨나는지]'로 새길 수도 있다.

18 이와 아주 흡사하지 않나요? : '이런 점에서 아주 적절하지 않나요?'로 옮길 수도 있다.

19 포착해서(lambanonta) : 이제부터 '포착하다'로 옮기는 'lambanein'은 '획득하다'로 옮기거나 아예 달리 이해하여 '받다', '받아들이다'로 옮길 수도 있다.

20 치워 놓아야(ekpodōn themenoi) : '놓다'(tithenai)의 첫 번째 용례. 앞으로 계속 이 말의 전체 쓰임새를 추적하여 주석에 표시하기로 한다. 하나의 예시를 위해 내가 관심을 가지고 있는 말을 골랐을 뿐, 각자 「찾아보기」를 이용하여 비슷한 방식으로 다른 관심 어휘의 쓰임새와 의미를 음미해 볼 만하다.

21 어떤 것들은(hous) : 타란(220쪽)의 수정 독법을 따라 사본의 'oun' 대신 'hous'로 읽었다.

22 신화(mythos)에 따르면 그건 우리로 하여금 어떤 것들은 아예 먹는 걸 삼가도

록 하는 반면 어떤 것들은 합법적으로(nomimon) 먹도록 정해 놓았지요. : 트립톨레모스 신화와 관련해서는 그것을 직접 인유하는 플라톤 텍스트, 즉 『법률』 6권 782b[김남두 외(2018a) 343쪽과 주석 61을 참고할 것.]과 간접적인 언급인 『변명』 41a[거기서는 하데스의 훌륭한 재판관 넷이 언급되면서 통상의 세 인물과 더불어 다소 뜬금없다 싶게 언급된다. 더 상세한 내용은 강철웅(2020a) 110~111쪽과 해당 주석을 참고할 것.] 외에 그것의 사회·문화적 맥락 또한 참고할 만하다. 트립톨레모스가 별로 존재감이 없다가 고전기 아테네에 와서 최초의 곡물 경작자요 데메테르의 명을 받은 최초의 농경술 전파자로 부각된 것은, 본격적으로 식민 활동을 시작한 아테네가 식민 모시인 자신이 세상에 농경과 엘레우시스 비의, 나아가 문명 자체를 전해 준 시혜자라는 점을 이런 '트립톨레모스 이데올로기'를 통해 각인시키려 시도했다는 사실과 연관되어 있었다는 견해를 참고할 만하다. 더 상세한 내용은 최혜영(2016), 특히 11~21쪽을 참고할 것.

23 **자연적으로**(physei) : 혹은 '본성상'. 'physis'의 번역어로서 '자연'과 '본성'의 상호 교환 가능성은 앞으로 특별한 경우 외에는 따로 언급하지 않기로 한다.

24 **인민**(dēmos) : 혹은 '민중', '대중'.

25 **풍부해지고**(pollē) : 혹은 '대단해지고'.

26 **성취되긴**(apergazomenēn) : 앞(975b)에서 '만들어 내다'로 옮기던 말이다.

27 **어떤 지혜로운 사람도 만들지 못한다는**(oudena sophon poiousan) : 혹은 '그 누구도 지혜롭게 만들지 못한다는'.

28 **아주 모양이 좋지만은 않은**(ou pantos euschēmosi) : 혹은 '어느 모로 보나 모양이 좋지 않은'.

29 **수없이 많은 사람들에게**(myriois) : 혹은 '수많은 경우에'.

30 **구조**(救助: boēteia) : 혹은 '도움', '구호', '방호', '구제', '구난', '구원'. 이하 마찬가지.

31 **전쟁술이라 불리는 구조, 즉 장군술인데**(polemikē klētheisa, stratēgikē technē) : 타란(226~227쪽)처럼 '전쟁에서의 구조, 즉 장군술이라 불리는 것인

데'로 옮길 수도 있다. 타란식 독법의 장점은 저자의 기술 호칭 유보 태도를 더 잘 부각하는 데 있다.

32 지혜에 의해서(sophiāi)라기보다는 오히려 자연에 따른 용기에 의해서(andreiāi) 주어져 있는 것이지요. : 혹은 '지혜에 주어지기보다는 오히려 자연에 따른 용기에 주어져 있는 것이지요.'로 새길 수도 있다. 여기서는 타란(227쪽)처럼 '지혜로써'와 '용기로써'로 새겼다.

33 척도 없이(ametra) : 혹은 '준거 없이'.

34 그것들을 우리가 일정한 척도 없이(ametra) 의견들을 가지고 추측해 가면서(topazomena) 가지게 되기 마련이거든요. : 혹은 타란(228쪽)처럼 'topazomena'를 수동태가 아닌 중간태로 보아 '그것들은 일정한 척도가 없기에[/척도 없이] 추측해 가면서 의견들에 휘둘리기 마련이거든요.'로 옮길 수도 있다.

35 온갖 근거들을 대가며(ex hapantōn) 이들 가운데 그 누구를 두고 : 혹은 '이들 모두를 다 모아 놓고서 그 가운데 그 누구를 두고'. 예컨대, 타란(228쪽).

36 기억력과 의견 다루는 요령을 가지고 사람들의 성격에(mnēmēi kai tribēi doxēs ēthesin) : 혹은 '기억력과 요령을 가지고 의견의[/의견에 속하는] 성격들에'로 옮기는 것도 가능하다.

37 무슨 일이 일어나는(gignomenon) 게 : 혹은 '무엇이 생기는 게'.

38 천성적(physeōs) : 직역하면 '자연의'.

39 놓겠지요(thēsousin) : 의역하면 '간주하겠지요'. '놓다'의 두 번째 용례. 981a8의 관련 주석 참조.

40 극도로(pantapasin) 어려운 논의를 우리는 시도하고 있습니다. 이야기된 것들 말고 다른 앎을 발견하려고 말입니다. : 혹은 '어려운 논의를 통해 우리는 이야기된 것들 말고 다른 앎을 발견하려고 온 힘을 다해(pantapasin) 시도하고 있습니다.'

41 우연(tychē) : 혹은 '행운', '운'.

42 누구를 내가 신이라고 : 혹은 '어떤 신이 그렇다고 내가'.

43 최대로 좋은(to poly megiston) : 혹은 '가장 중대한'.

44 그를 공경할 뿐만 아니라 유독(diapherontōs) 그에게 기도를 올리는 게 가장 정의롭기도 한 분 말입니다. : 혹은 '유독'(diapherontōs)이 두 동사 모두에 걸린다고 보는 타란(235쪽) 등 다수의 독해를 따르면 '유독 그를 공경할 뿐만 아니라 그에게 기도를 올리는 게 가장 정의롭기도 한 분 말입니다.'가 된다. '유독'을 뒤에만 걸어 읽은 번역자가 아예 없지는 않다. 예 컨대, 버지스(G. Burges 1864) 9쪽.

45 정말로(ontōs) : 혹은 '진짜로'. '우리 자신이 정말로[/진짜로] 주장합니다' 쪽으로 갖다 붙일 수도 있다.

46 만물에(pasin) : 혹은 '모두에게'.

47 나머지 현명(tēn allēn … phronēsin) : 즉, 현명의 나머지 부분. 혹은 '다른 현명'

48 무엇에 있어서든(ti) : 혹은 '무엇에 대해서건', '조금이라도'.

49 기초로 삼는(hypotithesthai) : 혹은 '(원리로) 전제하는'

50 있을(gignoit') : 혹은 내용으로 보아서는 '필요할'.

51 그 기술들을 모두 기술들이라고 인정하면서 : 혹은 '그 모든 기술들이 있다고 인정하면서', '모든 기술들이 그렇다고 인정하면서'.

52 무엇보다도 중요한 건 그것이 모든 좋은 것들의 원인이라는 것입니다. : 혹은 '무엇보다도 중요한 것으로서 그게 모든 좋은 것들의 원인이라는 것도 누구나 다 알 수는 없을 겁니다.'

53 그리고 그것이, 어쩌면 생겨날 수도 있는 그 어떤 나쁜 것의 원인도 아님을 잘 알아야 합니다. : 혹은 '그리고 그것이 그 어떤 나쁜 것의 원인도 아님을 잘 알아야 하는데, 그런 일이 일어날 수 있기를![/어쩌면 그런 일이 일어날 수도 있겠지요.]'로 새길 수도 있다.

54 모종의 나쁨을 이미 나눠 가진(kekoinōnēken) 모든 것들은 : 혹은 '모종의 나쁨을 이미 나눠 가진 모든 것들도 그렇듯'.

55 그런데 다른 많은 동물들에게는 바로 이것을 위해서까지 본성이 생겨나 있는 건 아니어서 아버지로부터 세는 걸 배울 능력이 없습니다. : '바로 이것'이 직후 내용을 가리킨다고 보는 경우는 '그런데[/그런가 하면] 다른 많

은 동물들에게는 바로 이것, 즉 아버지로부터 세는 걸 배울 능력이 있는 정도로까지 본성이 생겨나 있는 것은 아닙니다.' 혹은 '그런데[/그런가 하면] 다른 많은 동물들에게는 바로 이것을 하게 하는 본성, 즉 아버지로부터 세는 걸 배울 능력이 있도록 하는 본성조차 생겨나 있지 않습니다.'로 새길 수 있다.

56 현시(顯示)되는 것(deiknymenon) : 혹은 '보여지는 것', '가리켜지는 것'. 천체를 가리키는 것으로 보인다. 예컨대, 타란(246쪽)도 그렇게 본다. 고유어 대안 '보여지다'는 '보다'의 수동형 '보이다'를 잘못 표현한 이중 수동형이 아니라, '보이다'('보여주다')의 수동형이다. 즉, '그가 우리에게 보여줄 때 그것'을 가리킨다.

57 반면에 우리에게는 신이 맨 처음에 바로 이것을 심어 넣어 줌으로써 현시(顯示)되는 것을 우리가 알아차릴 역량을 갖게 해 주었고 : 혹은 '바로 이것'이 직후 내용을 가리킨다고 보는 경우는 '반면에 우리에게는 신이 맨 처음에 바로 이것을, 즉 현시되는 것을 알아차릴 역량을 심어 넣어 주었고'로 새길 수 있다.

58 가게 될 텐데(elthoi) : 혹은 '가게 되면'.

59 거기서는(hothen) : 혹은 '그것으로부터는'.

60 그에게(autōi) : 여기 '그'는 앞 문장의 '누군가'를 가리킨다. 이 두 '누군가'를 그냥 우리말로 더 자연스러운 '우리'로 새겨도 크게 문제는 없지만, '우리'를 사용하는 다른 문장들과의 차별성을 고려하여 원문을 그대로 옮기기로 한다.

61 돌릴 때(helittōn) : 혹은 '돌려가면서'. 버넷, 데 플라세, 타란 모두가 그랬듯 사본들(A, O)의 'onta'를 'hotan'으로 고쳐 읽은 난외 수정 독법(이른바 총대주교 사본 II°)을 따랐다.

62 셋이다, 넷이다, 여럿이다라는 개념도 갖게 : 혹은 '셋도 넷도 여럿도 있다는 개념을 갖게[/생각을 품게]'.

63 주기(periodos) : 'periodos'는 앞 977b8에서 '궤도'로 옮겼고 아래 990a8(2회), b7에 다시 등장할 때도 그렇게 옮길 것이지만, 이 맥락에

서만 의미를 고려하여 '주기'로 옮기기로 한다. 이 계열 어휘의 번역과 관련한 세부 사항은 977b4 '경로들'의 주석을 참고할 것.

64 회전(kyklos) : 'kyklos'는 '주기'나 '궤도'로 옮길 수 있는 말이고 아래 990a8에서는 실제로 '주기'로 옮기게 되지만, 여기서는 'periodos'와의 구별을 위해 '회전'으로 옮기기로 한다.

65 놓고(tithenai) : '놓다'의 세 번째 용례. 981a8의 관련 주석 참조.

66 달[月]들을 결합하여 해[年]가 되게 했고 : 우리말과 달리 희랍어에서는 천체인 달(selenē)과 달력의 달(meis), 그리고 천체인 해(hēlios)와 달력의 해[eniautos (etos)]가 다른 말이다. 희랍어처럼 영어에서도 천체인 달(moon)과 달력의 달(month), 그리고 천체인 해(sun)와 달력의 해(year)가 말로 구별된다.

67 정의롭게 정돈하지(en dikēi dianemousan) : 혹은 '정의롭게 배분하지'. 다소 의역하여 '적정하게 돌보지', '온당하게 관리하지' 등으로 옮기는 것도 가능하다.

68 생각했습니다(edoxen) : 혹은 '결정했습니다'.

69 중대한 것들(megala)에 관해 중대한 것들을 밝히려(phrazein) 시도한다니 이 얼마나 그럴법한 말씀이신지! : 타란(254쪽)은 976c9~d1("극도로 어려운 논의를 우리는 시도하고 있습니다.")를 가리키는 것으로 본다. 물론 '시도한다'는 말과 함께 그 내용과 이하 문맥을 가리키는 것으로 볼 수 있지만, 더 명시적이고 직접적으로는 같은 동사 '밝히다'와 같은 형용사 '중대한'(mega)이 사용되며 똑같은 주어(즉, 아테네인)를 지칭하는 976e4~977a2("그런데 누구를 내가 신이라고 생각하는지 밝혀야(phrazein) 합니다. 그가 이상할 수도 있고, 어떻게 보면 또 이상하지 않을 수도 있겠지만 말입니다. 우리에게 좋은 모든 것들의 원인이, 단연 최대로 좋은[/가장 중대한] 것(to poly megiston)인 현명의 원인이기도 해 왔다고 생각하는 게 어찌 마땅하지 않겠어요?")를 가리키는 것으로 보아도 좋겠다.

70 아름다운(kalōs) : 혹은 다소 의역하여 '고마운', '반가운'.

71 처음부터(ex archēs) : 혹은 '시작점[/원리]에서부터'.

72 **필수적으로(anankēi)** : 혹은 '필연에 따라서'. 버넷과 데 플라세처럼 사본
   의 'anankē'를 'anankēi'로 바꿔 읽자는 슈나이더(C.E.C. Schneider 1877)
   의 제안을 받아들였다. 사본대로라면 이 부분은 군더더기 표현이거나
   문법상 비문이라고 읽을 가능성이 높다. 사본을 따를 경우에는 '필수적
   으로'를 빼고 새기거나 타란(255쪽)처럼 'anankē' 앞에 ':' 같은 것이 있
   다고 보고 앞의 문장을 다시 설명하는 것으로 새기게 될 것이다. 타란
   처럼 새기는 경우에는 '··· 진술해야 할 것으로 보입니다. 필수적으로
   우선 ···' 대신 '··· 진술해야 합니다. 우선 ···'으로 옮기게 된다. 결국 '필
   수적으로'를 살려 둘 것이냐 군더더기로 만들 것이냐의 차이 외에는 거
   의 동일하게 옮기는 셈이다. 이 '필수적으로'는 바로 다음 대목에 나오
   는 '아름다운 놀이로'(paidiāi kalēi)와 대비되는 것으로 이해할 수 있다.

73 **이를테면 아름다운 놀이를 하듯 하면서 그리고 신들을 공경하면서 그렇게 이야
   기하는 것** : 약간 이해를 바꿔 다음과 같이 옮길 수도 있다. '이를테면 아
   름다운 놀이를 하듯 묘사[/비유]하고 신들을 공경하면서 이야기하는 것'.

74 **행복의 찬가들로(hymnois te kai eudaimoniāi)** : 즉, 행복에 찬 찬가들로. 직
   역하면 '찬가들과 행복으로'인데, 중언법(hendiadys)으로 간주하여 옮겼
   다. 타란(257쪽).

75 **우리가 어떤 의미로 이야기를 하고 있는 건가요?** : '우리가 어떻게(pōs) 이
   야기를 하는[/해야 하는] 건가요?'로 새길 수도 있다. 방금 한 말의 의미
   에 관한 검토 물음이 아니라 논의를 풀어가는 방식에 대한 물음으로 이
   해하는 것이다. 이 경우는 이어지는 물음들도 이에 맞게 '대단히 공경
   하고 있는' 대신 '대단히 공경해야 하는'으로, 마무리 질문의 '당신은 이
   런 의미로 이야기하고 있는 건가요, 아니면 어떤 의미로 하는 건가요?'
   대신 '이렇게 해야 하나요, 아니면 당신은 어떻게 이야기하겠습니까?'
   로 바꾸고, 클레이니아스의 대답도 '아, 정말 기가 막히게도 바로 그렇
   게 해야죠.'로 바꿔 새기면 된다.

76 **대단히 공경하고 있는** : 혹은 '대단히 공경해야 하는'. 앞 문장을 방식에
   관한 물음으로 바꾸지 않고 그저 의미를 묻는 물음으로 두더라도 가능

한 대안이다.

77 아름다운 것들에 대해서(tōn kalōn) : 혹은 '아름다운 이야기들 가운데'.

78 불경한 이야기들에 대항해서 내가 시도해 온 그 이야기(hon pros tous asebeis epikecheirēka logous) : 데 플라세와 타란(259쪽)처럼 'logous'를 받아들이는 대신 버넷처럼 에우세비오스의 수정 독법 'legōn'을 받아들이는 경우는 '불경한 사람들에 대항해서 내가 하려고 시도해 온 그 이야기'로 옮길 수 있다. 순수하게 에우세비오스의 수정본만 우리 손에 있고 기존 사본들이 없었다면 아마도 이렇게 'logous'가 생략된 것으로 보지 않는 방식으로 새기는 것이 더 좋을 수 있다. 『법률』에서 'asebēs'가 집중적이고 배타적으로 나오는 곳인 『법률』 10권(9권의 868d에는 동사형이 나옴)의 상당수 용례가 사람들을 가리키며 'logos'를 가리키는 곳은 단 한 군데(891d)뿐인데, 이 작품이, 그리고 특히나 지금 이곳의 '불경' 언급이 『법률』 10권을 겨냥하는 것은 아주 분명하므로, 이야기 쪽보다 사람들 쪽으로 이해하는 것이 더 자연스러울 것이기 때문이다. 아무튼 아테네인의 이전 이야기가 『법률』 10권의 무신론 관련 논의를 가리키는 것만큼은 아주 분명해 보인다.

79 회유되지 않는(aparamythētoi) : 혹은 '가차 없는'.

80 아니면(ē) : 사본의 'ē'(ἤ)를 타란처럼 'ē'(ἦ)로 고쳐 읽으면 '정말이지'가 된다.

81 더 열등하고(cheironos) : 혹은 '더 못나고'. 데 플라세와 타란처럼 나중 사본(Kᶜ)의 독법을 따라 'cheironos'로 읽었다. 버넷처럼 원래 사본(A, O)의 'neou'로 읽으면 '어리고'가 된다.

82 어느 모로 보나(pantachēi) : 혹은 '어느 곳에서든', '어떤 경우든', '어떤 식으로든'.

83 어떤 식으로든(pantēi) : 혹은 '어느 모로 보나', '어느 곳에서든', '어떤 경우든'. 바로 위의 유사한 표현이 반복되고 있는데, 이것도 저자의 습관에 속하는 것으로 보인다.

84 받아들입시다(labōmen) : 확립된 것으로 받아들이자는 말이다.

85 우리에게 있어서 생성의 첫 번째 것의 첫 번째 것(to … prōton hēmin tou prōtou tēs geneseōs)만큼은 아마도 더 설득력 있는(pithanōteron) 것으로 개시되었다(hypērgmenon)고 할 수 있겠지요. : 각주에서 밝혔듯 이 대목은 '생성의 첫 번째 것의 첫 번째 것'을 영혼으로 확립하는 논의의 설득력을 가리키는 것으로 보인다.[타란(261쪽)도 이런 독해 방향을 지지하는 것으로 보인다.] 『법률』 10권 891c에서 "불경한 논변"의 제시자, 즉 무신론자는 "불, 물, 흙, 공기가 모든 것들의 첫 번째 것들(prōta … tōn pantōn)이라고 생각하며" "영혼은 이것들로부터 나온 나중의 것"이라고 주장한다. 이후 아테네인 자신의 적극적 논의가 제시되는 891e~892c에서 결국 영혼이 "생성 소멸의 첫 번째 원인", "생겨난 첫 번째 것"으로 적시된다. 이후 896b까지 영혼의 움직임[/운동](kinēsis)[지금 이 번역에서 나는 우리말의 자연스러움을 위해 '운동'을 장소 이동에 해당하는 'phora'에 할당하며, 그래서 불가피하게 'kinesis'는 '움직임'으로 옮긴다. 우리말 『법률』 번역(김남두 외 2018b)에는 '운동'으로 되어 있음에 유의할 필요가 있다.]이 "첫 번째 움직임"임이 논증되며, 결국 영혼은 "존재하며 존재했으며 존재할 모든 것들의 첫 번째 생성이자 움직임과 동일하다."(896a6~8)고 정리된다. 지금 이 대목은 분명 『법률』 10권의 그곳들을 의식하고 쓴 것으로 보인다. 그런가 하면 이 대목을 '생성에 대한 우리의 첫 번째 설명 가운데 첫 번째 단계(즉, 영혼의 선차성 테제)'로 새기는 것도 가능하다. 이 경우는 이어지는 서술부도 '시작되었다'로 읽게 될 것이다.[매키라한(1624쪽)이 이런 계열의 독해를 옹호하는 것으로 보인다.]

86 놓읍시다(thōmen) : '놓다'의 네 번째 용례. 이 동사는 맥락에 따라 '정해 놓다', '가정하다', '받아들이다', '간주하다', '여기다' 등 여러 가지로 새길 수 있지만, 가장 중요하게는 결국 14회의 용례[이전에 3회 나왔고, 앞으로 10회가 남아 있다. 파생 형용사(theteon) 2회(983e5, 984a3)까지 더하면 16회. 상세한 내용은 『찾아보기』를 참고할 것.] 가운데 마지막 세 용례에서 '법을 놓다', 즉 '입법하다'라는 말로 쓰이게 된다(984d4, 987a7, 992d5). 거기로 가기까지 일관된 동사가 사용된다는 것을 드러내기 위해 이 동

사를 되도록이면 '놓다'로 옮기고자 한다.

87 가장 참되게 자연에 따라(kata physin) 동물(zōion)이라고 이야기되는 건 바로 이것이라고, 즉 영혼과 물체가 단일한 구조(構造: systasis)로 결합해서 그 구조가 단일한 형태(morphē)를 낳게 될 때의 그것이라고 우리 주장할까요? : 혹은 '바로 이것(즉 영혼과 물체가 단일한 구조로 결합해서 그 구조가 단일한 형태를 낳게 될 때의 그것)이 동물이다, 라고 하면 가장 참되게 자연에 따라 이야기되는 거라고 우리 주장할까요?'. '자연[/본성]에 따라'는 아래 '주장할까요'에 다시 걸리도록 새길 수도 있다.

88 그게 제대로(orthōs)죠. : 일차적으로 '그게 제대로(orthōs) 이야기되는[즉, 불리는] 거죠.'이지만, '그게 제대로 주장하는 거죠.'로 연결하여 이해할 수도 있다.

89 입방(sterea) : 혹은 '단단한', '3차원'.

90 첫 번째로 우리가 다루는 하나로 흙으로 된 것을 놓읍시다(tithōmen). : 혹은 '우리에게 있어서 맨 처음 것으로 흙으로 된 것을 하나로 놓읍시다.' '놓다'의 다섯 번째 용례.

91 생각해야 합니다(nomizein dei) : 버넷처럼 나중 사본의 'dei'로 읽었다. 데 플라세와 타란(265쪽)처럼 원래 사본대로 'dein'으로 읽으면 '생각해야 한다고 놓읍시다'가 된다. 나중 사본의 독법은 의미나 다른 열거 대목들과의 균형을 더 잘 살리는 장점이 있다.

92 모든 부류들로부터 나왔지만(ex hapantōn … tōn genōn) : 혹은 '모든 [물체] 부류들로 이루어져 있지만'.

93 놓아야(theinai) : '놓다'의 여섯 번째 용례.

94 가장 많은 부분(to … pleiston) : '부분'에 해당하는 단어가 명시되어 있지 는 않다.

95 다른 모든 것들의(hapantōn tōn allōn) : 혹은 '다른 모든 것들로 된'.

96 별들의 신적 부류로 생겨났다고(theion genos astrōn gegonenai,) : 타란(265 쪽)처럼 '생겨났다고'(gegonenai) 앞으로 쉼표를 옮기면 '별들의 신적 부류라고'로 옮기게 된다. 나는 쉼표를 옮기지 않은 버넷 텍스트를 그대

로 받아들여 '생겨났다고'가 기본적으로는 이곳과 연결된다고 읽는다. 그러나 나는 '생겨났다고'를 아래에서 다시 원래 주어와 호응이 되도록 연결해 다음 주석에 나오는 타란처럼 옮겨도 상관없다고 생각한다.

97 훌륭한 영혼을 받은 것이라고 : 타란처럼(혹은 내 경우에도 '생겨났다고'를 다시 거는 방식으로) 옮기면 '훌륭한 영혼을 받아 생겨났다고'.

98 그것들 각각이 완전히 그리고 전적인 필연에 의해 불멸이자 불사요 신적이거나 : 원문의 배치상으로는 '완전히 그리고 전적인 필연에 의해'를 '신적이거나'에만 붙여 읽는 것도 가능하다. 그럴 경우는 '그것들 각각이 불멸이자 불사요 완전히 그리고 전적인 필연에 의해 신적이거나'가 된다.

99 움직이지만(kinoumenon) : 'kinoumenon'을 원문의 정신에 더 가깝게 옮기자면 '움직여지지만'. 이하 계속 마찬가지.

100 변경 불가능한 것이 실제로 지성에 따라 완벽한 것(to teleon)으로 나오게 되고 : 혹은 '완벽한 것(to teleon)으로' 부분을 앞으로 옮겨 새길 수도 있다. 그럴 경우 '변경 불가능한 것이 완벽한 것으로서 실제로 지성에 따라 나오게 되고'로 새기거나 "변경 불가능한 것이, 즉 완벽한 것이 실제로 지성에 따라 나오게 되고'로 새기게 된다. 타란(269쪽)처럼 이 말을 부사로 보면 앞으로 옮겨 '완벽하게 변경 불가능한 것이 실제로 지성에 따라 나오게 되고'로 새기게 된다.

101 행진(diaporeia) : 'diaporeia'는 984e에 다른 용법('전달'이라는 뜻)으로 다시 등장한다.

102 행하고(prattein) 있기 때문에(dia) : 혹은 '행하고 있음으로써'.

103 이것에 대해(touth') : 혹은 타란(272쪽)처럼 뒤를 언급하는 것으로 읽으면 '다음과 같이'.

104 운동들(phorai) : 혹은 '이동 경로들'. 즉, 궤도들.

105 섰다면(tithemenōi) : 혹은 '지지한다면'. 다른 곳에서 '놓다'로 옮긴 'tithenai'의 일곱 번째 용례. 이 대목을 '적어도 인간이라면 더 아름답고 더 훌륭하고 친근한 것들 편에 서면서[/것들을 지지하면서]'로 옮길 수도 있다.

106 보기에 가장 아름답고, 모든 가무단들 가운데서 가장 아름답고 가장 웅장한 행진과 가무를 펼치면서(idein men kallistēn, poreian de kai choreian pantōn chorōn kallistēn kai megaloprepestatēn choreuonta) : 압운의 반복을 통한 언어유희가 펼쳐져 있다. 뮤즈들의 행복한 가무(choreia)가 비례를 통한 화음을 인간에게 제공한다는 말미의 언급(991b1~4)을 참고할 것.

107 영혼을 가진(empsycha) : '살아 있는'을 뜻하는 말이기도 하다.

108 받아들여지고(lambanetai) : 즉, 확립되어.

109 운동하는(pheromena) : 혹은 '장소 운동하는', '이동하는'. 이하 마찬가지.

110 이 모든 것들에 관해(peri hapantōn toutōn) : 즉, 이 모든 것들에 적용될.

111 개진할 수 있게 되길 바랍니다 : 혹은 '개진할 수 있을 겁니다.'

112 땅도 하늘도 모든 별들도, 그리고 이것들로 된 모든 덩어리들도, 영혼이 그것들 각각에 덧붙여 생겨나거나 심지어 각각의 것들 안에 생겨나지 않으면, 매년, 매달 그리고 매일 자기 길을 그렇게 정확하게 다닐 수 없고, 생겨나는 모든 것들이 우리 모두에게 좋은 것들이 될 수 없습니다. : 영혼이 땅, 하늘, 별 등에 생겨났다는 이 구절(983b7~c5)과 아래 987b6~9(즉, 여덟 번째 회전, 즉 항성의 구가 나머지 별들의 회전과 반대 방향으로 움직인다고 말하는 대목)를, 땅에 회전 운동이 부여됨을 지지하는 구절로 해석하는 (더 정확히 말하면, 『법률』 7권 821a~822c를 그런 구절로 읽고 그런 생각이 이 『에피노미스』 구절들에도 투영되어 있다고 보는) 논자들이 있다. 이것에 관한 세부 논의는 이런 해석에 반대하는 타란의 논의(108~110쪽)를 참고할 것.

113 명료하게 하고 있다는 게 드러나야(phainesthai) : 더 풀어 새기면 '명료하게 하고 있다는 걸 보여 주어야'.

114 어떤(tinas) : 원문상으로는 이 '어떤'을 '원인(들)' 앞에 붙이는 것도 불가능하지는 않다.

115 본성들 : 혹은 '성향들', '구조들'.

116 놓을(thēsomen) : '놓다'의 여덟 번째 용례.

117 놓아야(theteon) : '놓다' 동사에서 파생된 형용사 2회 중 첫째.

118 놓아야(thetea) : '놓다' 동사에서 파생된 형용사 2회 중 둘째.

119 놓고(tethenta) : '놓다'의 아홉 번째 용례.

120 그것들(tauta)보다 월등해서 월등한 장소들에 세워져 있는 것 또한 없을 테니까요. 그것들이 이런 모든 방식으로 생겨나 있으니 말입니다. : 타란(278쪽)처럼 나중 사본(O⁴와 Kᶜ)을 따라 'tauta'로 읽었다. 버넷과 데 플라세처럼 원래 사본(A, O)을 따라 'tautēi'로 읽으면 이 대목은 대략 '이런 방식(tautēi)보다, 즉 그것들이 이런 모든 방식으로 생겨나 있는 것보다 월등해서 월등한 장소들에 세워져 있는 것 또한 없을 테니까요.'가 된다.

121 하나는(to men) : 사본을 따른 버넷과 달리 데 플라세와 타란처럼 'to men'이 더 들어간 나중 사본(Π°와 Kᶜ)의 독법을 따랐다.

122 이야기하려 시도하는 일에 착수해 봅시다(encheirōmen … peirathēnai legein) : '시도하는 일에'(peirathēnai)는 사족이어서 어색하지만 원문에 들어 있으므로 그냥 옮기기로 한다. 저자가 사족 표현이나 중복 표현을 많이 구사한다는 것을 우리는 이미 충분히 보아왔다.

123 놓읍시다(thōmen) : '놓다'의 열 번째 용례.

124 놓읍시다(tithōmen) : '놓다'의 열한 번째 용례.

125 빚어냅니다(plattein) : 원래는 '빚어낸다고 놓읍시다'.

126 환히 보이는(phaneroi) : 'phaneros'는 다른 맥락에서 통상 '명백한'쯤으로 옮기는 말이다. 천체/신을 가리킬 때 강조되는 '빤히 보이는', '뚜렷한', '똑똑히 눈에 띄는' 등의 뉘앙스가 들어 있어서 말뜻과 조어만 고려하면 '명약관화한'이 적절하다. 특히 언어유희가 들어 있는 985d6(즉, 통상의 '명백한'으로 돌아오는 용례)에는 딱 어울린다. 일상어적 맥락과 뉘앙스를 고려하여 채택하지 않지만 그 말을 떠올리는 것이 유용하기는 하다.

127 놓도록(tithesthō) : '놓다'의 열두 번째 용례.

128 논의(logos) : 혹은 '원칙'. 법에 주어진, 신들에 관한 논의(타란 282쪽).

129 책임을 지는데(aition) : 혹은 '책임을 지므로'.

130 감지되지 않습니다(ou dihorōmenon) : 혹은 '식별되지 않습니다'. 타란처럼 K^{c}를 따라 'ou'로 읽었다. 버넷과 데 플라세처럼 원래 사본(A, O)을 따라 'on'으로 읽으면 '감지되는 것입니다'가 되고, 헤르만(K.F. Hermann 1877)의 수정 독법을 따라 'oud'로 읽으면 '조금도 감지되지 않습니다'가 된다. 그리고 엄밀히 말하면 '않습니다' 대신 '않는다고 이야기해야 합니다'라고 옮겨야 한다. 실은 직전 문장도 마찬가지로 '공경해야 합니다' 대신 '공경해야 한다고 이야기해야 합니다'라고 옮기는 것이 정확하다.

131 잘 배우고 기억도 잘하는 부류에 속하기 때문에 놀라울 정도의 현명을 나눠 갖고 있어서 : 혹은 순서를 바꾸어 '놀라울 정도의 현명을 나눠 갖고 있어서 잘 배우기도 하고 기억도 잘하는 부류에 속하기 때문에'로 옮길 수도 있다.

132 물로 된(hydatos) : 혹은 '물에 속하는'.

133 어렴풋한 모습으로(kat' amydran opsin) : 혹은 '어렴풋한 시각에'.

134 그럴 때 : 즉, 그것들과 어떤 식으로 마주치게 되든 간에.

135 이 모든 것들의(toutōn pantōn) : 혹은 '이 모든 것들에 대해'.

136 가사적 본성이 그런 것들에 관해 안다는 건 가능하지 않다는 게 그에게도 해당되나요. : 혹은 '가사적 본성이 그런 것들에 관해 안다는 건 가능하지 않으니까요.'

137 환히 보이게(phaneroi) : 혹은 '명약관화하게'. 이곳은 우리말 '명약관화'를 적용할 수 있는 맥락이다.

138 연(年) : 혹은 '주기'.

139 그를 아는(gignōskonti) : 혹은 '판단할 줄 아는'.

140 환히 보이게 : 혹은 '분명히'. '분명히'를 '아시길' 앞에 붙일 수도 있다.

141 모든(pantōn) : 사본(A, O)에는 'planētōn'으로 되어 있는데, 이것을 따르면 '돌아다니는'으로 옮기게 된다. 여기 맥락에는 항성이 들어와야 하기 때문에 버넷은 삭제를 제안한다. 여기서는 데 플라세와 타란처럼 총대주교 사본 Π^{o}와 K^{c}의 수정 독법 'pantōn'을 따라 '모든'으로 옮

졌다. 아스트는 'aplanōn'으로 고쳐 읽는데, 이것을 따르면 '돌아다니지 않는'으로 옮기게 된다.

142 이것들 가운데 셋은 다음의 것들, 즉 하나는 해의 것이고 하나는 달의 것이며 나머지 하나는 모든 별들의 것인데, 그것들은 방금 전에 우리가 언급한 것들입니다. : 타란(295쪽)은 '방금 전'을 978c~979a로 보고 그곳에서 저자가 항성들의 회전, 달의 회전, 해의 회전을 나누며 이는 각각 낮밤, 달[月], 해[年]의 산출과 연결시킨다고 이해하며, 매키라한(1628쪽과 주석 3)도 이 설명을 따른다. 버넷처럼 쉼표를 찍어 읽으면 '이것들 가운데 셋은 다음의 것들, 즉 하나는 해의 것이고 하나는 달의 것이며 나머지 하나는 방금 전에 우리가 언급한 모든 별들의 것입니다.'가 된다.

143 진정한(gnēsioi) : 혹은 '적법한'.

144 몫들(moirai) : 혹은 '운명들'. 아래도 마찬가지.

145 단언하고자(diischyrizomai) : 혹은 '주장[/역설/강조]하고자'. 아테네인은 아래 992b2에서도 같은 동사를 사용하게 된다.

146 다섯이 아직 남아 있습니다(loipas) : '남아 있습니다'에 해당하는 원어 형용사가 여성형 'loipas'인 이유는 물론 다음 문장에 나오는 '운동'(phora)이 여성 명사여서일 수도 있지만, 우선은 앞에서(986a~c) 여성 명사 '능력들'(dynameis)을 언급해서일 것이다. 우리말로 옮길 때 앞에서는 우리말 '능력'의 비인격성을 고려해서 편의상 대체로 '그것들'로 옮겼지만, 방금 전(986d5)에 '그들'로 옮긴 말은 '신들'(theoi)을 염두에 두기 때문에 남성이었을 것이고, 다시 여기 '능력들'을 언급하면서는 원어상으로는 여성이 사용되었다. 인격화된 것인지 여부가 정해져 있는 것은 아니어서 앞에서처럼 그냥 '그것들'로 옮겨도 되지만(그리고 그것이 앞 986a~c의 번역과 일관성을 유지하는 데 도움이 되겠지만), 이미 인격화된 '신들'과 혼용되고 있는 맥락을 고려해서 '그들'로 바꿔 옮기기로 한다. 앞에서도 거론된 것처럼 이미 이야기한 셋은 해, 달, 항성들의 궤도[/회전]이고, 나머지 다섯은 다섯 행성, 즉 금성, 수성, 토성, 목성, 화성의 궤도다.

147 **이끌어야 합니다**(dei) : 사본의 'aiei'(항상)를 'dei'(…해야 한다)로 바꿔 읽은 버넷의 수정 제안을 받아들였다. 데 플라세와 타란도 버넷의 수정을 받아들인다. 사본대로 읽을 경우에는 '이끌어야 합니다' 대신 '항상 이끕니다'가 되겠지만, 원문이 문법상으로는 비문이 된다. 거론되는 이야기에 깔려 있는 생각은 다른 행성들보다 태양이 늘 앞서서 더 균일한 속도로 움직이고, 따라서 태양이 금성이나 수성보다 단순한 운동을 한다고 말할 수 있으며, 더 단순한 회전을 할수록 더 지성을 가진 것이라는 내용이다.

148 **능력들**(dynameis) : 이 단어가 명시되어 있지는 않지만 여성형 '이들'(tautas)에 함축된 것으로 보아 이렇게 옮겼다.

149 **가리킬**(phrazein) : 원어는 985e에서 '설명하다'로 옮긴 'phrazein'과 같은 말이다.

150 **습관**(tropos) : 버넷, 데 플라세, 타란이 받아들인 사본(A, O)의 'tropos' 대신 나중 사본들(O⁴, Kᶜ, 에우세비오스)에 따라 'topos'로 고쳐 읽으면 '장소'가 된다.

151 **놓아야**(thesthai) : '놓다'의 열세 번째 용례.

152 **신적인 것들 중 어떤 것들은**(ta theia) : 문자 그대로는 '신적인 것들은'으로만 되어 있지만, 이어지는 말들과의 연결과 의미를 고려하여 '어떤 신적인 것들은' 정도로 풀어 새겼다.

153 **신적인 것들 중 어떤 것들은**(ta theia) **존귀하지 않은데**(mē timia) **어떤 것들은**(ta de) **존귀하다고**(timia) : 버넷, 데 플라세, 타란이 받아들인 사본의 독법 'ta de timia' 대신 나중 사본(Kᶜ)의 독법을 따라 'ē tade mē theia'로 읽으면 '신적인 것들이 존귀하지 않다거나 이것들이 신적인 것들이 아니라고'가 된다.

154 **대체로**(schedon) : 혹은 '아마도'로 고쳐 '헤르메스에'에 붙일 수도 있다.

155 **이들에 대해 조금이라도**(oliga) **알고 있는 인간들에게는** : 혹은 '이들에 대해 조금만 알고 있는 인간들에게조차'.

156 **(이들에 대해 조금이라도 알고 있는 인간들에게는 적어도 그렇게 나타날 텐데) 저**

118

다른 자들을 이끌면서 : 데 플라세, 타란과 달리 사본에 없는 부정어 'ouk'을 넣어 읽은 버넷의 제안을 따르는 경우에는 '(이들에 대해 조금만 알고 있는 인간들에게는 나타날 수 있을 것처럼) 저 다른 자들을 이끄는 게 〈아니고〉'가 된다.

157 그리고 또 하나, 여덟 번째 자를 이야기해야 하는데, 이는 특히나 우주라고 부를 만한 자로서, 저들 모두와 반대쪽으로 다닙니다. (이들에 대해 조금이라도 알고 있는 인간들에게는 적어도 그렇게 나타날 텐데) 저 다른 자들을 이끌면서 말입니다. : 여덟 번째 회전, 즉 항성의 구가 나머지 별들의 회전과 반대 방향으로 움직인다는 취지다. 영혼이 땅, 하늘, 별 등에 생겨났다는 983b7~c5와 더불어 여기도 땅의 회전 여부에 관한 해석상 논란이 있어 온 대목이다. 983b7~c5의 관련 주석과 타란의 논의(108~110쪽)를 참고할 것.

158 크로노스에게서(Kronou) : 데 플라세처럼 원래 사본(A, O)의 'hēliou'를 따르면 '해에게서'로 옮기게 된다. 여기서는 버넷과 타란처럼 O²와 알비누스의 'Kronou'를 따랐다.

159 제우스의 것으로(Dios) : 혹은 '제우스의 이름을 따서'.

160 배우고 나면(mathonta) : 혹은 '배움으로써'.

161 어름(peri) : 혹은 우리가 더 자주 쓰는 말로는 '근방'.

162 이 신들의 질서(toutōn tōn theōn tou kosmou) : 혹은 '이 신들의 우주', '우주의 이 신들'.

163 우리 자신에게(autois) : 'autois'가 앞에 나오는 '우리의(hēmin) 여름 관련 본성'의 'hēmin'과 연결되는 것으로 보았다.

164 어떤 유의 자들이었는지 : 혹은 직역에 가깝게는 '어떤 유의 자들로 되어가고[/생겨나고] 있었는지'.

165 그들이 어떻게 생겨났고 어떤 유의 자들이었는지에 대한 첫 번째 관념들, 그리고(kai) 그들이 또한(kai) 어떤 행위들에 착수했는지에 대한 이야기(ho men [logos])가 인간들에게 있었을 때는 : 껄끄럽기는 하지만 버넷과 데 플라세처럼 사본의 'kai ho men kai'를 그대로 두고 읽으면서 'logos'

가 생략되었다고 보았다. 헤르만의 수정 'kai hothen kai'를 받아들여 읽으면 이 대목의 번역은 '그들이 어떻게 생겨났고 어떤 유의 자들로 또 무엇으로부터 생겨나고 있었는지, 그리고 어떤 행위들에 착수했는지에 대한 첫 번째 관념들이 인간들에게 있었을 때는'이 된다. 타란 (316쪽)은 『법률』 10권 886c2~4d에 기반한 노보트니(F. Novotný 1960)의 수정을 따라 'kai genomennai'로 읽는데, 그 독법을 따르게 되면 이 대목의 번역은 '그들이 어떻게 생겨났고 어떤 유의 자들로 생겨나고 있었는지, 그리고 생겨난 후에 그들이 어떤 행위들에 착수했는지에 대한 첫 번째 관념들이 인간들에게 있었을 때는'이 된다. 이 수정 독법의 한계에 관해서는 아래 '그다음 이야기들'의 주석을 참고할 것.

166 그다음(deuteroi) : 혹은 '둘째'.

167 그다음 이야기들(hoi deuteroi) : 원문에 생략된 말을 'logoi'로 보았다. 그 냥 '사람들'이 생략되었다고 볼 수도 있다. 타란(316쪽)은 이곳을 이렇게 이해하면서도 앞 대목 'kai ho men kai'는 'kai genomennai'로 고쳐 읽는데, 최선은 아니다. 앞 대목을 사본대로 읽고 'logos'가 생략된 것으로 보아야 이곳의 생략이 자연스러워지고 뜻도 그럴듯해지기 때문이다.

168 근거(logos) : 혹은 '계산', '설명'.

169 지각하는(gignōskein) : 혹은 통상의 맥락에서는 '아는'.

170 몰지각한(agnōmones) : 혹은 '판단을 못하는', '무지한'. 앞의 '지각하는'과 동근어이면서 대조되는 말이다.

171 이 지혜란 그걸 지각하는(gignōskein) 일에 결함이 있게 되면 우리가 바로 그런 자들(toioutoi)이 되어 결국 정의로운 것들에 대해(tōn dikaiōn) 몰지각한 (agnōmones) 자들이 될 바로 그런 것입니다. : 'tōn dikaiōn' 뒤에 쉼표를 없앤 타란(198쪽, 320쪽)을 따랐다. 버넷처럼 쉼표를 넣어 읽으면 '정의로운 것들에 대해'를 문장 맨 앞에 넣어 다음과 같이 새기게 된다. '정의로운 것들에 대해[/정의로운 것들 가운데서] 그걸 지각하는[/아는] 일에 결함이 있게 되면 우리가 바로 그런 자들이 되어 결국 (그것들에

대해) 몰지각한 자들이[/판단을 못 하게] 될 테니까 말입니다.'

172 가장 중요한 부분(to … megiston) : '부분'에 해당하는 단어가 명시되어 있지는 않다.

173 방금 전에 이야기된 것들로부터 강력히(sphodra) 시사되는 바가 바로 이것 이라고 난 생각합니다. : '강력히'에 해당하는 말 'sphodra'를 '생각합니 다'에 붙일 수도 있다. 사실 원문의 위치상으로는 그것이 더 가깝기는 하다. 그 경우에 전체 문장은 '방금 전에 이야기된 것들로부터 시사되 는 바가 이것이라고 나는 분명히(sphodra) 생각합니다.'가 된다.

174 쉽게 설득되는(eupeithēs) 자가 될 : 혹은 '쉽게 설득될'.

175 좋은 경우 : 혹은 '좋기 때문에'.

176 배움을 사랑하는(philomathēs) 자가 될 : 혹은 '배움을 사랑하게 될'.

177 분별하고(phronein) : '현명하고'로 옮길 수도 있는 말이다.

178 신이 인도하지 않는다면 가르치는 일조차 있을 수가 없겠지요(oud' an didaxeien, ei mē theos hyphēgoito). : 『크리톤』의 마지막 문장을 떠올리게 한다. "이렇 게 행하기로 합시다. 신이 이렇게 인도하니까요."(prattōmen tautēi, epeidē tautēi ho theos hyphēgeitai: 54e1~2)

179 보름(panselēnos) : 'panselēnos'[만월(滿月)]의는 'panselēnos hōra'(만월 의 때), 즉 보름달이 뜨는 날을 가리킨다.

180 자기와(toutōi) : 직역하면 '이것과'. 이때 '이것'은 해를 가리킨다.

181 자기와(toutōi) 함께 달리는 것들(hoi syndromoi) : 즉, 금성과 수성. 비슷한 내용을 담은 987b에서는 'homodromos'(같은 경로를 달리는)라는 표현 이 사용된 바 있다.

182 오히려(de) : 매키라한(1631쪽)처럼 'de'를 '오히려'가 아니라 '그러니' 쪽으로 읽으면 '쉽지 않습니다. 오히려' 대신 '쉽지 않으니'로 옮기게 된다. 어느 쪽으로 옮기든 중요한 것은 중간에 생략된 생각일 텐데, 아 마도 '다른 경로들 이야기는 쉽지 않으니 별도의 이론적 고찰 대상으 로 남기고, 여기서는 오히려 교육 문제에 집중하자.'는 말일 것이다.

183 언제나(aei) : 사본의 'dei'(…해야 합니다)를 'aei'(언제나)로 바꿔 읽은 버

넷의 수정 제안을 받아들였다. 타란은 버넷을 받아들이지만, 데 플라세는 사본을 그대로 읽는다. 사본을 그대로 읽을 경우는 번역문에서 '언제나'만 지우면 된다.

184 종(eidos)과 유(genos)를 : 혹은 느슨하게 '형태(eidos)와 부류(genos)를'.

185 입체적(stereon)이고 : 혹은 '단단하고'.

186 6의 1과 2분의 1 : 여섯의 1½ (=3/2) (=3:2). 즉, 6 × 3/2 = 9. 산출 방법을 보자면 (6 + 12) / 2 = 9.

187 6의 … 1과 3분의 1 : 여섯의 1⅓, (=4/3) (=4:3). 즉, 6 × 4/3 = 8. 산출 방법을 보자면 (6 × 12) / 9 = 8.

188 리듬과 화음을 가진 놀이를 위해(paidias rhythmou te kai harmonias charin) : 혹은 '놀이의 리듬과 화음을 위해'. 그리고 '놀이와 리듬과 화음을 위해'도 불가능하지는 않다.

189 신적인 생성과 : 혹은 '신적인 생성, 즉'.

190 충분하게(hikanōs) : 혹은 '적절하게'.

191 더 뛰어난 이들의(tōn kreittonōn) : '더 뛰어난 이들에 대한'으로 옮기는 것도 불가능하지는 않다. 아래 992a에는 '신들을 돌보지 않음'에 대한 언급이 나온다.

192 도해(diagramma) : 혹은 '도형', '도표', '도식'.

193 이 모든 것들을(pantōn toutōn) : 버넷과 타란이 받아들인 나중 사본(O²와 Z 등)의 '이 모든 것들을'(pantōn toutōn) 대신 데 플라세처럼 원래 사본(A, O)의 '모든 것들을'(pantōn)로 읽을 수도 있다. 여기 끈을 '만물의 끈'으로 읽는 독해의 가능성을 열어 주는 독법이기는 하지만, 맥락상 끈은 학문들의 끈으로 보는 것이 적절하다. 991e3의 '이 모든 것들에 대해 적용되는 단일한 것'(mian hapantōn)에서도 그런 것처럼 말이다.

194 오히려 이것이 방식이고 이것이 양육이며 이것들이 배울거리들입니다. 그것들이 어렵든 쉽든 간에 이 길로 가야 합니다. : 여기 두 문장을 합쳐 다음과 같이 새길 수도 있다. '오히려 이 방식, 이 양육, 이 배울거리들(tauta ta mathēmata)이 어렵든 쉽든 간에 이렇게 추구되어야 합니다.'

195 행운에 의한(eutychēs) : 즉, 축복 받은 혹은 성공적인 혹은 더 그럴듯하게는 둘 다.

196 단언합니다(diischyrizomai) : 혹은 '주장[/역설/강조]합니다'. 아테네인은 986e1에서 같은 동사를 사용한 바 있다.

197 가능성이 없다(ou … dynaton) : 혹은 '능력이 없다'.

198 법 아래 놓습니다(kata nomon tithemen) : 혹은 '법으로 제정합니다', '법에 따라 놓습니다'. '놓다'의 열네 번째 마지막 용례.

작품 안내

1.『법률』이후 플라톤과 플라톤주의:『에피노미스』는『법률』의 무엇을 문제화하는가?

플라톤의 마지막 작품은『법률』이며 미처 퇴고를 끝내지 못한 채 출판된 것으로 전해진다. 그 전언에 따르면, 미완 저작의 마무리는 제자이자 아카데미 핵심 구성원이었던 오푸스[1]

---

1 오푸스(Opous) 혹은 오포에이스(Opoeis)는 희랍 중부 에우보이아섬 맞은편 본토 연안에 있던, 로크리스('오푸스의 로크리스')인들의 주된 도시였다. 메드마(마그나 그라이키아의 서쪽 해안에 있던, 로크리스인들의 식민 도시) 출신이라는 기록(기원후 6세기 비잔티움의 스테파누스)도 있고, 멘데[희랍 북부 팔레네 반도에 있던, 에레트리아(에우보이아섬)인들의 식민 도시] 출신이라는 기록(기원후 5세기 프로클로스의『유클리드 원론』주석)도 있다. 그의 출신지가 오푸스가 아니라 메드마일 것으로 추측하는 사람도 있다[딜런(J. Dillon 2003) 179~180쪽].

출신 필리포스(Philippos Opountinos)의 손에서 두 단계로 실행된다. 서판에 쓰인 『법률』을 필사, 출판한 그가 내친김에 이어지는 작품 『에피노미스』(Epinomis)까지 썼다는 것이다.[2] 『법률』(Nomoi)에 '부치는' 내지 '뒤따르는'(Epi-)[3] 책이라는 제목은 플라톤 작품집의 마지막 대화편이고자 하는 저자의 포부를 가감 없이 드러낸다.

플라톤 작품 가운데 가장 길면서 문장도 가장 복잡하고 난해한 편인 『법률』은 어쩌면 당연하게도 여러 사안에서 플라톤의 최종적 입장을 대변하는 작품이라고 볼 수 있다. 특히 그 제목만 놓고 보면 『법률』은 일차적으로 정치철학 저작으로 보아야 할 것 같은 강렬한 인상을 주며, 그렇기에 역시 비슷한 성격의 제목을 가진 『국가』와 긴밀히 연결하여 읽어야 할 것 같은, 그것도 정치철학적 연결에 주안점을 두고 읽어야 할 것 같은 인상을 준다.[4]

---

2   이 전언의 출처는 디오게네스 라에르티오스 『유명한 철학자들의 생애와 사상』(통상 DL로 줄임.)[T. Dorandi(2013)] 3.37이다.

3   혹은 '대항하는'으로 새길 수도 있다. 토마슨(S. Thomason 2011)도 이 점에 주목한다(1쪽). '에피노미스'를 준-고유명사로 다루는 이유 가운데 하나도 바로 이런 애매성 때문이다. 상세한 내용은 작품 제목에 달린 미주 1을 참고할 것.

4   그 구체적인 면모나 정도를 달리 볼 여지는 있지만, 『법률』이 정치철학 측면에서 『국가』의 입장에 대한 일정한 수정을 보여 준다는 것 자체는 부인하기 어렵다.

그러나 『법률』에 대한 이런 표면적인 인상과 기본적인 선이해를 가지고 대하면 『에피노미스』는 매우 이질적이고 뜬금없는 작품으로 보일 수 있다. 법률을 말하고 국가와 시민을 이야기하지만, 그런 정치철학 어휘들은 본격적인 주제로 다루기 위해 언급되는 것이 아니라 『에피노미스』가 자기 주제를 이야기하는 배경에 불과하다. 작품 내에서 분명히 드러나는 것처럼(그리고 여기서는 차차 밝혀지겠지만), 정작 『에피노미스』는 지혜/학문의 문제, 종교의 문제로 논의 범위를 좁혀 그것에만 집중한다. 그러니까 표면적인 인상과 달리 『에피노미스』는 우리에게 색다른 『법률』 이야기에 관심 가지기를 요구하는 것 같다. 달리 말해, 『법률』로 대표되는(그리고 앞서의 『국가』로 흔히 대변되는) 플라톤 사상의 핵심을 완전히 다른 관점과 시각에서 접근할 것을 권유하는 것으로 보인다. 결국 『법률』 이후를 논하는 『에피노미스』는 플라톤 이후 최초의 플라톤주의 작품으로서 심층 플라톤(혹은 플라톤주의)의 정수가 무엇이냐 하는 질문을, 『법률』 이야기를 화두 삼아 우리에게 묻고 있는 셈이다.

2. 『에피노미스』와 색다른 도전: 우리가 플라톤을 읽는 이유

1) 위서 일반의 문제

오늘 우리에게 『에피노미스』는 색다른 도전을 요구한다. 우선, 그것은 이른바 '위서'(僞書)로 분류되는 작품이기에 그것을 읽는 데는 '진서'라 불리는 플라톤의 통상 저작들에 비해 부가적인 노력과 수고가 필요하다.[5] 고래로 이런 부류 작품들에는 진위 여부를 둘러싼 논란이 따라다니고 으레 그것에 대한 일정한 입장을 가져야 한다는 압박이 일종의 진입 장벽 노릇을 해 왔다. 그러나 작품집에 포함되었다는 것 자체가 일정한 자질과 자격은 일단 보증하는 것이라 한다면, 그런 논란은 관심 가진 호사가들의 몫으로 남겨도 좋을 것이다. 오히려 우리가 집중해야 할 부분은 해당 작품 자체가 드러내는 독립적인 메

---

5 정암고전총서 플라톤 전집에서는 우선 김주일·정준영 역 『알키비아데스 I·II』(2007)와 강철웅·김주일·이정호 역 『편지들』(2009) 가운데 『알키비아데스 II』와 일부 편지들이 위서로서 진서들에 일종의 곁다리로 붙어 출간된 바 있는데, 독립적인 위서로 '각 잡고' 시작한 것은 강철웅 역 『미노스·사랑하는 사람들』(2021)이 처음이고, 이 『에피노미스』가 두 번째 출간에 해당한다. 『미노스』와 『에피노미스』는 둘 다 『법률』의 곁다리여서 사실 앞선 두 작품처럼 그런 정신 하에 편집할 수도 있지만, 그렇게 하지 않는다. 『에피노미스』는 이제부터 개진되는 이유 때문이며, 『미노스』는 『법률』의 서론으로서가 아니라 별도의 작품으로 의도되었고 또 그렇게 읽어야 더 의미가 있기 때문이다. 상세한 내용은 강철웅(2021) 91~93쪽을 참고할 것.

시지가 무엇인가, 통상 저작들과 관련하여 그것을 어떻게 바라보고 자리매김할 것인가가 아닐까? 물론 진위 여부를 논외로 한다 해도 위서를 읽는 우리는 여전히 해당 위서의 자질 검증에 어떤 식으로든 개입할 수밖에 없다. 19세기에는 통상 저작들조차 견뎌야 했던 매서운 자질 검증에서 오늘 우리는 말하자면 '하느님의 대변자'(God's advocate)가 되어 해당 위서의 편에서 최대한 자비의 원칙을 적용해 가며 검증에 대응할 이야기들을 만들고 세워 가야 할 것이다.

그런가 하면, 『에피노미스』는 흔히 위서로 분류되긴 하지만[6] 통상의 위서들과 상당히 다른 성격의 작품이기에, 이제까지 말한 위서 읽기 작업 일반과는 결이 다른 도전을 우리에게 요구한다. 『에피노미스』는 우선 상호 텍스트성을 강조한다는 점이 매우 독특하다. 플라톤 작품들 가운데 은근히 다른 텍스트 참조를 권유하는 경우가 없지는 않지만,[7] 애초부터 다른 텍스트와 함께 읽어야 함을 대놓고 강조하는 경우는 내가 아는

6   그러나 19세기, 20세기에는 진서로 보는 논자들도 적지 않았다. 그로트(G. Grote 1865), 프리들랜더(P. Friedländer 1928), 테일러(A. E. Taylor 1929), 쇼리(P. Shorey 1933) 등이 그랬다. 더 상세한 논의는 토마슨(2011) 1쪽을 참고할 것.

7   특히 『테아이테토스』 3부작(즉, 『테아이테토스』, 『소피스트』, 『정치가』)이 그렇고, 『소크라테스의 변명』(이하 『변명』) 3부작(『에우튀프론』, 『변명』, 『크리톤』)도 그럴 것이다.

한 이 작품이 유일하다.[8] 제목부터가 그렇기도 하지만 어떤 의미에서든 『에피노미스』는 『법률』과 묶어서 읽을 수밖에 없는 작품이다.[9] 그런데 『법률』과의 연속성 내지 연결을 강조하면서도 독립적인 별도의 작품으로 읽히기를 동시에 의도한다는 점이 독특하다. 플라톤의 주요 작품들과의 연속성을 강조하면서도 플라톤이 쓴 것이 아님을 공공연히 드러낸다는 점은 제목의 특이성과 더불어 통상의 위서들과도 구별되는 특기할 만한 사항이다. 사실 '위서'라는 명칭은 『에피노미스』에 절반만 어울린다. 플라톤의 손에서 나오지 않았다는 점 말이다. 그 명칭의 나머지 절반, 즉 진본임(authenticity)을 가장한다는 점을 고려하면 '위서'는 『에피노미스』에 아주 적절한 꼬리표는 아니다. 그런 가장을 해볼 요량이었다면 '법률 후속편'이라는 깃발을 들고 나설 이유도 없었고, 굳이 통상 작품들의 주요 논점을 거스르는 이야기들[10]을 버젓이 내세울 이유도 없었을 것이다.

---

8   이 작품은 그러니까 플라톤의 여러 텍스트들과 관계 맺으면서, 익숙한 주제들이 새로운 형태를 만나 결국 예기치 않은 결론으로 향하게 되는 일종의 '수용 텍스트'(reception text)로서, 플라톤적 유산, 희랍 종교, 아카데미의 신학적 혁신 사이에서 삼각 검증(triangulation)을 수행하는 텍스트라 할 수 있다[바트닌카스(V. Bartninkas 2023) 209~211쪽].

9   위에서 언급했듯 『법률』과 3부작으로 묶인 나머지 한 작품 『미노스』는 독립적으로 의도되었고 또 그렇게 읽을 필요가 있다는 점에서 이 작품과 아주 성격이 다르다.

10 그것들 가운데 대표적인 일부를 아래에서 상론할 것이다.

왜 저자는 플라톤의 통상 작품을 노골적으로 잇대어 쓴 일종의 '시퀄' 작품을 발표하면서 자기만의 색깔을 전혀 감추지 않는 방식으로 썼을까?[11] 이 독특한 작품을 읽는 우리가 답해야 할 질문이다.

2) 『에피노미스』 특유의 문제

이런 도전들은 우리가 감당해야 할 책무이기도 하지만 다른 한편 이 작품의 색다른 묘미이기도 하다. 나는 통상의 플라톤 대화편을 읽을 때 기본적으로 독립적 독해를 권한다. 통상 상호 텍스트성으로의 이행은 독립적 독해 후에야 갈 만한 수순이거나 혹은 저자가 상호 텍스트성을 의도한 경우에만 한정해서 채택할 만한 방법이다. 그런데 이 작품은 그렇지 않다. 상호 텍스트성 자체가 이 작품 독해의 기본 출발점이다. 겉으로

11 이 작품의 이런 '자기만의 색깔'은 기존 역자들에 의해 충분하고 적절하게 주목된 적이 거의 없다. 테일러(T. Taylor 1804, 387~388쪽) 외에는 버지스(G. Burges 1864), 램(W.R.M. Lamb 1927), 쿠퍼(J.M. Cooper 1997), 박종현 국역(2009, 897~900쪽) 등 기존 역자들 대부분이 '부록' 내지 '보론'의 성격과 비독창성이나 아류성 등 부정적 측면에만 주목한다. 물론 이차 연구에서는 이 작품의 가치와 의미에 대한 전향적이고 적극적인 논의들이 진행되어 왔으며(그 가운데 중요한 일부가 이 「작품 안내」와 주석들에 소개되어 있다.), 이젠 국내에서도 그런 시도들이 이루어져서 플라톤과 플라톤주의에 대한 더 유연하고 균형 잡힌 이해의 지평이 열리기를 기대한다.

연결을 드러내는 『법률』만이 아니라 『티마이오스』까지도 병행 독서 대상이고, 어쩔 수 없이 『국가』의 일부도 거기에 포함된다. 이 작품을 읽으면서 이 작품 이야기와 겹치거나 중요한 연관이 있는 『법률』의 주요 부분(즉, 1권과 3권 말, 7권, 10권, 12권 등, 그중에서도 특히 뒤의 두 권)과 『티마이오스』의 주요 부분(즉, 도입부와 티마이오스 이야기 서두, 1부 주요 부분, 1부 말에서 2부 초입, 그리고 2부 말에서 3부 초입과 3부 마감 대목 등, 그중에서도 특히 처음부터 티마이오스 이야기 2부 초입까지)을 함께 읽으면 아주 유용하다.[12] 직접 읽으며 스스로 비교하는 것이 중요한데, 해당 텍스트 자체의 맥락과 흐름 내에서 독립적으로 읽고, 그런 후에 이 작품을 옆에 놓고 비교하며 읽는 것이 좋다. 즉, 섣불리 비교할 것이 아니라 독립적으로 각각을 읽어 각각에 대한

---

12 물론 좀 더 욕심을 부리자면, 수학 교과 이야기가 나올 때마다 언제나 표준적으로 언급되는 『국가』 또한 비교와 참조의 기본 자료임이 틀림없다. [예컨대, 수학과 문학(및 기술/학예)의 연결을 논하는 최근의 하트(S. Hart 2023, 서론)도 『국가』를 중요한 선구적 문헌 가운데 하나로 언급한다. 국역에는 『국가』의 교과과정 논의에 관해 서술하는 해당 문단(16쪽의 3행과 4행 사이, 즉 아리스토파네스의 『새들』과 11세기 페르시아 수학자 오마르 하이얌의 『루바이야트』 사이에 들어가야 할 내용) 자체가 통째로 누락되어 있어 아쉽다.] 『국가』 2~5권 논의를 정리하면서 시작하는 『티마이오스』도, 『국가』의 이상적 정치 체제와 교육 논의를 염두에 두며 논의를 전개하는 『법률』도 『국가』의 논의들, 특히 5~7권의 통치자 교육 관련 논의를 독자가 숙지하고 있음을 전제한다.

자신의 관점을 갖고 나서 비교하는 것이 좋다.[13] 비교하면서 왜 저자가 이렇게 썼을까를 추적해 보는 일이 이 작품의 핵심적인 묘미 가운데 하나가 될 것이다. 지나친 폄하도, 그렇다고 지나친 기대도 금물이다. 그저 저자가 플라톤 이야기를 어떻게 수용하고 또 어떻게 수정하려 하는가에 주목하여 읽다 보면 자연스럽게 저자의 이야기에 몰입하게 되기 마련이다.

이제 그 색다른 도전에 나설 여러분의 여정에 다소나마 참고가 될 수 있게 내가 읽었던 『에피노미스』의 이야기들을, 나름 인상적이거나 특기할 만한 것들을 중심으로 간략히 되짚어 보기로 한다. 누구나 자기 관심과 취향을 가지고 텍스트를 읽기 마련이므로 보편적이고 객관적인 개관이 아닐 수 있으니 그저 준비 운동을 한다는 가벼운 마음으로 저자의 몇몇 이야기들을 함께 따라가면서, 오늘 우리 자신이 가진 생각과 태도를 함께 되돌아보고 가다듬어 가는 계기로 삼으면 좋겠다.

---

13 이 번역에서는 상호 텍스트 참조에 관한 안내를 망라하려 시도하지 않으며, 아주 긴요한 것에만 한정하기로 한다.

3. 『에피노미스』의 이야기들: 전통과 개신

1) 시작과 끝: 지혜의 문제 제기

플라톤 작품[14]을 읽을 때 으레 나는 무엇보다도 서두에(그리고 그것에 조응하는 말미에) 주목한다. 『에피노미스』 서두에서 가장 인상적인 것 가운데 하나는 말문을 클레이니아스가 연다는 것이다. 그는 일정한 문제의식 내지 불만에 기초하여 방법의 문제 혹은 구체적인 방침의 문제를 제기한다. 이하 이 작품에서, 그러니까 작품의 주된 발언자인 아테네인 손님(이하 아테네인)의 입을 통해서도, 우리가 자주 만나게 되는 말 가운데 하나가 '방식'(tropos)이라는 말이다.[15] 이 작품은 그러니까 처음부터 끝까지 방식에 주목하는 작품이라 해도 과언이 아니다. 이런 기조가 아주 인상적으로 정리된 것이 말미의 매우 수사학적으로 구사된 다음 발언이다. "오히려 이것이 방식이고 이

---

14 이 작품도 플라톤의 것이라고 말하려는 건 물론 아니다. 플라톤 저작집에 속한, 따라서 플라톤의 영향 하에 있는 작품이므로 통상의 플라톤 작품 이야기가 필요하다는 생각에서 이렇게 말하는 것이다. 저자 문제에 대한 특정 입장을 개입시키지 않은 채 이야기할 수 있는 '플라톤 및 플라톤적 작품'을 줄인 말이라 생각해도 좋을 것이다.

15 '어떤 방식으로?'(tina tropon)와 '적절한 방식으로'(kata tropon)라는 표현이 심심치 않게 등장한다.

것이 양육이며 이것들이 배울거리들입니다. 그것들이 어렵든 쉽든 간에 이 길로 가야 합니다."(992a4~6) 말미의 그 발언에서도 잘 드러나듯 이 작품이 내내 관심을 기울이는 문제는 어떤 방식을 취할 것이고 무슨 배울거리로 어떻게 교육할 것인가, 즉 가르침과 배움의 방식이다. 그럼 무엇을 위해 가르치고 배우게 하기 위한 방식일까? 클레이니아스의 첫마디가 애매하고 불분명한 표현들로 시작되긴 하지만,[16] 그가 제기하는 문제를 단순화해서 정리하면 '인간이 지혜로워지려면 어떤 방

16 '지혜'와 '현명'의 동시 출현, '현명에 속하는 것'이나 '인간의 상태'와 같은 에두른 표현 등이 그렇다. 왜 이런 표현을 구사하는가라는 일반적인 물음은 아래에서 다룰 것이다. 램(1927), 매키라한(R.D. McKirahan 1997)이나 박종현 국역(2009)처럼 '지혜'와 '현명'의 차이를 무시하는 독해 방향을 택하면 플라톤과 아리스토텔레스 사이에서 이 책이 차지하는 위상과 역할이 무엇일까 하는 흥미로운 물음을 물을 기회가 사라지게 된다. 예컨대, 토마슨(2011)은 이 두 덕 용어의 출현이 이 두 지적 덕에 대한 아리스토텔레스 『니코마코스 윤리학』 6권 논의의 전조 역할을 한다고 주장한다(4~5쪽). 그리고 고체바(D. Gocheva 2012)는 '잠재적' 현명과 '실재적' 지혜 구분이 거의 모든 앞선 플라톤 작품들이 지지하는 초엘리트주의 고등교육의 대중적 버전을 제안하는 『에피노미스』의 특징과 의도를 잘 드러낸다고 주장하며, 결국 이 작품은 기원전 355년의 『재산 맞교환』(Antidosis) 262~323(특히 270과 271)에 표명된 이소크라테스적 도전(즉, 인간 본성은 앎에 도달할 수 없다는 불가지론적이고 비관적인 견해)에 대한 아카데미 내 응전의 일환이었으리라고 추측한다(2~5쪽). 이는 아리스토텔레스의 『권학』(Protreptikos: 철학으로의 권유)과 『형이상학』 1권에 이소크라테스와의 논전이 들어 있고 그것이 『에피노미스』에 반영되어 있으므로 『에피노미스』는 아리스토텔레스 『권학』(및 『철학에 관하여』)의 영향을 받았다는 에이나슨(B. Einarson 1936)의 기본 입장을 계승, 발전시킨 것이라 할 수 있다.

식으로 해야 할까, 즉 무엇을 가르치고 배워야 지혜에 이를 수 있을까' 하는 물음이다.

아테네인이 서두를 연『법률』은 법의 신적 기원에 관한 이야기로 시작한다. 그리고 현실의 마그네시아 건립 착수를 기약하며 끝나는데, 마지막 발언은 흥미롭게도 클레이니아스와 메길로스에게 할당된다. 특히 10권 이후 다시 침묵으로 돌아갔던 메길로스가 마지막 존재감을 각인시키며 끝난다.[17] 법의 기원에 관한 일반적인 논의로 시작하는『법률』서두와 달리『에피노미스』서두는 구체적이고 현실적인 문제를 거론한다는 점, 그리고 그 문제의 제기자로 클레이니아스가 말문을 연다는 점이 특기할 만하다. 그는『법률』의 미진한 대목을 지적하며 제대로 된 입법의 '끝'(telos)을 보아야 한다는 결기와 희망에 차 있다. 현실적인 문제에 집중하는 클레이니아스가 오히려 그런 주제와 그의 나이에 맞지 않게 가슴의 뜨거움을 보이는 장면은 언뜻『에피노미스』저자가 플라톤 저작과 플라톤주의를 대하는 자세의 일면을 드러내는 듯하다.

클레이니아스의 호기로운 문제 제기에 대한 아테네인의 대응은 그 나이에 어울릴 만하게 차분하고 냉정하다. 클레이니아스의 호기는,『법률』을 차분하고 근사한 모두 발언으로 시작

---

17 『에피노미스』는 메길로스에게 그 정도의 존재감마저도 허용하지 않으며, 대사 할당 자체가 없다. 이것 역시 비교하며 음미할 만한 사항이다.

한 바 있던 이 아테네인의 냉혹한 현실감에 의해 제동이 걸리고[18] 대화는 다시 『법률』에서 과시된 예의 그 노회함을 되찾는다.[19] 아름다운 것은 어렵다고 했던가! 아테네인은 지혜 획득의 어려움, 탐구의 어려움 이야기를 인생의 고통, '실레노스의 지혜' 이야기로 이어간다. 『법률』처럼 결국 세부 이야기는 아테네인의 몫이지만 그 이야기로 가는 길목에서 인간의 한계와 탐구의 문제를 꺼내는 대목은 이를테면 『법률』에서 잊힌 소크라테스[20]가 되살아온 것과 같은 형국이다. 플라톤에 염세주의적 요소가 드물다고는 하지만, 플라톤 철학을 태동시킨 소크라테스는 애초에 그런 '인간적 지혜'의 대변자였다. 말하자면 『에피노미스』는 돌고 돌아 결국 『변명』의 '인간적 지혜'로 귀착한 커다란 원환 구성의 마무리라 할 만하다. 『변명』이 플라톤

---

18 빌미는 그러나 이미 클레이니아스가 제공했다. "인간에게 가능한 만큼"(973a5)의 현명과 관련한 숙고의 필요성을 역설한 데다, 곧바로 다시 "가사자인 인간"(973b3)이 지혜로울 수 있는 배움의 문제에 대한 숙고라고 덧붙인다.

19 『법률』과 더불어 『에피노미스』는 플라톤(적) 대화편들 가운데 등장인물의 평균 연령이 가장 높은 작품이다. 상당히 나이 든 두 노인이 나오는 『라케스』에서도 나머지 인물들 때문에 평균 연령이 현격히 낮아진다.

20 등장인물로서 소크라테스가 가졌던 확고한 위상의 동요는 손님들로 대표된다. 가장 어린 나이의 소크라테스가 엘레아에서 온 노회한 파르메니데스를 상대하는 장면을 담은 『파르메니데스』에서 전조가 보이다가 '엘레아인 손님'의 등장(후기 초반의 작품들)에서 명시적으로 시작하고 '아테네인 손님'에서 마무리된다(『법률』).

철학의 훌륭한 서곡 혹은 시작점이었다면 『법률』과 더불어 『에 피노미스』는 플라톤 철학의 '아름다운 끝'을 보여 주는 작품이라 할 만하다.

이 차분함이 끝은 아니다. 서두는 다시 애초 박력 있게 시작했던 클레이니아스의 희망 이야기로 돌아온다.[21] 탐구를 통해 "다시금 가장 참된 의견을 갖게 되리라는 희망"(974d1~2) 말이다. 이제 그가 말하는 희망은 아테네인의 냉정함을 거쳤기에 소박하다. 최상급의 형태를 띠긴 했지만 아마도 그때의 최상급은 '인간에게 가능한 한'이라는 단서 하에서 최선을 다하겠다는 의지의 표현일 것이다. 앎을 말하고 필연을 논하던 한창때 플라톤의 기세에 비하면 플라톤주의는 이제 꽤 겸허한 자세로 돌아와 있다.

2) 기본적 탐색: 앎의 문제와 학문론적 개신

이렇게 실레노스적 지혜의 그림자 아래에서 희망의 불씨를 살리며 시작된 지혜 탐색은 지혜의 평판을 주지만 지혜롭게 만들지는 못하는 사이비 앎(내지 기술)[22]들의 열거와 제거

---

21 서두 역시 또 하나의 작은 원환 구성을 드러낸다.
22 '현명'과 '지혜'가 그렇듯 그리고 그것들과 함께 '앎'과 '기술'도 이 작품에서 자주 상호 교환 가능한 말로 쓰이고 있다. 이 넷을 엄밀하게 구분하는 맥락

로 이루어지며, 크게 네 단계로 차근차근 진행된다. 자연스럽게도 가장 먼저 제거되는 것은 생존과 관련된 일차적이고 필수적인 앎이다. 인간의 의식주에 관련된 일체의 기술 및 관련 도구/설비 제작 기술에 예언술, 해석술 등이 열거되고 기각된다. 다음으로 놀이에 속하는 여러 모방술도 언급 후 탈락하며, 이어 많은 사람들에게 베풀어지는 구조(救助) 기술로 전쟁술, 의술, 조타술, 수사술 등이 거론되고 제거된다. 마지막으로 기억술이나 임기응변적 총기가 기술이라기보다 천성에 해당할 법한 비범한 능력으로 제시된 후 기각된다. 이런 논의의 진행과 접근 방식은, 특히 첫 두 단계 논의는 『형이상학』 1권 서두(981b13~25)에서 아리스토텔레스가 펼치는 논의와 맥이 닿아 있다. 필요와 유용성으로부터 심심풀이(diagōgē) 쪽으로 기술의 발견이 진행되고 후자 쪽에 지혜가 더 속하는데, 결국 그 둘 모두에 종속되지 않는 학문들이 여가를 구가하는 이집트에서 일어났다는 식으로 서술하는 통시적 논의 말이다.

학문, 기술 일반에 대한 네 단계에 걸친 전방위적 탐색이 소득 없이 끝나는 것으로 보이는 이 지점에서 대화자들이 막연하고 답답하여 지칠 법도 하건만, 아직은 아니다.[23] 탐색은 이

보다는 느슨하게 혼용하는 맥락이 대부분이다. 앞으로 맥락에 적절한 하나의 용어가 선택되더라도 이런 사정을 감안하여 읽을 필요가 있다.

23 '지친다'(apokamnein)는 것에 대한 언급은 그러나 곧 등장하게 된다(979e).

제 더 진전된 방향의 제거, 더 정확히는 제거적 사유 실험으로 이어진다. 두 대화자(더 정확히는 아테네인이라 해야겠지만 단순 독백은 아니다.)는 지혜롭고 훌륭한 시민, 정의롭고 조화로운 사람이 되게 하는 앎을 찾아내겠다는 식으로 목표를 더 구체화하고, 그 탐색을 위해, 현존하는 앎 가운데서 인간 사회로부터 제거될 경우 인류를 가장 몰지각한 동물로 만들 유일한[24] 앎이 무엇인지를 알아보기로 한다. 이 사유 실험의 예비적 대답으로 곧바로 "그리 어렵지 않게"(976d8~e1) 제시된 것은 수의 앎이다. 그것은 신인 하늘이 준 것이며, 결국 하늘이 우리에게 좋은 것(특히 지혜)의 원인임이 확인된다. 수론이야말로 탐색의 대상이던 바로 그 지혜라는 것은 수의 앎이 모든 앎의 필요 조건이라는 근본적 통찰에 기반해 있다. 사유를 통한 제거 실험을 수론에 적용하면, 인간에게서 수가 제거될 경우 인간은 참된 설명을 할 수 없게 되고, 참된 설명이 없으면 앎에 이를 수 없으며, 따라서 지혜에 이를 수 없고, 그리하여 결국 행복해질 수 없게 된다는 것을 추론할 수 있다. 결국 수가 지혜와 행복의 원인이라는 귀결에 이르게 된 것이다. 이어 대화자들은 인간이 행복의 원인인 이 수를 배우게 된 것이 하늘이 달의 주기적 변화를 통해 수 세는 일을 인간에게 가르쳐 줌으

---

24 찾고 있는 앎의 단일성이 암암리에 가정된다. 이 제거적 탐색은 동시에 환원주의적 탐색이기도 하다.

로써였음을 확인한다.

이 지점에서 아테네인은 논의를 되돌아보는데, 기본적인 최소한의 대답을 얻었다는 만족보다는 아직 갈 길이 멀다는 토로가 앞선다. 지혜로워져야 한다는 것은 쉽게 합의되지만 어떻게 지혜로워지는지는 지난한 과제라는 것이다. 어렵지만 중요한 일이므로 계속 시도해야 한다는 아테네인의 말에 클레이니아스는 '지치지' 말고 논의를 계속하자고, 다시 아테네인은 두 청자에게 '지치지' 말고 논의를 따라오라고 서로를 격려하면서 본격적인 탐색으로 이행한다.

아직 하나-여럿의 문제를 남기고 있기는 하지만 기본 탐색에 있어서 지혜 문제는 결국 수학으로 수렴된다. 그것이 시사하는 바는 그저 『티마이오스』에서 이미 과시된, 수학에 대한 관심이 더 강화된 형태를 띤다는 데 머물지 않는다. 학문 일반에 대한 개관과 열거에서 플라톤이 내내 중시한 '변증술'(dialektikē)에 대한 언급이 빠져 있다는 것은 단순한 실수 차원에 불과한 것이 아니다. 본격적 탐색 말미에서 내용상 변증술에 해당하는 학적 작업이 본격적인 교과 가운데 하나로 거론되는 것을 보면[25] 이 단계에서 대화자들이 '변증술'이라는 이름을

---

25 대화 모임에서 질문하고 논박하며 개별적인 것을 종에 귀속시키는 일 (991c2~4)은 '시험'(basanos)이라고만 지칭되었으나 내용은 변증술을 가리킨다.

떠올리지 않는 것은 의도적이라 할 만하다. 플라톤이 변증술에 부여한 지위를 이 작품에서는 천문학 내지 수학이 차지하고 있다는 것만큼은 부인하기 어려워 보인다. 이런 학문론적 개신은 저자가 시도하는 다른 개신들과 긴밀히 연결되어 있다.

3) 본격적 탐색: 지혜—신앙의 문제와 덕론적·신론적 개신

이제 처음부터 다시 논의를 펼치기로 하면서 아테네인은 탐색의 목표와 주요 의제를 제시함으로써 본격적인 탐색을 준비한다. 탐색의 목표는 일차적으로 지혜가 무엇인지를 단일한 앎으로 지명하는 것이지만, 이것이 불가능할 때는 어떤 지혜들이 어떤 종류로 있는지를 말하는 것이 차선의 목표로 설정된다. 그리고 신들에 관한 논의의 방법이 주요 의제로 제시된다. 이전 이야기보다 더 아름답고 훌륭한 비유를 통해 신을 공경으로써 찬미해야 하며 믿음을 가지고서 기도해야 한다는 점이 천명된다.

이후 아테네인은 『법률』 10권에서의 논의를 승계한다고 볼수 있는 신 생성론과 동물 생성론을 개진한다. 천체는 최고 지성과 지혜를 가진 신적 동물이라는 취지의 논의다. 우선 모든 '생성의 시작점'으로서 영혼의 선차성을 확립하고 동물의 정의를 제시한 후에, 영혼 부류와 물체 부류 다섯[불, 물, 공기, 흙,

그리고 『티마이오스』와 달리 (인간과 신 사이 소통을 담당하는 중간적 존재자인 신령들(daimones)의 몸을 구성하는 단순 물체 부류로) 에테르가 추가된다.[26]을 구분하고 그에 따른 동물 부류의 생성을 논의하는 방식으로 진행한다. 이런 논의 과정에서 불 부류(즉, 천체)의 질서 있는 움직임은 현명함(즉, 지성 가진 영혼이 작동함)의 증거이며, 그런 엄청난 크기를 가진 동물인 천체가 현명하게 (즉, 질서 있고 정확하게) 운동하도록 하는 원인은 신임이 밝혀진다. 요컨대, 물체가 아니라 분별 있는 영혼이 모든 것의 원인이며 천체 또한 영혼과 물체의 산물로서 신이거나 신이 만든, 신의 모상이므로 차별화된 방식으로 공경해야 한다는 것이 신

---

26 에테르의 추가는 내용적인 의미나 중요성도 물론 있겠지만[우주 중심과의 관계에서 자연적으로 상·하향 운동만 나눠 갖는 전통적인 네 원소와 달리 원운동을 나눠 갖는 특별한 지위의 원소로서 에테르를 도입하는 아리스토텔레스(『천체에 관하여』 1권 2장 등)와 비교해 볼 만하다.], 이 저작과 『티마이오스』가 공히 주목하는 수와 연관 지을 수도 있을 것 같다. 영국의 대표적 기하학자 하트가 설명하는 5는 변칙적인 값을 가지는 수다. 정삼각형, 정사각형, 정육각형을 이용하면 규칙적인 타일 무늬를 만들 수 있지만 정오각형은 그럴 수 없다. 대신 다섯 개의 점으로는 오각별(pentagram)을 그릴 수 있다. 『티마이오스』의 규칙성을 허물면서 별을 돋보이게 하는 5는 개신과 변화를 추구하는 저자에게 맞춤한 회심의 카드였을 수 있다. 이것 외에도 하트(2023) 5장은 『에피노미스』 저자도 깊이 관심을 가졌을 법한 수(특히 패턴 수)들의 상징적·문화적 의미에 대해 풍부한 설명을 제공한다. 사실 『에피노미스』 저자의 이야기가 수의 의의와 함축에 대한 견강부회 아닌가 하는 의문을 떨치기 어려운데, "수가 질(즉, 속성)"이라는 입장을 강력하게 설파하는 하트의 이 책이 그것에 대한 하나의 유용한 옹호가 될 수 있겠다.

생성론의 귀결이다. 아테네인은 이런 논의로부터 도출되는 실천적 함축으로서 의견에 기초한 종교적 혁신을 지양하고 대신 앎에 기초한 종교적 혁신을 도모할 것을 제안한다. 더 구체적으로는, 보이는 신들(천체)이 공경받지 못하는 상황을 타개해야 할 필요성을 역설한다.

이어서 그는 보이는 신들에 대한 상론에 들어가는데, 하늘의 여덟 개 별(즉, 해, 달, 항성, 수성, 금성, 화성, 목성, 토성[27])의 궤도에 대해 상술하고 그것들을 관조함으로써 얻어지는 행복을 이야기한다. 이 대목은 행성들의 이름이 현존 희랍 문헌 가운데 최초로 등장하는 곳이기도 하다. 결국 아테네인의 논의는 다음과 같은, 신과 영혼에 관한 태도로 수렴된다. 즉, 외래의 천문학과 천체에 대한 신적 전승을 수입하여 덕/지혜로 바꾼 수완을 보인 희랍인들은 신적 제의 또한 더 훌륭하게 만들 수 있으므로, 신에 대한 탐색을 불경시할 것이 아니라 과감히 탐구해야 하며, 영혼이 우주의 원인이요 좋은 것들의 원인이라고 생각해야 한다는 것이다.

27　계속되는 하트의 논의에 따르면 3과 더불어 가장 광범위한 문화적 공명을 나타내는 패턴 수인 7은 홀수이자 소수라는 수학적 의미만이 아니라 특별한 천문학적 상징성도 갖는다. 망원경 발견 전에 하늘에서 자유롭게 움직이는 것을 관찰할 수 있는 항성 외 일곱 별에 특별한 의미가 있다는 것이다. 『에피노미스』 저자는 여기서 7 대신 8을 강조하는 것으로 보이는데, 그것이 무엇을 함축하는지도 따져 볼 만한 일이다.

끝으로, 논의는 지혜란 무엇인가를 거쳐 이제 인간이 지혜로워지기 위해 필요한 배울거리(즉, 교과)들이 무엇인가의 문제로 이행한다. 아테네인이 보기에 덕/지혜의 가장 중요한 부분인 경외(경건)에 어떻게 접근할지를 다루는 앎이 신으로서의 우주를 아는 천문학이며, 진짜 천문학자가 가장 지혜로운 자다. 이에 기반하여 그는 그런 지혜에 이르기 위한 교과들이 무엇인가를 묻는다. 그는 우선 모든 앎들과 전체 자연을 통합하는 단일한 '끈'(즉, 수적 비례)이 있다는 통찰을 피력하고, 우리가 신들의 피조물이며 신들은 우리를 소홀히 하지 않는다는 점에 특히 주목한다. 다음으로 어려서부터 익힐 예비 훈련용 교과로 수론, 기하학, 입체 기하학, 화성학을 열거하고, 본격적 교과로는 교과의 최종 요체로서 천문학(신 생성과 동물 생성) 및 시험으로서 변증술,[28] 엄밀한 천문학적 계산의 중요성을 강조하며, 이것들이 천문학적 앎과 영혼 선차성론의 결합으로 귀착되어야 함을 역설한다. 마지막으로, 그는 배울거리들(즉, 수적 학문들)의 단일성, 가장 지혜로운 사람 자신이 도달하게 될 단일성과 축복, 그리고 이 지혜를 향한 야간 위원회의 의무를 밝히며 논의를 마감한다.

논의의 절정에서 거론된 덕 경외는 매우 특기할 만한 저자

---

28 앞에서도 언급했던 것처럼 정작 '변증술'이라는 이름은 사용되지 않으며, 그런 명칭 누락 자체가 저자의 치밀한 계획과 의도에 의해 이루어진 것으로 보인다.

의 의도적 수정에 해당한다고 볼 수 있다. 플라톤이 『에우튀
프론』이나 『프로타고라스』 등에서 이 덕을 지칭하기 위해 주로
사용하던 명칭 '호시오테스'(hosiotēs: 경건)[29]는 이 작품에 나오
지 않고[30] 대신 '에우세베이아'(eusebeia: 경외)가 사용되며, 오
히려 그것보다도 더 자주 거의 『에피노미스』 저자 자신의 용어
라고까지 할 수 있는 새 용어 '테오세베이아'(theosebeia: 신 경
외)가 부각된다.[31] 게다가 애초에 그 '호시오테스' 자체도 플라
톤이 최고의 위상을 부여한 덕은 아니라는 것[32] 또한 이 저자
의 의도성을 엿볼 수 있게 한다. 저자가 기획하고 실행하는 개
신들은 단순히 이론적 차원에 머물지 않고 실천적 차원의 것
이요, 철학과 종교의 만남이나 자연학과 윤리학의 연결이라는
더 근본적인 기획과 긴밀히 연결되어 있는 것으로 보인다. 이

29 혹은 정작 더 자주 나오는 용례로는 형용사형 '호시온'(hosion).
30 물론 부정어 'anosios'는 단 한 번 등장한다(988e). 아마 이런 용어가 사용되
   었음을 상기시키는 용도가 아닐까 하고 짐작해 본다.
31 이런 명칭 변경은 단순한 변주(variation)용이 아닐 것이다. 숨은 의도를 읽
   어 내는 것은 어차피 읽는 이 각자의 몫이지만, 가능한 설명의 한 방향은 초
   점화일 수 있다. 경건은 사실 근본적으로 신을 향한 것이기는 하나 얼마든지
   초점이 분산될 소지가 있다. 부모에 대한 경의와 연결되어 사유되는 맥락이
   얼마든지 가능하기 때문이다. 예컨대, 불의를 행한 부모를 고발하는 행위를
   경건의 문제로 연결하는 『에우튀프론』이나 국가와 부모에 대한 경의를 경건
   의 맥락에 포함시키는 『법률』 4권, 716c1~718a6 등이 그러한데, 상세한 논
   의는 강철웅(2020b) 26~28쪽을 참고할 것.
32 예컨대, 타란(L. Tarán 1975) 321쪽.

런 기획과 의도가 숨어 있음을 우리는 저자의 용어 사용 자체로부터, 그리고 애매한 어휘나 곡언법적인 표현, 그리고 여타 불필요해 보이는 독특한 표현 방식들의 구사로부터 읽어 낼 수 있고 또 읽어 내야 한다.

4. 그럴법한 이야기와 진지한 유희: 다시, 우리가 플라톤을 읽는 이유

1) 의도된 애매성과 개방성: 플라톤 이후 아카데미와 플라톤주의의 향방

어떻게 플라톤을 읽을까 하는 질문은 사실상 어떻게 철학을 할까 하는 질문에 다름 아니다. 이는 플라톤 이후 최초의 플라톤주의적 태도를 세우고자 하는 『에피노미스』 저자가 물었던 질문이기도 하다. 그리고 『에피노미스』의 이야기들은 오늘 우리가 가진 동일한 질문에 저자가 제시하는 하나의 대답이기도 하다. 이제 저자가 그런 이야기들을 통해 무엇을 성취하려 했고 무엇을 부각하고 싶어했는지와 관련하여 그가 드러내는 몇몇 특징들을 중심으로 그 대강의 방향을 가늠해 보기로 하자.

먼저 쉽게 눈에 띄는 특징은 애매성과 과다한 반복이고, 특히 서두에서부터 부각되는 현명-지혜 애매성이 중요한 문제일 수 있다.[33] 그러나 나는 애매성의 구체적인 내용들을 풀어내어 밝히는 일 못지않게 애매성 자체가 가진 의미에 주목함으로써 오히려 저자의 의도나 기획이 더 잘 드러나는 측면이 있지 않을까 추측한다. 저자가 지속적으로 구사하는 애매한 표현, 중복 표현, 곡언법적 표현 등은 소통적 측면에서의 불투명성을 감수하고라도 사안의 미결정성을 드러내면서 자유로운 토론과 미정된 결론으로 열어 놓고자 하는 태도에 대한 선호를 의미한다.

이런 저자의 개방성 내지 회의주의적 태도는 플라톤 말년과 사후의 아카데미에서 표출된 플라톤과 플라톤주의자들의 논의 태도를 반영하는 것일 수 있다. 당시 아카데미는 그저 확정된 교설에 대한 전수나 동조에 전념하는 조직이 아니었으며,[34] 플라톤은 자신의 입장을 공공연히 드러내기보다 자기 저작에

---

33 장황한 스타일이 이 작품 이해의 관건이라고 보는 토마슨(2011, 1쪽)이나 과다한 반복이 철학적으로 중요하다고 강조하는 고체바(2012, 1쪽) 등은 앞에서도 언급한 것처럼 대체로 이 특징을 두고 현명-지혜 구분에 초점을 맞춰 설명하려는 경향을 보인다.

34 "아카데미는 정통 형이상학 교설이 가르쳐지는 학교이거나, 구성원들이 이데아 이론에 동의하리라 기대되는 협회가 아니었다."[처니스(H. Cherniss 1945) 81쪽]

대한 해석도 각자에게 맡겼던 것으로 보인다.[35] 저자는 그런 플라톤의 태도를 이어받아 독자가 스스로 읽고 판단할 여지를 남기는 방식으로 저작하려 했고 아카데미 내 논의의 방향도 그렇게 유지되기를 바랐으며, 그런 의도와 바람이 암암리에 이런 애매한 표현들로 표출된 것이 아닌가 싶다.

2)『법률』인가,『티마이오스』인가?: 자연주의적 결단과 자연-도덕의 연결, 그리고 스토아로의 길

『에피노미스』는 아주 두드러지게『법률』을 의식하고 쓴 작품임을 표방한다. 그것만 고려하면『국가』에서부터 이어진 정치철학에 대한 논의가 펼쳐지리라 기대할 법도 하다. 그러나 정작 이 작품은 교육에 관한 논의에서『국가』와의 연결을 엿볼 수는 있지만 정치 체제나 정의에 대한 논구를 제시하지는 않는다.『법률』과의 연계 못지않게, 아니 오히려 더 긴밀하게『티마이오스』와의 연결이 더 중요한 방식으로 논의가 진행된다.

---

35 "상대적으로 단순한 질문을 두고 아리스토텔레스와 아카데미 내 그의 동료들이 뜨겁게 논쟁을 벌인 이래, 다음이 명백하다. [⋯] 그들은 질문을 자제했거나 플라톤이 대답을 거절했거나 둘 중 하나다. [⋯] 그는 자기가 무엇을 의도했는지를 그들에게 말해 주지도 않았고 그 철학적 문제 자체를 그들과 논의하지도 않았으며, 오히려 자기가 쓴 텍스트를 그들이 각자 자기 자신의 능력에 따라 해석하도록 남겨 두었다는 것은 확실하다."[처니스(1945) 75쪽]

천문학의 중요성을 부각하거나 수적 비례에 의한 수학적 학문의 통일성을 강조하며, '끈'이나 '그럴법한 이야기' 등 몇몇 사례들만 보아도 이 연결의 긴밀함은 직관적으로 분명해 보인다. 그렇다면 그 작품과의 연결의 귀결은 무엇일까?

학문론의 관점에서 보면 『국가』나 『파이드로스』 등에서 강조된 변증술과 이데아 교설이 퇴조하고 대신 천체에 관한 관조와 수학적 원리에 대한 강조, 그리고 그것들을 신론적 통찰과 실천으로 연결하는 시도는 형이상학적 내지 초월적 관점을 내려놓고 우주론 내지 자연학과 윤리학을 긴밀히 연결하려는 시도라 할 수 있고, 이는 결국 헬레니즘 시대 스토아학파의 학문 정신으로 귀결되는 일련의 움직임의 시발점이 된다.

『티마이오스』 90b~d의 "우주론적 행복 설명"은 관찰자와 관찰 대상이 닮게 되는 신과의 동화(homoiōsis theōi)를 부각하며, 이런 『티마이오스』적 시도는 초기 스토아주의와 긴밀히 연결된다고 말할 수 있다.[36] 그런가 하면 『에피노미스』는 방금 전에도 언급한 것처럼 초월을 내재화함으로써 스토아의 내재적 신론의 길을 예비했다고 볼 수 있다.[37] 이제 우리는 이 두 관점

---

36 베테그(G. Betegh 2003) 279~280쪽.

37 칼치(V. Calchi 2023)는 『에피노미스』 신론이 플라톤의 초월적 신을 우주로 내려오게 하여 스토아의 내재적 신론의 길을 예비함으로써 고전 시대와 헬레니즘 시대를 잇는 다리 역할을 한다고 논증한다(117~183쪽). 앞서 타란(1975)도 『에피노미스』의 우주적 신론이 스토아에서 전면에 나오게 될(그리

을 다음과 같이 종합할 수 있을 것이다. 『에피노미스』는 『티마이오스』와 스토아주의 신론 사이에서 다리 노릇을 한다. 그렇게 할 수 있었던 것은 초월을 내재화하는 (『티마이오스』에는 없는) 자연주의적 결단이 저자에게 있었기 때문이다. 그리고 이제까지 학자들이 추적한 바에 따르면 『에피노미스』 저자가 수행한 그 다리 역할에 일정한 기여를 한 사람은 플라톤 아카데미의 세 번째 계승자 폴레몬일 수 있다.[38] 아직도 소크라테스나 플라톤, 아리스토텔레스 등 유명하고 '위대한' 철학자들에게, 그것도 그들의 『국가』나 『향연』, 『티마이오스』, 『니코마코스 윤리학』, 『의무론』 등 인기 있는 '대작'에 관심이 쏠려 있는 오늘날 우리에게 이런 이야기는 아주 낯설고 먼 세상 이야기로 들릴 수 있다. 그러나 그 커다란 것들 사이사이에 빈틈을 메워

고 헬레니즘 시대 이래 융합주의 사유의 공통 인자가 될) 개인주의적 우주 종교관의 길을 열어 주는 것으로 자리매김한 바 있다(88~89쪽).

38 딜런(2003)에 따르면, 『티마이오스』를 비문자적으로 읽어서 데미우르고스를 우주의 능동 원리로서의 이성적인 세계 영혼으로 해석하는 필리포스 『에피노미스』의 입장은 아마도 폴레몬의 입장이기도 하며 스토아 교설의 적절한 선행자다(25쪽). 『아카데미카』 1.24~29에서 바로의 입을 통해 요약되는 아카데미 교설의 출처가 안티오코스라는 다수설에 대항해 폴레몬 출처론을 펼친 세들리(D. N. Sedley 2002)에 따르면 스토아 물체주의(Stoic corporealism)를 향한 첫걸음을 뗀 것이 실은 오래전 폴레몬 중심의 아카데미 구성원들이었고 그것의 핵심 동인이 『티마이오스』에 대한 독해였다(특히 52~82쪽). 그 논의를 옹호하면서 딜런(2019)은 해당 『아카데미카』 구절이 스토아 교설과 유사해 보이는 이유를, 제논이 폴레몬과 교유하던 시절에 그에게서 배웠기 때문이라고 추정한다(164~165쪽).

주는 '이름 없고 빛도 없는' 저자들의 미세하고 세미한 이야기들은 아주 많고 재미있다.[39] 『에피노미스』가 그런 이야기들을 찾아 나서는 여정의 시작일 수 있길 소망한다.

3) 권학과 개신 전통: 철학과 종교의 만남

이 작품을 일종의 권학(protreptikos logos)으로 보는 시각도 있다.[40] 플라톤 작품집에 명실상부한 권학이 딱히 없다고 아쉬워하는 아카데미 내 기류가 있었고, 필리포스가 『법률』의 마무리 작업을 수행한 후에 『에피노미스』를 아마도 필리포스 자신(혹은 아카데미 내 누군가[41])이 일종의 권학으로 썼을 것이라고 추측하는 논자도 있다.[42]

그런가 하면 종교적 내지 신론적 개신의 측면도 있다. 이는 앞서 언급한 덕론적 개신(즉, 경건을 새롭게 주창하는 개신)과 학문론적 개신(즉, 변증술을 극복하는 개신)에 이은 또 하나의 야심

39 그 이야기들 가운데 하나가 실은 이 『에피노미스』 기획의 거의 끝점에 해당하는 아카데미의 최종적 국면에서 철학한 기원전 1세기의 안티오코스다. 아카데미 회의주의를 지켜내려 애쓴 선생 필론과 대결하면서 플라톤—아리스토텔레스—스토아주의의 융합을 시도한 아카데미 내 스토아주의자 안티오코스의 이야기에 관해서는 강철웅(2009)을 참고할 것.

40 타란(1975) 142쪽.

41 필리포스 저자설에 대한 반론으로는 브리송(2005)이 있다(22~23쪽).

42 호제(M. Hose 2016) 248쪽.

찬 개신이다. 『향연』에서의 파이드로스의 불만을 연상케 하는 불만이, 보이는 신인 천체에 대한 예배의 확립을 호소하는 결기 어린 논의를 이끈다. 이는 한편으로 이론적·인지적으로는 애매성을 도처에 제시하면서 복수 해석 가능성을 내세우는 것이면서, 실천적·정념적으로는 전면적이고 분명한 입장 표명(commitment)을 요청하는 셈이다. 이런 개신을 주장하면서도 또한 저자가 가리키는 신이 아닌 신에게도 호소하는 언급이 나온다(991d8)는 점은 저자의 개방적 지향을 또 한 번 드러내 준다. 권학과 동시에 종교적 개신을 추진하면서 자연학적 관조를 자신들의 실천과 삶에 긴밀히 연결시키고자 한 이 아카데미 구성원의 시도는, 서로를 경원하면서 가깝고도 먼 사이가 되어 있는 오늘 우리의 철학과 종교의 관계를 되돌아볼 계기와 화두를 제공한다.

4) 진지한 유희의 철학: 플라톤주의 저작에서 읽어 내야 할 것

신에 대한 찬미, 행복의 찬가와 기도가 '아름다운 놀이'로 묘사되며(980a~b), 뮤즈들의 행복한 가무가 수적 비례를 통해 인간에게 '리듬과 화음을 가진 놀이'를 제공한다고 서술되는데(991b), 앞선 사이비 앎 제거 논의 과정에서 언급된 '진지하지 않은 놀이'로서의 모방술(975d)과 대비되는 '진지한 놀이'라 할 수 있다. 이는 『티마이오스』 59c~d의 놀이 논의를 잘 승계하는 것이라 할 만하다. 거기서는 우주에 대한 그럴법한 설명이 삶에 대한 '현명한 놀이'로 성격지어진 바 있다.[43] 가시적 우주를 신으로 극진히 예배할 것을 권유하는 이 작품의 '그럴법한 설명'을 아름다운 놀이로 연결하는 논의와 잘 맞닿아 있다. 고달픈 삶 가운데서 잠깐씩 찾는 '숨 돌릴 여유'(anapnoē: 974a) 또한 이런 관조적 놀이 내지 휴식의 아이디어와 잘 어울린다.

그럴법한 설명의 내용도 물론 중요하겠지만 그것에 접근하는 태도와 자세 역시 중요함을 저자는 말하고자 하는 것 같다. 삶이 걸려 있는 중대한 문제지만 풀어내는 방법까지 반드시 무거울 필요는 없고, 오히려 가볍고 유희적으로 풀어가는 것이 효과적일 수 있다. 중대하지만 결정적 결론으로 환원 혹은 수렴되기 어려운 주제는 방향을 전방위적으로 열어 놓고 게임을 하는 자세로 경쾌하게 접근하는 것이 유익한 결론을 얻는데 도움이 될 수 있다.

43 "그 비슷한 것들[즉, 불, 공기, 물의 작용] 가운데 다른 것에 대해 계속해서 죽 추론해 내는 것은 조금도 복잡한 일이 아닙니다. 그럴법한 이야기들 (eikotes mythoi)의 유형을 추구하면 말입니다. 그 유형을 놓고 보면, 누군가가 휴식(anapausis)을 위해, 항상 존재하는 것들에 관한 설명들은 매번 내려놓고 생성에 관한 그럴법한 설명들을 들여다보면서(diatheōmenos) 후회 없는 쾌락(ametamelētos hēdonē)을 얻게 될 때, 그는 삶 속에서[즉, 삶에 대한] 적도에 맞고 현명한 놀이(metrios … paidia kai phronimos)를 벌이는 걸 겁니다."(59c5~d2)

요컨대, 플라톤(혹은 플라톤주의 저작)에서 우리가 읽어 내야 할 것은 무엇인가? 어쩌면 내용 자체보다 태도를 배워야 하는 것일지 모른다. 내용은 얼마든지 오늘날 우리에게 맞지 않는 것일 수 있다. 오히려 그 태도가 우리에게 얼마나 유용한지 따져 보아야 하지 않을까? 그게 실은 플라톤주의에서, 희랍 철학에서, 나아가 철학에서, 아니 앞선 이들의 모든 지적 자산에서 우리가 찾고 배워야 할 것들이 아닐까? 선악개오사(善惡皆吾師)라 했던가. 사실 좋음의 궁극적 출처는 자신에게 있다. 좋은 것을 물론 읽어야 하겠지만, '일급', '일류'의 것만 읽으면 대수인가? 자신에게 맞지 않는 것이면 그건 이미 좋은 것일 수 없다. 아무리 좋은 것을 읽어도 자신이 받아들이지 않으면 그건 한낱 허명에 휘둘린 것일 뿐 우리 '영혼'에 남아 '선한 영향력'을 발휘하는 데 이르지 못할 것이다. '아류', '이급'으로 치부되는 것일지언정 자신에게 맞게 받아들이고 숙성시켜 온전한 자기 것이자 '최상'의 것으로 만드는 일은 전적으로 읽는 이에게 달려 있다. 좋은 것은 그저 값없이 주어지는 게 아니라 스스로 찾고 다듬어 가는 것 아닐까?

참고 문헌

1. 텍스트와 번역

박종현 역 (2009), 『에피노미스』, in 『플라톤의 법률』 부록, 서광사, 897~942쪽.

Ast, F. (ed.) (1814), *Platonis Leges et Epinomis: ad optimorum librorum fidem emendavit et perpetua adnotatione illustravit D. Fridericus Astius*, Vol 1., Weidmann.

Burnet, J. (ed.) (1922), *Platonis Opera*, Vol. V: *Tetralogiam IX Definitiones et Spuria Continens* (*Minos, Leges, Epinomis, Epistulae, Definitiones et Spuria*) (Oxford Classical Texts), Oxford Clarendon Press [= OCT].

Burges, G. (1864), Introduction to the *Epinomis*, and *Epinomis; or The Philosopher*, in his *The Works of Plato* (Bohn's Classical Library), Vol. 6, Bohn 1864, pp. 1~38.

des Places, É. (1956), *Epinomis*, in *Platon Œuvres Complètes,* Tome XII–

2, *Les Lois Livres XI-XII & Epinomis*, Les Belles Lettres, pp. 91~161.

Harward, J. (1928), *The Epinomis of Plato. Translated, with Introduction and Notes*, Oxford Clarendon Press.

Hermann, K. F. (1877), *Platonis Dialogi Secundum Thrasylli Tetralogias Dispositi ex recognitione*, Vol. 5, Lipsiae.

Lamb, W. R. M. (tr.) (1927), *Plato: Charmides, Alcibiades, Hipparchus, The Lovers, Theages, Minos, Epinomis*, Loeb Classical Library, Harvard University Press.

McKirahan, R. D. (tr.) (1997), Plato's *Epinomis*, in J. M. Cooper (ed.), *Plato: Complete Works*, Hackett, 1997, pp. 1617~1633.

Schneider, C. E. C. (1877), *Platonis Opera ex Recensione. Graece et Latine cum Scholiis et Indicibus*, vol. 2, pp. 502~516.

Tarán, L. (1975), *Academica: Plato, Philip of Opus, and the Pseudo-Platonic Epinomis*, American Philosophical Society.

Taylor, T. (1804), *The Epinomis, or the Philosopher*, in his *The Works of Plato, viz. His Fifty-Five Dialogues, and Twelve Epistles*, Vol. 2, 1804, R. Wilks, pp. 387~410.

2. 기타 인용 문헌

강철웅 (2009), 「기원전 1세기 아카데미의 플라톤주의 수용: 필론의 아카데미 혁신과 그것에 대한 안티오코스의 대응을 중심으로」, 《서양고전학연구》 37, 243~282쪽.

강철웅 역 (2011), 플라톤 『국가』 「태양의 비유, 선분의 비유, 동굴의 비유」, in 이남인 편, 『원전으로 읽는 서양 철학의 이해』, 서울대학교출판문화원, 2011, 12~36쪽.

강철웅 역 (2020a), 플라톤 『소크라테스의 변명』, 아카넷.

강철웅 (2020b), 「플라톤의 『크리톤』에서 민주주의와 권위」, 《철학연구》 128, 1~34쪽.

강철웅 역 (2021), 플라톤 『미노스 · 사랑하는 사람들』, 아카넷.

강철웅 · 김주일 · 이정호 역 (2009), 플라톤 『편지들』, 이제이북스.

김남두 외 역 (2018a), 플라톤의 『법률』 1, 나남.

김남두 외 역 (2018b), 플라톤의 『법률』 2, 나남.

김유석 역 (2019), 플라톤 『티마이오스』, 아카넷.

김주일 · 정준영 역 (2007), 플라톤 『알키비아데스 I · II』, 이제이북스.

박종현 · 김영균 역 (2000), 플라톤의 『티마이오스』, 서광사.

최혜영 (2016), 「고전기 아테네의 식민 활동과 트립톨레모스」, 《서양고전학 연구》 55 (2), 1~27쪽.

Bartninkas, V. (2023), *Traditional and Cosmic Gods in Later Plato and the Early Academy*, Cambridge University Press.

Benatar, D. (2006), *Better Never to Have Been: The Harm of Coming into Existence*, Oxford University Press. [국역: 데이비드 베너타 (이한 역), 『태어나지 않는 것이 낫다: 존재하게 되는 것의 해악』, 서광사, 2019.]

Betegh, G. (2003), "Cosmological Ethics in the *Timaeus* and the Early Stoicism," *Oxford Studies in Ancient Philosophy* 24, pp. 273~302.

Brisson, L. (2005), "*Epinomis*: Authenticity and Authorship," in K. Döring, M. Erler & S. Schorn (eds.), *Pseudoplatonica: Akten des Kongresses zu den Pseudoplatonica vom 6.–9. Juli 2003 in Bamberg*, Franz Steiner Verlag, 2005, pp. 9~24.

Calchi, V. (2023), *The Theology of the Epinomis*, Routledge.

Cherniss, H. (1945), *The Riddle of the Early Academy*, University of California Press. [국역: 해럴드 체르니스 (이경직 역), 『플라톤의 이데아론: 초기 아카데미아의 수수께끼』, 누멘, 2009. 신중하게 참고할 번역.]

Cooper, J. M. (1997), Introduction to *Epinomis*, in J. M. Cooper (ed.), *Plato: Complete Works*, Hackett, 1997, p. 1617.

Dillon, J. (2003), *The Heirs of Plato: A Study of the Old Academy (347–274 BC)*, Oxford University Press.

Dillon, J. (2019), "The World Soul Takes Command: The Doctrine of the World Soul in the *Epinomis* of Philip of Opus and in the Academy of Polemon," in C. Helmig (ed.), *World Soul – Anima Mundi: On the Origins and Fortunes of a Fundamental Idea*, De Gruyter 2019, pp. 155~166.

Dorandi, T. (2013) (ed.), *Diogenes Laertius: Lives of Eminent Philosophers*, Cambridge Classical Texts and Commentaries, Cambridge University Press. [= DL] [국역: 디오게네스 라에르티오스 (김주일 외 역), 『유명한 철학자들의 생애와 사상』 1, 2, 나남, 2021.]

Einarson, B. (1936), "Aristotle's *Protrepticus* and the Structure of the *Epinomis*," *Transactions and Proceedings of the American Philological Association* 67, pp. 261~285.

Friedländer, P. (1928), *Platon*, 3 vols, Walter de Gruyter.

Gocheva, D. (2012), "Understanding the Five Bodies in the *Epinomis*," https://aaduce.wordpress.com/wp-content/uploads/2012/12/epindimka_1_-tekst.pdf

Grote, G. (1865), *Plato and the Other Companions of Socrates,* Vol. 1, W. Clowes and Sons.

Gunderson L. (2015), *Silent Sky*, Dramatists Play Service Inc.

Hart, S. (2023), *Once Upon a Prime: The Wondrous Connections Between Mathematics and Literature*, Flatiron Books. [국역: 새러 하트 (고유경 역), 『수학의 아름다움이 서사가 된다면: 모비 딕의 기하학부터 쥬라기 공원의 프랙털까지』, 미래의창, 2024.]

Hose, M. (2016), "Philosophical Writing: Treatise, Dialogue, Diatribe,

Epistle," in M. Hose & D. Schenker (eds.), *A Companion to Greek Literature*, Wiley Blackwell, 2016, Ch. 15, pp. 235~255.

Lehoux, D. (2020), "Saved by the Phenomena: Law and nature in Cicero and the (Pseudo?) Platonic *Epinomis*," *Studies in History and Philosophy of Science* Part A 81, pp. 55~61.

Nails, D. (2002), *The People of Plato: A Prosopography of Plato and Other Socratics*, Hackett.

Nietzsche, F. (1872), *Die Geburt der Tragödie*, in G. Colli & M. Montinari (eds.), *Sämtliche Werke: Kritische Studienausgabe in 15 Bänden*, Walter de Gruyter, 1999. [국역: 프리드리히 니체 (김출곤 · 박술 역), 『비극의 탄생』, 인다, 2017.]

Novotný, F. (1960), *Platonis Epinomis: Commentariis Illustrata*, Academiae Scientiarum Bohemoslovencae.

Pangle, T. (1988), *The Laws of Plato: Translated, with Notes and an Interpretive Essay*, University of Chicago Press.

Schopenhauer, A. (1851), *Parerga und Paralipomena. Kleine philosophische Schriften*, (ed. by J. Frauenstädt) Vol. 2, Druck und Verlag von A. W. Hahn, 1862.

Sedley, D. N. (2002), "The Origins of Stoic God," in D. Frede & A. Laks (eds.), *Traditions of Theology: Studies in Hellenistic Theology, Its Background and Aftermath*, Brill, pp. 41~83.

Shorey, P. (1933), *What Plato Said*, University of Chicago Press.

Taylor, A. E. (1929), *Plato and the Authorship of the 'Epinomis,'* Oxford University Press.

Thomason, S. (2011), "Law, Philosophy, and Civil Theodicy: An Interpretation of Plato's *Epinomis*," *Presentations and Lectures* 5. https://scholarlycommons.obu.edu/lecture/5.

찾아보기

일러두기

1. 별도의 언급이 없는 한 각 항목은 모든 용례를 남김없이 열거한다. 주목할 만한 항목의 통계나 특기 사항은 사각 괄호 안에 밝힌다.
2. 용례 확인을 분명히 하거나 세부 정보를 부가할 필요가 있을 때 실제 출현 형태나 해당 원어 및 관련 세부 정보나 참고 사항 등을 해당 자리 표시 뒤 둥근 괄호 안에 기재한다. 용례가 같은 자리에 2회 이상 출현하는 경우에도 같은 방식으로 출현 횟수를 밝힌다.
3. 자리 표시는 OCT의 스테파누스 행 표시를 기준으로 삼는다. 우리말 번역문에 원문의 소절 구분이 정확히 반영되지 않을 수 있으므로, 앞뒤 소절까지 살펴야 할 때도 있다.
4. 특별히 필요한 경우 외에 동사의 중간태나 수동태는 능동태에, 부사는 형용사에 통합하여 다룬다.
5. 희랍어-한국어 찾아보기에서 알파벳 배열 순서를 매길 때 관사나 전치사 등 허사는 필요에 따라 제외하고 순서를 매긴다.
6. 고유명사는 인명, 신명, 족속명, 지명 등 고유명사에 해당하는 모든 항목의 용례를 열거하되, 지명에 해당하는 항목 앞에는 '@'로 표시한다. 경계선상의 경우인 '올림포스'(그리고 아마도 '우라노스', '코스모스'도) 등은 인격화되므로 기본적으로 신명으로 간주한다.
7. 기호들의 쓰임새
   * : 번역 본문에서 채택되지 않은 대안 번역어(즉, 해당 원어의 다른 의미나 뉘앙스를 전달해 줄 만한 번역어)를 표시. 소수이긴 하나 원어에 적용할 때는 해당 용례의 부재를 표시.
   − : 해당 항목의 쓰임새를 구분하여 제시하기 위한 나눔의 표시.
   ☆ : 해당 항목에 관한 상세한 안내가 등장하는 자리를 표시.
   cf. : 해당 항목과 긴밀히 연관되는 다른 참고할 만한 항목을 표시.
   → : 해당 항목의 용례 등 상세한 정보가 들어 있는 다른 항목으로 이동하라는 표시.

일반용어

한국어–희랍어

가능성 dynamis → 능력

가능성이 있는, 가능한 dynatos → 능력
　이 있는

가득 찬 pleōs 991d

가르치다 didaskein 978d, 988b(3회),
　989d(3회) cf. 교육하다, 미리 가
　르치다, 배우다

가리키다 phrazein → 설명하다

가무 choreia 982e, 991b

가무단 choros 982e

가무를 펼치다 choreuein 982e(choreian
　choreuein)

가사적 본성 [곡언법적 표현] thnētē
　physis 985d, 986c☆

가사적(可死的)인, 가사자(可死者)인
　thnētos

　– 가사적인 974d(가사적 종족), 976e(가
　　사적 종족), 977e, 984b, 985d(가
　　사적 본성), 986c(가사적 본성),
　　989b(가사적 종족)

　– 가사자인 973b, 988a

가시적인 horatos → 보이는

가야 하는 poreuteon 991a

가장 많은, 대다수의, 대체로 pleistos

cf. 많은, 더 많은

　– 가장 많은 975e(2회), 981d

　– 대다수의 989c

　– 대체로 to pleiston 975d

가장 먼저인 prōtos → 첫 번째의

가장 큰, 최대의, 가장 위대한, 가장 중
　대한, 가장 중요한, 무엇보다도
　중요한 megistos cf. 큰, 더 큰

　– 가장 큰 977b, 982b, 989b

　– 최대의 975d, 977a(최대로 좋은 것 tou
　　poly megistou), 989b

　– 가장 위대한 984d

　– 가장 중대한 973b, 975e, 990c, 992d

　– 가장 중요한 977d, 980d, 981a,
　　989a, 989b, 989d

　– 무엇보다도 중요한 978a

가장 훌륭하고도 아름다운 끝 teleutē
　aristē te kai kallistē 980b

가장 훌륭한, 최선의 aristos [총 13회]

　– 가장 훌륭한 975a, 980b(2회), 981b,
　　981e, 986c, 987d, 988e, 989b(2
　　회), 989d

　– 최선의 982c(2회. 최선의 지성에 따라
　　최선의 결정을)

가져오다 agein → 이끌다

각각, 각자, 각, 매번 hekastos cf. 둘
　각각

　– 각각 981c, 982a, 983a, 983c(2회),
　　989c, 990b(궤도 각각이), 990e,

164

결여하다 steresthai 977d

결정하다 bouleuein 982c(3회)

결함이 있는 endeēs 989a

*경건 *hosiotēs [용례 없음] cf. 경외, 불경건한

경로, *궤도, *통로, *진로 diexodos 977b☆, 986e cf. 궤도, 주기

경로, *궤도, *길 hodos 990c

경외, *경건, *숭경, *공경심, *경신(敬神) eusebeia 989b☆ cf. *경건, 신 경외, 불경한

경이로움 thauma → 놀랄 만한 일

경작 geōrgia 975b

경쟁, *겨룸 agōn 975a

계산 logismos → 헤아림

계산이 안 되는, *합리적이지 않은, *설명이 없는 alogistos 978a cf. 헤아림

계절, 철, 기간 hōra

‒ 계절 976a, 977b

‒ 철 987a(여름철)

‒ 기간 986a

계획을 바꾸다 metabouleuein 982d

공경 timē 985d, 985e, 986c

공경받는 entimos 985e cf. 존귀한, 비천한

공경하다, 숭상하다 timan

‒ 공경하다 977a, 980a, 980b, 984e

‒ 숭상하다 989c

공경해야 하는 timēteon 984a

공기 aēr 981c, 981e, 984c, 984e

공들여 얻어 내다 diaponein → 노고를 아끼지 않다

공적으로 dēmosiāi 985c, 992c, 992d

관념, *사고 dianoēma 988c☆ cf. 사고하다

관조, *구경, *관찰 theōria 977b cf. 관찰하다, 구경꾼, 바라보다

관직 archē → 시작

관찰하다 katidein → 알아보다

관찰하다, *관조하다, *구경하다 theōrein 990b cf. 관조, 구경꾼, 바라보다

교육 paideia 988a, 989a, 989c cf. 양육

교육하다 paideuein 973d cf. 양육하다, 가르치다

구경꾼, *관조자 theōros 986d cf. 관조, 관찰하다, 바라보다

구름 nephos 987a

구원하다 sōizein 976e cf. 구조(救助)

구조(救助), *도움, *구호, *방호, *구제, *구난, *구원 boētheia 975e, 976a cf. 구원하다

구조(構造), *조합 systasis 981a, 991e☆ cf. 체계

구조자, *도우미, *구호자, *조력자 boēthos 976a, 976b

국가, *도시 polis 976d, 985d, 989d,

992a cf. 시민

굽어보다, *내려다보다, *지켜보다
ephoran 985e

권유하다, *격려하다, *촉구하다
parakalein 992e

권위 있는, *주도적인 kyrios 989d

궤도, 주기, *회전, *경로, *과정
periodos cf. 주기, 경로, 능력

– 궤도 977b☆, 990a(2회), 990b(2회)

– 주기 978e☆

궤도 polos 986c cf. 주기, 경로

궤도를 바꾸다 metakykleisthai 982d

귀속시켜야 하는 prosakteon 991c

균형 잡힌, *비례에 맞는, *대칭적인,
*적당한, *온화한 symmetros
991b cf. 무난한

그다음의 deuteros → 두 번째의

그럴법한, …할 법한 eikōs

– 그럴법한 976d, 979d, 981b☆, 984c

– …할 법한 eikos 979b(유익할 법한)

그럴법한 설명, *그럴법한 이야기 eikōs
logos 981b☆

극치 telos → 끝

근거 logos → 이야기

근사한 euschēmōn → 모양 좋은

금강석, *깨지지 않는 adamas 982c

기간 hōra → 계절

기도 euchē 984e

기도하다, 기도를 올리다 euchesthai

– 기도하다 980b, 980c

– 기도를 올리다 977a

기막힌 thaumastos → 놀랄 만한

기술, …술(術), *기예 technē

– 기술 974b, 975b, 975c, 977d,
977e(2회), 989a, 990d

– …술(術) 975e(장군술 stratēgikē
technē)

기술을 연마하다 dēmiourgein → 만들
어 내다

기원 genesis → 생성

기초로 삼다, *전제하다 hypotithesthai
977d

기하학, *땅 측량 geōmetria 990d☆

길 poros 982b cf. 막막함

까닭 aitia → 원인

까닭(인) aitios → 원인(인)

꼭대기의, 외항, *끝엣것 akros cf. 중
간

– 꼭대기 985b(가장 꼭대기의 신들)

– 외항, *끝엣것 akron 991a

꽉 붙잡다, 단속하다, *장악하다, *압
도하다, *제지하다 katechein

– 꽉 붙잡다, *장악하다, *압도하다
982c

– 단속하다, *제지하다 989c

끈 desmos 991e☆ cf. 상호 결속

끝, *죽음 teleutē 973c(그런 끝)☆,
980b((가장) 아름다운 끝), 985c(삶

의 끝)

끝, 극치, 결국, *완성, *목적, *완결
　　판, *최고점, *완성태 telos cf.
　　미완성인, 시작
－ 끝, *완성, *목적 973b, 980b(법률들
　　의 끝), 991b, 992d
－ 극치, *완결판, *최고점, *완성태
　　985a
－ 결국 eis telos 987e
끝마치다, 삶을 끝내다, 삶을 끝마치다,
　　*죽다 teleutan
－ 끝마치다 986d(삶을 끝마치다 ton bion
　　teleutan)
－ 삶을 끝내다 973c(2회)
－ 삶을 끝마치다 978b
끝을 보다 apoteleutan 984d

나눠 가지다, *공유하다 koinōnein
　　978b
나눠 가지다, 나눠 받다
　　metalambanein
－ 나눠 가지다 981c, 985a, 986d, 987c
－ 나눠 받다 992b
나눠 가지다, 참여하다, *분유하다
　　metechein
－ 나눠 가지다, *분유하다 984e, 985a,
　　990b, 992b, 992c(2회)
－ 참여하다 973d
나눠 가진, *분유하는 metochos 984c

나눠 주다 metadidonai 981e
나타나다, 드러나다, 보이다, *분명하다
　　phainesthai [능동형 'phainein'은
　　'드러내다' 항목에 별도로 열거함]
　　cf. 보이다, 드러나다
－ 나타나다 976c, 978d(2회), 987b,
　　987c,
－ 드러나다 983c, 983e, 984a, 986e,
　　991e(드러나게 될 겁니다)
－ 보이다 975b, 980a
나중의, 더 나중에 hysteros cf. 처지다,
　　오래된
－ 나중의 988c
－ 더 나중에 hysteron 987d
남겨 두다 kataleipein 973b
남아 있는, 남은 loipos
－ 남아 있는 976b, 986d, 986e☆, 987c
－ 남은 975e
남은 epiloipos 986d
내내 살다 diatelein 986d
내놓다 pherein → 운동하게 하다
내키다, …할 의향이 있다, …할 용의가
　　있다, …하려 하다, …할 수 있다
　　ethelein, thelein
－ 내키다 984d
－ …할 의향이 있다 974a(살아볼 의향이
　　전혀 없게)
－ …할 용의가 있다 977b(따를 용의가
　　있다면 thelein)

- …하려 하다 976c(부르려 하지 않을)
- …할 수 있다 975b(만들어 내는 건 결
  코 할 수 없을)
넘겨받다, *수용하다, *파악하다, *포
  착하다 paralambanein 987e,
  991c, 991d cf. 받아들이다, 넘겨
  주다
넘겨주다, 부여하다 paradidonai cf. 넘
  겨받다
- 넘겨주다 987d, 992d
- 부여하다 978e
노고, 수고 ponos
- 노고 973d
- 수고 991c
노고를 아끼지 않다, 공들여 얻어 내다,
  *계발하다 diaponein
- 노고를 아끼지 않다 990c
- 공들여 얻어 내다, *계발하다 992d
노령 gēras 974a
노령 presbytēs 992d cf. 오래된
논변, 논의 logos → 이야기
논증 apodeixis 983a
놀라워하다, *경탄하다 thaumazein
  986c☆
놀랄 만한, 놀라울 정도의, 놀라우리만
  치 긴, 기막힌 thaumastos
- 놀랄 만한 983a, 988c, 990b, 990e
- 놀라울 정도의 985a(2회)
- 놀라우리만치 긴 982c

- 기막힌 980c
놀랄 만한 일, 경이로움 thauma
- 놀랄 만한 일 988d, 988e
- 경이로움 985b, 990d
놀이, *유희 paidia 975d, 980a, 991b
  cf. 진지한, 찬미하다
놓다, 서다, *정해 놓다, *가정하다, *받
  아들이다, *간주하다, *여기다
  tithenai [총 14회] cf. 제정, 입법
  하다
- 놓다, *정해 놓다, *가정하다, *받아
  들이다, *간주하다, *여기다
  974d(치워 놓아야 ekpodōn
  themenoi), 976c, 978e, 981a☆,
  981d(2회), 983d, 984a, 984b(2
  회), 984d, 987a, 992d
- 서다 982e
놓아야 하는 theteon 983e, 984a
느린 bradys 986e, 989b
능력, 가능성, *효능, *제곱 dynamis
  [총 12회. 형용사(16회)와 동사(9회)
  용례 합하면 총 37회] cf. 힘
- 능력, *효능, *제곱 974b, 976b,
  978a, 984b, 984c, 986a(여덟 능
  력[즉, 궤도/회전])☆, 989e(나의
  능력만이 아니라 … 능력이 허용하
  는 한에서 kata dynamin), 990c(기
  원과 능력 전체에)☆, 990e, 991a
- 가능성 973c(가능한 한 kata dynamin),

981a(가능한 한에서 eis dynamin)
능력을 가지다 dynasthai → 능력이
    있다
능력이 없는, *…할 수 없는 adynatos
    985e(설명할 능력이 없어서)
능력이 있는, 가능한, 가능성이 있는,
    …할 수 있는 dynatos [총 16회]
    cf. 충분한(역량을 가진, 역량을 충
    분히 갖춘)
— 능력이 있는 974c(검토할 능력이 있다
    고), 978c(2회), 978e(2회), 989d,
    990c(그럴 만한 능력이 있는)
— 가능한 973a, 979c, 983a, 983b,
    985d, 986c
— 가능성이 있는 973c, 992c
— …할 수 있는 981d(보일 수도 있는)
능력이 있다, 능력을 가지다, …할 수
    있다 dynasthai [총 9회] cf. …할
    수 없다
— 능력이 있다 974c(발견해 낼 능력
    이 전혀 없습니다), 988b, 989c,
    990a(들을 능력이 있는), 990d
— 능력을 가지다 988d, 989c(2회)
— …할 수 있다 980a(포착할 수 있다면)

다니다, 자기 길을 다니다, *진행하다
    poreuesthai cf. 행진
— 다니다 986b, 987b(2회)
— 자기 길을 다니다 982b, 983c

다루다 metacheirizein → 착수하다
다른 식으로 allōs → 허투루
다복한 eutychēs → 행운에 의한
다수, 다중 polys → 많은
다스리다 archein → 시작하다
다시 붙잡다 analambanein 980c, 983d
다시 태어나 살다 anabioun 974a
닥쳐오다 epilambanein → 포착하다
단단한 steremnios 981d cf. 만질 수 있
    는, 입체적인
단단히, 대단히, 도저히 sphodra → 심
    하게
단속하다 katechein → 꽉 붙잡다
단언하다, *강력히 주장하다, *역설하
    다, *강조하다 diischyrizesthai
    986e, 992b
단일한 heis, mia, hen → 하나의
달[月], *월 meis 979a☆, 983c(매달),
    986c, 990b
달 selēnē 978d, 979a☆, 985e, 986b,
    987b, 990b
닮게 만들기 homoiōsis 990d(평면들의
    영역에 조회하여 닮게 만들기임이)
닮게 만들다 homoioun 990d(다른 기술
    로 닮게 만듭니다)
닮은 homoios 990d(2회. 본성상 서로 닮
    지 않은 수들을, 입체적 본성과 닮은
    수들)☆ cf. 안 닮은
대다수의 pleistos → 가장 많은

대단한 megas → 큰

대중 to plēthos 982d cf. 많은(다중), 인민

대화를 나누다, *대화하다, *이야기를 나누다, *변증하다 dialegesthai 990c

대화 모임, *함께함, *논의, *교제, *대화, *담론 synousia 991c

더 뛰어난, 더 강한, 더 나은, *더 좋은 kreittōn [총 4회]

- 더 뛰어난 991d
- 더 강한 982c, 988c
- 더 나은 989d

더 많은, 더 풍부한, 더 큰, 더 엄청난 pleiōn cf. 많은, 가장 많은

- 더 많은 982a
- 더 풍부한 977d
- 더 큰 991a
- 더 엄청난 974c

더 새로운, *더 생소하고, *더 선 neōteros 980e

더 열등한, *더 못난 cheirōn 980e(나중 사본 Kᶜ의 독법), 989c

더 작은, 더 짧은 ellatton

- 더 작은 978d, 991a(2회)
- 더 짧은 985e

더 큰, 더 중대한, 더 긴 meizōn cf. 큰, 가장 큰

- 더 큰 978d, 979a, 983a, 989b, 991a

- 더 중대한 980d(더 중대한 것들)
- 더 긴 985e

더 훌륭한, 더 좋은 ameinōn [총 3회]

- 더 훌륭한 980a
- 더 좋은 980d, 991d

더 훌륭한, *더 좋은 beltiōn 980c, 982e [총 2회]

덕, *탁월함, *훌륭함 aretē 975c, 977c, 977d(2회), 986d, 987d, 989a, 989b, 989d, 992c [총 10회]

덩어리 onkos 983a(2회), 983b, 983c

도달하다 tynchanein → 맞다

도리 themis 986b

도리에 맞는 themitos 992a

도해, *도형, *도표, *도식 diagramma 991e☆

돌게 하다, *돌리다 peripherein 983a(2회. 돌고 있는 preipheretai, 돌게 할 peripherein), 988d(2회)

돌려주다 apodidonai 975c☆, 986c

돌리다, 회전시키다 strephein

- 돌리다 (돌다 strephesthai) 990e(돎으로써 strephomenēs)☆, 991b(돌면서 strephomenē)

- 회전시키다 977b

돌보다 epimeleisthai 980d, 988a cf. 소홀히 대하다, 무관심, 예배

돌진 rhymē 983c, 985b

동물, *생물 zōion 973d☆, 975a,
976a, 976d, 977c(2회), 978c,
978e(2회), 979a, 981a, 981b,
981c, 981d, 981e(2회), 982a,
982b, 983b, 984b(2회), 984c(2
회), 984e, 985b(2회), 985c [총
27회. 동물 생성론 대목까지 출현]
cf. 생명, 영혼을 가진

동물들의 본성, *동물들의 자연, *동물
들이라는 자연물, *동물들이라
는 존재자 [곡언법적 표현] hē tōn
zōion physis 976a☆

동물의 생성 zōiogonia 980c cf. 생성

동의하다 homologein 977a cf. 합의하
다, 합의

동의하다, *인정하다 symphanai
974c(2회)

동의하다 syndokein 986a

되갚아주는, *앙갚음하는, *보복하는
timōros 988e(되갚아주는 정의(디
케)에 따라)

되다 gignesthai → 생겨나다

두루 다 섭렵하다, *두루 다 밟다, *두
루 다 포괄하다 epexerchesthai
977b

두 배 diplasion 990e, 991a(4회) cf. 부
분, 1과 2분의 1, 1과 3분의 1

두 번째의, 둘째의, 그다음의, 차선의
deuteros cf. 첫 번째의

– 두 번째의 981d, 984c
– 둘째의 990b(둘째로)
– 그다음의 988c
– 차선의 980a(차선으로)

둘 각각 hekateros 983d(3회. 둘 각각
에, 한쪽 것들이 다른 쪽 것들과도),
984e cf. 각각

드높이다 semnynein 977a cf. 위엄

드러나다, *분명하다 anaphainesthai
991e(드러나야 하며), 992a(드러나
게 될 테니까요) cf. 나타나다

드러나다 gignesthai → 생겨나다

드러나다 phainesthai → 나타나다

드러내다, *나타내다 phainein 978e
[수동형 'phainesthai'는 '나타나다'
항목에 별도로 열거함]

따르다 hepesthai 973c(따라오면서) cf.
유심히 따르다

따온 이름 epōnymia 987b, 987c

땅, 영역 chōra
– 땅 975b
– 영역 985e

땅, 흙, *토지, *지구 gē
– 땅, *토지, *지구 975b, 979a, 983a,
983b, 985b
– 흙 981c, 981d(2회), 982a

떠오르다, *다가오다 epienai 980b,
980c

떼어 내다 apolambanein 985e

뚜렷한, *명백한, *투명한 diaphanēs
990d cf. 분명한, 명백한

(…해야) 마땅하다 dei → …해야 하다
마땅히 주어야 할, 필요한, *주기로 되
　어 있는, *빚진 deon cf. …해야
　하다
－ 마땅히 주어야 할, *주기로 되어 있
　는, *빚진 982e
－ 필요한 990c
마련 paraskeuē 975c
마음 nous → 지성
마주치다 entynchanein 985c
막막함, *난처함, *난감함, *길 없음
　aporia 974c cf. 길
만 년의 myrietēs 987a cf. 해[年]
만들다 apotelein → 완성하다
만들다, 행하다, 작용을 가하다, 여기다
　poiein cf. 만들어 내다, 작용을
　받다
－ 만들다 973a, 973b, 974a(2회),
　975b☆, 975d, 978d, 985d,
　985e
－ 행하다 979b
－ 작용을 가하다 982b
－ 여기다 982b
만들어 내는 기술 apergastikē 975c
만들어 내다, 성취하다, *완성해 내다,
　*산출하다 apergazesthai cf. 완

성하다, 만들다
－ 만들어 내다, *완성해 내다, *산출하
　다 975b(2회)☆, 978d, 987e
－ 성취하다 975d☆
만들어 내다, 기술을 연마하다, *제작
　하다 dēmiourgein
－ 만들어 내다, *제작하다 981b, 984c
－ 기술을 연마하다 975d
만들어 내다 ergazesthai 984a
만들어 넣다 empoiein 979a
만들어 주다, 만들어 버리다
　parechesthai → 제공하다
만듦, *생산, *산출, *제작, *창작
　poiēsis 975b(2회)☆
만유, *온 세상 to pan 978c(인격화)☆
　['pas'(전체, 모든, …)의 총 93회 용
　례 생략] cf. 온 세상, 하늘, 우주
　[cf. 「고유명사」의 '판 to Pan']
많은, 여러, 여럿, 다수, 다중, 풍부한,
　큰, 강력한, 대부분, 대체로, 단
　연, 아주, *대다수 사람들, *대
　단한 polys [비교급('더 많은'), 최
　상급('가장 많은')은 별도 항목으로
　다룸] cf. 하나의
－ 많은 973c, 975d, 976c, 978d, 981c,
　983d, 985c(2회), 990c, 992b
－ 여러 975d(3회), 978d(2회)
－ 여럿 978d, 992b
－ 다수 982d

- 다중, *대다수 사람들 hoi polloi
  976b, 979d cf. 대중, 인민
- 풍부한, *대단한 975c
- 큰 988a
- 강력한 988b
- 대부분 to poly 981d, 984c
- 대체로 hōs to poly 982b
- 단연 977a, 982b
- 아주 983e
만질 수 있는 haptos 991a cf. 단단한
말 logos → 이야기
맞다, 받다, 도달하다, …이다, *마주치
  다, *만나다, *얻다, *성취하다
  tynchanein
- 맞다, *마주치다, *만나다 973c,
  980b
- 받다, *얻다 981e, 989c
- 도달하다, *성취하다 973d
- …이다 974a(가득 차 있는 사람이 아닌)
맞닥뜨리다, 접하다, 겪다, *마주치
  다, *자기 몫을 얻다, *익히 알
  다 prostychēs gignesthai (=
  prostynchanein)
- 맞닥뜨리다 985c(삶의 끝에 맞닥뜨
  려서 teleutēi biou prostychesi
  genomenois)
- 접하다 990e(그것[즉, 입체 기하학]
  을 접해 본 prostycheis autēi
  gegonotes)

- 겪다 973c(삶을 겪어가면서 prostycheis
  tōi biōi gignomenoi)
맞닥뜨리다, *마주치다 prostynchanein
  985c
매번 hekastos → 각각
맨 처음에 prōton → 첫째로
머물러 있는 monimos 981d
면밀히 살피다, *깊이 들여다보다
  enkathoran 990e
명료한, 확실한, *분명한 saphēs [거의
  '말'과 함께 쓰임] cf. 분명한, 명
  백한
- 명료한 983c(2회), 984b, 985c
- 확실한 987a
명백한, *뚜렷한, *분명한 kataphanēs
  985e, 989a, 992a cf. 분명한, 명
  료한
명백한, 환히 보이는, *분명한, *명약
  관화한, *빤히 보이는, *뚜렷
  이 드러나는, *똑똑히 눈에 띄는
  phaneros cf. 분명한, 명료한, 뚜
  렷한
- 명백한, *분명한, *명약관화한
  973b, 990d
- 환히 보이는, *빤히 보이는, *뚜렷
  이 드러나는, *똑똑히 눈에 띄는
  984d☆, 985d(2회), 986a, 987a
모르다 agnoein 977c, 988a, 988b(2회),
  990a cf. 몰지각한

174

모방술 mimētikē 975d
모방적인 mimētikos 975d
모방하다 mimeisthai 975d cf. 흉내
모상(模像) eikōn 983e cf. 신상, 묘사
  하다
모양 좋은, 근사한, *적절한
  euschēmōn
 - 모양 좋은 975d
 - 근사한, *적절한 981a
목표 hou charin, hou heneka
 - hou charin 973b
 - hou heneka 973c(hōn heneka)
몫 meros → 부분
몫 moira → 운명
(…의) 몫을 못 받는 amoiros 985e cf.
  운명
몰두하다, *관심을 기울이다, *전념하
  다, *추구하다 pragmateuesthai
  988a cf. 일
몰지각한, *무지한, *판단을 못하는
  agnōmōn 989a cf. 모르다
몰지각한 anoētos 976d, 984a cf. 지성
몸 sōma → 물체
묘사하다, *비유하다, *재현하다
  apeikazein 980a, 980c(2회),
  985b(2회) cf. 모상
무관심, *소홀함, *홀대, *부주의
  ameleia 991d cf. 소홀히 대하다,
  돌보다

무난한, 온건한, *적당한, *어중간한
  metrios cf. 균형 잡힌
 - 무난한 974a
 - 온건한 989b
무분별한 aphrōn 976d, 982a, 982d(2
  회), 983d, 988a, 988b
무지 amathia 989b(가장 큰 무지)☆ cf.
  배우다, 지혜
무척이나 sphodra → 심하게
무한한 apeiros 987a
물, 비 hydōr
 - 물 981c, 984c, 985b, 988c
 - 비 987a
물체, 몸, *신체 sōma [총 20회] cf. 영
  혼, 입체적인, 단단한, 만질 수
  있는
 - 물체 980d, 980e, 981a, 981b,
   981c(2회), 981e☆, 983b, 983c,
   983d(2회), 983e, 988c(3회),
   988d, 990c, 991d
 - 몸, *신체 975d, 979c
미리 가르치다 prodidaskein 990c
미완성인 atelēs 973b cf. 끝
믿다, 이끌다, 생각하다, *여기다, *지
  배하다 hēgeisthai cf. 우위
 - 믿다 987d
 - 이끌다, *지배하다 986e
 - 생각하다, *여기다 976e(2회), 977a,
   986c(가게 되리라고 생각하면서),

988e, 991d

믿다, 믿음을 갖다, 확신하다 pisteuein
 cf. 설득력 있는
 - 믿다 983a
 - 믿음을 갖다 980c
 - 확신하다 991d

바뀜, *변화 metabolē 981c(바뀌며)
바라보다 horan → 보다
바라보다 theasthai 978c cf. 관조, 관찰
 하다, 구경꾼
바람 anemos 979a
바람, *숨, *영기(靈氣) pneuma 976a
반감, *불쾌감, *혐오감, *역겨움
 dyschereia 975b
받다 dechesthai 977b, 985d cf. 받아들
 이다
받다 tynchanein → 맞다
받아들이다 apodechesthai 989b
받아들이다, 받다, 받아 가지다, 파악하
 다, 포착하다, 획득하다, 요구하
 다, *확립하다, *확립된 것으로
 받아들이다, *이해하다, *붙잡
 다, *얻어 내다, *손에 넣다, *받
 아 내다 lambanein cf. 파악해야
 하는, 받다, 넘겨받다, 포착하다,
 상정하다
 - 받아들이다, *확립하다, *확립된 것
 으로 받아들이다 980e, 982e,

983a, 987d
 - 받다 980d
 - 받아 가지다 987b
 - 파악하다, *이해하다 991d, 992b,
 992d
 - 포착하다, *붙잡다 974d, 980a(2회),
 983a
 - 획득하다, *얻어 내다, *손에 넣다
 976d, 977c
 - 요구하다, *받아 내다 979d(설명을 요
 구하다 logon lambanein)
발견하다 heuriskein 973b(2회), 976d
발견해 가다 aneuriskein 979d
발견해 내다 exeuriskein 974c, 987e
발견해 내다 epinoein → 개념을 갖다
밝히다 phrazein → 설명하다
밟아 가다 diexerchesthai → 검토하다
방식, 방도, 습관 tropos [총 14회. 부사
 적 용법의 용례(총 10회)는 '적절한
 방식으로, 어떤 방식으로, 어떤 식으
 로' 항목에서 다룸]
 - 방식 991d, 992a
 - 방도 983a
 - 습관 987a('장소 topos'로 수정한 사본
 들도 있음)☆
방치하다, *등한시하다, *무시하다, 소
 홀히 하다 paroligōrein 991d
배분해 주다 aponemein 991b
배우다 manthanein 973b, 974d, 975c,

976b(2회), 978b, 978c, 978d,
978e(2회), 979d, 981c, 987d,
988b(3회), 989c, 989d(3회),
989e, 990a, 990b, 990d, 991e(2
회) cf. 가르치다, 교육하다, 무지

배우다, *이해하다, *다 알아내다, *면
밀히 관찰하다 katamanthanein
986c☆

배울거리, *배움, *교과, *수학 교과
mathēma 990c☆, 992a, 992d

배움을 사랑하는 philomathēs 989c

배움이 더딘 dysmathēs 978d, 978e

배정하다, 정돈하다, *배분하다
dianemein
– 배정하다, *배분하다 986a
– 정돈하다 979b

벌어지다 gignesthai → 생겨나다

벌어지다 symbainein → 판명되다

법, 법률들 nomos, nomoi [총 8회 중 단
수 3회, 복수 5회] cf. 합법적인
– 법 nomos 984d(동일한 법에 따라[전통
적인 신들에 대한 언급]), 985d(조
상의 법[제사에 관한 언급]),
992d(법 아래 놓습니다[마지막 규
정 언급])
– 법률들 nomoi 973b(법률들의 제
정), 979b(법률들에 관해 탐
색), 980b(당신의 법률들의 끝),
987a(이것들을 법률들 안에 놓아야

[별들의 신성이 법률들로 제정되어
야 함을 강조]), 988a(법률들에 따
른 일체의 예배를 활용[기성 법률에
관한 언급])

변경 불가능한, *돌이킬 수 없는, *바
꿀 수 없는 ametastrophos 982b,
982c

*변증술 *dialektikē [용례 없음]

별 astēr, astron
– astēr 983c, 987a, 987c
– astron 977b, 981e, 982c, 982e,
983a, 984d, 986b, 991e

별들의 본성, *별들의 자연, *별들이
라는 자연물, *별들이라는 존재
자 [곡언법적 표현] hē tōn astrōn
physis 982e☆, 984d☆

보다, 바라보다 horan [수동형 '보이다'는
별도 항목으로 다룸]
– 보다 975c, 978d, 985e
– 바라보다 984d

보다, 살펴보다, *알아보다, *알다
idein (eidon)
– 보다 976c, 977e, 982e, 989a
– 살펴보다 974d

보름, *만월(滿月)의 때 panselēnos
[hōra] 990b☆

보이는, 가시적인 horatos
– 보이는 982a, 984b, 984d
– 가시적인 986c, 991b

보이다 dokein → 생각하다

보이다 horasthai 981c, 981d, 981e,
985b(보이다가) [능동형 '보다'는 별
도 항목으로 다룸]

보이다 phainesthai → 나타나다

보이다, *나타나다 phantazesthai 983a
cf. 나타나다

보이지 않는 ahoratos 981c

본래부터 …하다 phyein → 자연적으로
…하다

본성 physis → 자연

봐주다 hypolambanein → 상정하다

부류, 종족, 종류, 유 genos [총 20회]
cf. 종, 생성

- 부류 978c(낮 부류)☆, 981b(2회. 나머
지 부류, 가장 신적인 영혼 부류),
981d(2회. 모든 [물체] 부류들, 다
른 동물 부류)☆, 981e(2회. 동물
부류, 별들의 신적 부류), 984c(4회.
다른 [동물] 부류들처럼, 다른 [물
체] 부류들로부터, 동물들의 또
다른 부류, 모든 [물체] 부류들),
984e(공기로 된 부류), 985a(잘 배
우기도 하고 기억도 잘하는 부류)
[총 13회. 981d '동물 부류' 이하 용례
(9회)는 984c의 물체 부류 용례 2회
외에는 모두(7회) 동물 부류에 해당
하는 용례. 그 앞에는 물체 부류 1회,
영혼 부류 2회(나머지 부류 = 가장

신적인 영혼 부류), 그리고 낮 부류
1회 사용됨]

- 종족 973c(인간 종족)☆, 974d(가사적
종족), 976e(가사적 종족), 977e(인
간 종족), 989b(가사적 종족)

- 종류 975d(마른 종류)

- 유 990e(종과 유)

부르다, 호소하다 kalein cf. 이름

- 부르다 975e(전쟁술이라 불리는),
976a, 976c, 981b(동물이라 불리
는), 990d(2회)

- 호소하다 991d, 992a

부분, 몫 meros cf. 두 배

- 부분 977d, 978c, 981e, 989d, 991a

- 몫 985e

부여하다 paradidonai → 넘겨주다

분노 orgē 976a

불 pyr 981c, 981d, 982a(2회), 984b,
988c

불가피함 anankē → 필연

분명한 dēlos 978a, 989a cf. 명백한,
명료한, 안 보이는

분명한 katadēlos 984e

*분별 phronēsis → 현명

분별 있는, *현명한, *지각 있는, *사
려 깊은 emphrōn 976c, 982d,
982e, 983d, 987a cf. 현명한

분별하다 phronein → 현명하다

불경건한, *불경한 anosios 988e cf. 경

178

건, 신 경외

불경한, *무엄한 asebēs 980d(불경한 이

야기들)☆ cf. 경건, 신 경외

불신하다 apistein 988d, 988e

불합리함 alogia 983e cf. 이야기

비 hydōr → 물

비례, 수열 analogia

– 비례 990e☆

– 수열 *991a(정관사만 나오고 단어 자체

는 생략)

비물체적인 asōmatos 981b

비율 logos → 이야기

비천한 atimos 980e cf. 존귀한, 공경받는

비천한 banausos 976d cf. 존귀한

빚어내다 plattein 981b(2회), 981c(빚어

짐 plattesthai), 984b, 984c

빠르기 tachos 986e

빠른, 순식간의 tachys

– 빠른 976c, 986e, 990b

– 순식간의 974a

사고 dianoia 985a cf. 관념

사고하다, 곰곰이 사고하다, 유념하다,

사유하다, *생각하다, *생각을

품다, *마음속에 떠올리다, *염

두에 두다, *이해하다 dianoein

cf. 사유하다, 개념을 갖다

– 사고하다, *생각하다 978b, 983a(2

회), 983b

– 곰곰이 사고하다, *생각을 품다, *마

음속에 떠올리다 990e, 992a

– 유념하다, *염두에 두다 987d, 987e,

988a

– 사유하다, *이해하다 973a

사나이, 인물, *사람 anēr cf. 인간

– 사나이 975a☆, 987d

– 인물 975a(가장 훌륭한 인물)☆,

975b(완벽하게 지혜로운 인물),

976a(지혜로운 인물)

사람 [별도 단어 없이 형용사 등에 의해 생

략된 경우 사용]

*사람 anēr → 사나이

*사람 anthrōpos → 인간

사랑, *열정 erōs 986c cf. 호의

사소한 brachys → 짧은

사소한 smikros → 작은

사용하다, 활용하다, 하다, *구사하다,

*행사하다 chrēsthai cf. 쓰임새

– 사용하다 984c

– 활용하다 988a

– 하다, *구사하다, *행사하다 980a(아

름다운 놀이를 하듯)

사유되는 noētos 981c cf. 지성

사유하다 dianoein → 사고하다

사유하다, *생각하다, *착상하다 noein

977c, 982a cf. 지성, 사고하다,

개념을 갖다

사유해야 하는 noēteon 991d cf. 지성

사적으로 idiāi 985c, 992c, 992d

산물 gennēma 983e

산출되다, *태어나다 phyesthai 989c
    [능동형 'phyein'은 별도 항목 '자연
    적으로 …하다'에서 다룸] cf. 자연,
    생겨나다

살다, *삶을 보내다 bioun 974a(살아온)
    cf. 삶

살다, 살아 있다 zēn cf. 생명, 삶

– 살다 973c, 982b, 984c(삶을 나눠 갖
    고), 992c

– 살아 있다 973c(2회), 982d, 982e

살펴보다 idein → 보다

살펴보다 synidein 973c

삶, *생애, *일생 bios 973c, 974a(2회),
    979b, 980b(2회), 982a, 985c,
    986d cf. 살다, 생명

삶을 보내다, *삶을 영위하다 diagein
    ton bion 980b(2회), 986d

삶을 끝내다, 삶을 끝마치다 teleutan
    → 끝마치다

상서로운 말의, *부드러운 말의
    euphēmos 984e cf. 찬양하다

상정하다, 봐주다, *받아들이다
    hypolambanein cf. 받아들이다

– 상정하다, *받아들이다 982d, 984a

– 봐주다 974a

상태, *성향 hexis 973a☆, 973d

(…한) 상태이다, (…한) 상태를 유지하다

echein [총 40회 용례 중 '상태이다'
    관련 용례만 열거함]

– (…한) 상태이다 973a(가장 아름다운
    상태로), 981a(더 근사한 상태이며)

– (…한) 상태를 유지하다 991b

상호 결속, *함께 묶임, *함께 묶음
    syndesmos 984c☆ cf. 끈

상호 포식, *서로 잡아먹기
    allēlophagia 975a

색, *색깔 chrōma 981b, 987c

샛별, *새벽을 가져오는 별
    heōsphoros 986e☆, 987b cf. 개
    밥바라기

생(生) zōē → 생명

생각 doxa → 의견

생각하다, 생각을 갖다, 생각이 들다,
    보이다, 여겨지다, 평판을 받다
    dokein

– 생각하다 977e, 979a, 979b, 980b,
    982d, 989a, 989b, 990a

– 생각을 갖다 979b(2회. 우리가 가졌고
    지금도 여전히 가지고 있는 생각은)

– 생각이 들다 973c

– 보이다 974a

– 여겨지다 982a, 979d

– 평판을 받다 974e, 975a(평판을 두고)

생각하다 hēgeisthai → 믿다

생겨나다, 생성되다, 태어나다, 되다,
    일어나다, 벌어지다, 이루어지

다, 판명되다, 드러나다, 처하
다, 있게 되다, 있다, …이어 왔
다, …이었다, …해지다, *만들
어지다 gignesthai [총 90회. 아마
'einai'를 제외하면 동사, 명사, 형용
사 용례 중 최대 용례 어휘일 듯. 참
고로 'einai' 152회, 'legein' 73회,
'echein' 40회, 'phanai' 19회] cf. 생
성, 부류
— 생겨나다, *만들어지다 985c(2회. 성
스러운 의식들이 생겨나 있고, 생
겨나게 될), 974d, 978a, 978b,
979a, 981b, 981c, 981d, 981e(2
회), 983b, 983c(2회), 983e(2회),
984a, 984b(3회), 984c, 984d,
985b, 985c(2회), 985e(2회),
986a, 988c, 989b(3회), 989c,
990d, 991b, 991d
— 생성되다 973d(to genesthai) ☆
— 태어나다 973d(to gignesthai)
— 되다 973c(행복한 자가 될), 974b(지
혜롭게 될지를), 974e(알게 되
는), 975c(전문 기술이 되어 있지
만), 975e(구조가 될), 976b(구조
자가 된다고), 976c(지혜롭게 될),
977c(현명하게 되지), 977d(3회.
지혜롭게 될, 훌륭한 사람이 됨으
로써 행복하게 될), 979a(2회. 셀
수 있게 되었습니다, 가득 품게 되

었습니다), 979b(역량도 갖추게 되
기도), 979c(쓸만한 인간들이 되어
야), 983b(2회. 손쉬운 일이 되었습
니다, 동물이 되게), 983c(좋은 것
들이 될), 985b(안 보이게 되면),
986d(구경꾼이 되어), 988b(훌륭하
게 된), 990b(갖추게 될), 990d(2
회. 분명하게 될, 닮지 않게 된),
992a(2회. 행복하게 될, 명백하게
된), 992b(하나가 된), 992c(행복한
자가 될)
— 일어나다 976c, 979b, 991d
— 벌어지다 985e, 986a
— 이루어지다 974a
— 판명되다 975a, 974c(2회), 982b,
982c, 991c, 991d
— 드러나다 984e
— 처하다 989a(우리가 처한 hēmin
gegonen)
— 있게 되다 988d(물체 안에 있게 되면)
— 있다 977d(설명이 있을), 985b(가득 차
있으니)
— …이어 왔다 gegonenai 977a(2회. 현
명의 원인이기도 해 왔다고, 모든 것
들의 원인이기도 해 왔다는)
— …이었다 egignonto 988c(어떤 유의
자들이었는지 egignonto)
— …해지다 989a(명백해진 kataphanēs
gegonen), 990d(분명해졌습니다

diaphanēs)
- [곡언법적 표현에 사용되어 prostychēs
 gignesthai (= prostynchanein)] 맞
 닥뜨리다, 접하다, 겪다 973c,
 985c, 990e [상세한 사항은 '맞닥뜨
 리다' 항목 참조]
생겨나다, *곁에 생겨나다
 paragignesthai 976d, 978c,
 985c(의견들이 생겨나게 마련인데)
생명, 생(生) zōē cf. 동물, 살다
- 생명 982a
- 생(生) 984b
생명이 오래 지속되는 makraiōn 982a
*생물 zōion → 동물
생성, 기원, 종류 genesis [총 7회] cf. 자
 연, 부류, 신의 생성, 동물의 생성
- 생성 977e, 981a(2회), 984d, 991b
- 기원 990c
- 종류 975d
생성되다 gignesthai → 생겨나다
서다 tithenai → 놓다
선물 dosis 977b
선사하다 parechesthai → 제공하다
설득력 있는, *믿을 만한 pistos 983e
 cf. 믿다
설득력 있는, *믿을 만한 pithanos
 980e, 981a cf. 쉽게 설득되는
설득하다, 확신하다 peithein
- 설득하다 978b, 989b

- 확신하다 pepoithenai 974b
설명 logos → 이야기
설명하다, 밝히다, 가리키다, *알려 주
 다, *보여 주다, *지적하다, *적
 시하다 phrazein
- 설명하다, *알려 주다 985e(2회),
 987d
- 밝히다, *보여 주다 976e, 979d,
 979e, 980d, 991e
- 가리키다, *지적하다, *적시하다
 986e
성가셔 하다, *뾰족하게 굴다, *화를 내
 다 chalepainein 988b cf. 시기심
성공하다 nikan → 승리하다
성취하다 apergazesthai → 만들어 내다
*성향 hexis → 상태
성향 physis → 자연
세다, *셈하다 arithmein 978b, 978c,
 978d, 988b(수와 셈) cf. 수, 하나
 하나 세다
세상 kosmos → 우주
셀 수 있는 arithmētikos 977e ['수론' 용
 례도 여기에 포함됨] cf. 수, 세다
소중한 prosphilēs 976b cf. 호의
소홀히 대하다, *돌보지 않다, 방치하다
 amelein 992a☆ cf. 무관심, 돌보다
송사 dikē → 정의
수(數) arithmos 976e, 977a, 977b(2회),
 977c(2회), 977d, 977e(2회), 978a,

978b, 979a(3회), 988b, 990c, 990d, 991a, 991e [총 19회] cf. 세다, 수론

수론(數論), *산술, *산수론 arithmētikē 977e cf. 수, 세다

수고 ponos → 노고

수열 analogia → 비례

수행, *몰두 epitēdeusis 975a☆ cf. 추구하다, 활동

숙고하다, 탐구하다, *관찰하다 episkeptesthai

– 숙고하다 973a

– 탐구하다, *관찰하다 990a

숙고하다 skopein, skeptesthai

– skopein 979a

– skeptesthai 978b

순수성 kathariotēs 984a

순식간의 tachys 빠른

…술(術) technē → 기술

술수를 부리다, *속임수를 쓰다 technazesthai 989c☆ cf. 기술

숨 돌릴 여유 anapnoē 974a

숭상하다 timan → 공경하다

쉽게 설득되는 eupeithēs 989b cf. 설득력 있는

습관 tropos → 방식

습관이 들게 하다 ethizein 990c

승리하다, 성공하다, *우위를 점하다 nikan

– 승리하다 988e(2회)

– 성공하다, *우위를 점하다 983e

시간 chronos 974a, 974d, 982c, 983a, 985e, 986c, 986d, 987a, 991c

시기심 phthonos 988b cf. 성가셔 하다

시도하다, *착수하다 epicheirein 976d, 979d, 980d

시민 politēs 976d cf. 국가

시작, 처음, 관직, *시작점, *근원, *원리 archē cf. 끝, 개시하다

– 시작, *시작점, *원리 981a(2회)

– 처음 973b, 973d, 974e, 980a, 992c

– 관직 992d

시작하다, 다스리다, 지배하다 archein

– 시작하다 979a, 984d

– 다스리다 976d(2회), 980e(2회), 983d(2회)

– 지배하다 982b(2회)

시험, *시금석, *고문을 통한 탐문 basanos 991c☆ cf. 검증하다

시험하다, *시금석에 문지르다, *고문하다 basanizein 987a(시험을 통과한 bebasanismena) cf. 검증하다, 검토하다

신 theos 975b, 976e(2회), 977a(2회), 978c, 978d, 978e, 980a, 980b(3회), 980c(3회), 980d, 981a, 982c, 983b(3회), 983e(2회), 984a, 984b, 984d(3회), 985a,

985b, 985d(2회), 986b, 987b,
987d, 988a, 988b, 988c, 989c(2
회), 989d, 991b, 991d(2회),
992a, 992c, 992d [총 47회] cf.
경건
신 경외, *경신(敬神), *신 숭경, *신
경배, *신 예배, *종교적 경외
theosebeia, to theosebes cf. 경
외, *경건, 불경한, 불경건한
– theosebeia 985c, 990a
– to theosebes 977e
신과 같은 theoeidēs 980d
신들의 생성 theōn genesis 981a, 984d
신령 daimōn 977a, 984e
신령스러운 daimonios 980c, 992d
신상(神像), *이미지 agalma 983e,
984a(2회) cf. 모상
신의 분노를 살 일이 없는, *비난을 살
일이 없는, 흠 잡힐 일이 없는
anemesētos 980a
신의 생성 theogonia 980c cf. 생성
신적인 theios 977e, 979b, 981b, 981e,
982a, 982d, 983e, 985a, 986c,
987a, 987c, 988a(2회), 990d,
990e, 991b(2회), 991d, 992c [총
19회]
신적 본성 theia physis 979b
신적인 생성 theia genesis 991b
신적인 운명 theia moira 985a

신탁 phēmē → 전승
신화, 이야기 mythos cf. 이야기
– 신화 975a
– 이야기 980a
실려 가다 pheresthai → 운동하다
실제로 tōi onti 982c [총 1회] cf. 진짜,
진실(진실로)
실제로 ontōs → 진짜
심어 넣어 주다 enoikizein 978c
심하게, 강하게, 강력히, 단단히, 대단
히, 지극히, 무척이나, 아주, 정
말, 도저히, *분명히 sphodra
– 심하게 985a
– 강하게 974b
– 강력히, *분명히 989b
– 단단히 983d
– 대단히 980b
– 지극히 979c
– 무척이나 990d
– 아주 974c
– 정말 979e
– 도저히 980a
쓰임새, *유용성 chreia 975e, 991b cf.
사용하다
쓸만한 chrēstos 979c(2회) cf. 사용하다

아는 epistēmōn 974e, 979d
아름다운, *훌륭한, *멋진 kalos 973a,
973b☆, 973c(3회), 975b, 978b,

978c, 980a(3회)☆, 980b(3회),
980c, 981b, 981e, 982e(3회),
984a, 985a, 986d, 987e, 988a(2
회), 988c, 989a, 989d, 991b,
991c(2회) [비교급. 최상급의 차이
는 무시함] [총 32회. '지극히 아름다
운'을 합하면 33회] cf. 지극히 아
름다운, 훌륭한
아름다운 놀이 paidia kalē 980a
아름다운 희망 elpis kalē 973c☆,
988a☆
아름다움 kallos 987a
아름답고 훌륭한 kalos kai agathos
975b, 980a, 980b, 981b, 982e,
985a, 989d [비교급. 최상급의
차이는 무시함] cf. 훌륭하고 아
름다운
아주 sphodra → 심하게
안 닮은 anomoios 990d(그중 다시 안 닮
게 된 수들을) cf. 닮은
안 보이는, *불분명한 adēlos 985b cf.
분명한
안심시키다, *회유하다
paramytheisthai 976a cf. 회유되
지 않는
알다 eidenai (oida) 975c, 976a, 985d(2
회), 986a(2회), 987b, 987c,
988b(2회)
*(…할 줄) 알다 *epistasthai [용례 없음]

알다, 알아내다, 지각하다 gignōskein
cf. 모르다, 몰지각한
− 알다 973d, 977c, 978a(원인이 될지
를 알 수는), 978b, 981c, 985a(2
회. 사고 전체를 알고 있으며. 앎[둘
다 'gignōskein'으로 출현]), 986a,
986e(이름은 알려지지 않아서),
992d
− 알아내다 979b(2회)
− 지각하다 989a
알다 gnōrizein 977e(진짜 수까지도 알게
될)
알아보다, 관찰하다 katidein
− 알아보다 976d, 976e, 984b, 986e
− 관찰하다 991b, 991c
알아야 하는 gnōsteon 978a(잘 알아야
합니다)
알아차리다, *이해하다, *깨닫다, *파
악하다 synnoein 976b, 978c,
990c, 990d cf. 이해하다
앎, *인식 epistēmē 974b, 974d, 975a,
976c, 976d
앞에 세워 놓다 paratithenai 974d(2회)
애초부터 prōton → 첫째로
양식 trophē → 양육
양육, 양식, 자양물, *음식, *양분
trophē cf. 교육
− 양육 989c, 992a
− 양식, *음식 975b

– 자양물, *양분 977b, 979a

양육하다, 키워 내다 trephein cf. 교육하다

– 양육하다 973d

– 키워 내다 987a

어려운, *버거운, *대처하기 힘든 chalepos 973d(생성된다는 것이 어떤 동물에게나 어렵다), 976c(극도로 어려운 논의), 976e, 979c(2회), 979e(더 어려운 건 전적으로 모든 면에서 참된 것들임을 밝히려 시도하는 일), 987c, 987e(모든 것들을 논란의 여지 없이 발견해 내기는 어렵지만), 989b(가장 훌륭한 자연물들은 가장 어렵게만 생겨날 수 있지만), 992a [총 10회. '지극히 어려운'을 합하면 11회] cf. 지극히 어려운

어리석은, *멍청한, *우둔한 ēlithios 976d

어리석음 mōria 983e

*어린, *새로운 *neos *980e('더 열등하고'로 옮긴 'cheironos'의 수정 전 독법 '*neou'(*더 어리고))

어린애 같은 paidikos 974a

어울리는, *합당한, *적절한 prepōn 987b cf. 합당하다, 적합한

어울리다 prosēkein → 합당하다

에테르 aithēr 981c, 984b, 984c, 984e

여겨지다 dokein → 생각하다

여기다 poiein → 만들다

여러, 여럿 polys → 많은

여름의 therinos 987a(여름철의), 987d(2회. 여름 본성, 여름(to therinon) 관련 본성) ['여름'(theros)이라는 명사는 출현하지 않음]

여름 본성 [곡언법적 표현] hē therinēs physis 987d

여신 thea 980c, 992d(단어는 생략되었지만 함축됨)

역량을 가진, 역량을 충분히 갖춘 hikanos → 충분한

연(年) eniautos [etos] → 해[年]

열심, *진지함 spoudē 975d cf. 진지한

영역 chōra → 땅

영역 moira → 운명

영혼, *혼 psychē 974b, 977c, 979c, 980d, 980e, 981a, 981b, 981e, 982b(2회), 982d, 983c, 983d(2회), 983e, 984b, 984c(2회), 988c(2회), 988d(3회), 988e(2회), 989b, 991d [총 27회. 같은 횟수로 등장하는 '동물'보다 고른 분포로 사용됨] cf. 물체

영혼을 가진, *살아 있는 empsychos 983a, 983b cf. 동물

예배, *보살핌, *모심, *치료 therapeia 988a(2회) cf. 돌보다

예언, *신탁 manteia 985c, 988a

예언술 mantikē 975c

오다 symbainein → 판명되다

오래된, 유구한, *옛날의 palaios cf. 노령

 - 오래된 986e

 - 유구한 980d

오래된, *연륜이 높은, *연차가 오랜
  presbys 980d, 980e(2회), 988c,
  991d cf. 노령, 나중의

오른쪽 dexia 987b☆

온건한 metrios → 무난한

온 세상, *세상 전체, *전체 to holon
  988d ['holos'의 다른 용례들은 '전
  체' 항목에서 다룸] cf. 만유, 우주,
  하늘

올바른 orthos → 옳은

옮겨 다니다 pheresthai → 운동하다

옳은, 올바른, 제대로 된 orthos

 - 옳은 977c, 977d, 983a, 991c, 992c

 - 올바른 977b, 981a, 983e, 985b,
   987c, 989c, 991d, 991e, 992e

 - 제대로 된 (제대로 orthōs) 973a, 981a

와 있다, 있다 pareinai → 현존하다

완벽한, *완전한 teleios 982c(2회),
  975b, 977d, 992c

완성하는 데 힘을 보태다 synapotelein
  986c

완성하다, 만들다, 제대로 다 주다, *갚
  아 주다 apotelein cf. 만들어 내다

 - 완성하다 975d, 981c, 991c

 - 만들다 974d, 989a

 - 제대로 다 주다, *갚아 주다 982e

완전히 제거되다 diexerchesthai → 검
  토하다

완주하다 diexienai → 검토하다

외항 akron → 꼭대기의

요구하다 lambanein → 받아들이다

용기 andreia 975e, 977d, 989b

용기 있는, *용감한 andreios 979c

우선 prōton → 첫째로

우연 tychē → 운명

우위, *지배, *주도권 hēgemonia 981c
  cf. 믿다(이끌다)

우주, 세상, 질서, *하늘 kosmos cf. 하
  늘, 만유, 온 세상 [cf.「고유명사」
  의 '코스모스 Kosmos']

 - 우주 977b(인격화), 986c, 987b

 - 세상 987a

 - 질서 987d

운동, *이동, *이동 경로, *궤도 phora
  978a, 982d, 986e, 987b, 988c,
  988d, 988e cf. 움직임

운동하게 하다, 움직이다, 내놓다, 자[감
  탄사] pherein cf. 움직이게 하다

 - 운동하게 하다 983b

 - 움직이다 988c(자신을)☆

 - 내놓다 973c(이야기를)

 - 자[감탄사] phere 978b, 981a

운동하다, 움직이다, 옮겨 다니다, 실려
　　가다, *장소 운동하다, *이동하
　　다 pheresthai cf. 움직이다
－ 운동하다 983a, 985b(돌진 운동으로)
－ 움직이다 991a
－ 옮겨 다니다 985b
－ 실려 가다 986b
운명, 몫, 영역, *섭리 moira cf. 몫을
　　못 받는
－ 운명, *섭리 981e, 985a, 992b(2회)
－ 몫 986c(2회)
－ 영역 990d☆
운명, 우연, 행운, 튀케(행운), *행운의
　　여신, *운 tychē cf. 행운
－ 운명, *운 979a
－ 우연 976e
－ 행운 992c
－ 튀케(행운), *행운의 여신 Tychē
　　992a
움직여 다니는 poreusimos 981d cf. 다
　　니다
움직이게 하다 kinein 988d cf. 운동하
　　게 하다
움직이다, *움직여지다 kineisthai
　　982a(2회)☆, 982d cf. 운동하다
움직이다 pherein → 운동하게 하다
움직이다 pheresthai → 운동하다
움직임, *운동 kinēsis 978a, 988e(2회)
　　cf. 운동

웅장한 megaloprepēs → 위대한
원인, 까닭 aitia cf. 탓하다
－ 원인 983c, 988d, 988e
－ 까닭 987b
원인이 아닌 anaitios 983d
원인(인), 까닭(인), 책임을 지는 aitios
　　cf. 탓하다
－ 원인(인) 977a(3회. to aition), 978a(2
　　회), 983b, 983d, 989a
－ 까닭(인) 986e
－ 책임을 지는 984e
월등하게, 유독, *특히, *각별히
　　diapherontōs
－ 월등하게 988a
－ 유독, *특히, *각별히 977a
월등하다, *남다르다, *다르다, *차
　　이가 나다 diapherein 983d,
　　984a(월등한 장소들에), 984b(그것
　　들보다 월등해서), 987c
위대한, 웅장한 megaloprepēs
－ 위대한 975c
－ 웅장한 982e
위엄 semnotēs 984a cf. 드높이다
유 genos → 부류
유구한 palaios → 오래된
유념하다 dianoein → 사고하다
유독 diapherontōs → 월등하게
유심히 따르다 synakolouthein 977b,
　　988b

188

유익 ophelos 989b, 991d

유익하다 sympherein 979b

유익한, *유용한, *적절한 prosphoros 975c, 976c

유익한 symphoros 979b

유일한 heis, mia, hen → 하나의

*유희 paidia → 놀이

응당 …하다 dei → …해야 하다

의견, 생각, 평판, *기대, *공상 doxa

– 의견 976a, 976b, 978b, 981e, 984b, 985c

– 생각 974a

– 평판 976b

의견을 갖다 doxazein 974d cf. 평판을 받다

이끌다, 이끌어 오다, 가져오다 agein

– 이끌다 980e(2회), 987b

– 이끌어 오다 985e

– 가져오다 990b(2회)

이끌다 hēgeisthai → 믿다

…이다 tynchanei ōn → 맞다

이루어지다 gignesthai → 생겨나다

이름, *명칭, *명명 epiklēsis 974b, 975b cf. 부르다

이방인, *외지인, *이민족 사람 barbaros 973d, 986e, 987d, 988a

이상한, *황당한 atopos 973b(2회), 976b, 976e(2회), 990a

이성 logos → 이야기

이야기, 설명, 논의, 논변, 진술, 말, 근거, 이치, 일리, 비율, 이성, *담론, *이유, *원칙, *계산, *정의 (定義) logos [총 31회] cf. 신화, 불합리함

– 이야기, *담론 973a☆, 973b, 973c, 980c(2회), 980d, 989e, 991d, 992c

– 설명 977c(2회. 뒤엣것은 설명을 제시하다 logon didonai)☆, 977d(2회), 979d(설명을 요구하다 logon lambanein), 981b

– 논의 974b, 976c, 977b, 983e, 984d

– 논변 974c

– 진술 983b, 983d

– 말 975d

– 근거, *이유 988b, 988d

– 이치, *원칙 985d

– 일리 983d, 987b

– 비율 991a

– 이성 986c

이야기 mythos → 신화

…이어 왔다, …이었다 gignesthai → 생겨나다

이치 logos → 이야기

이해, *깨달음, *사색, *숙고, *심사숙고, *명상, *사유 synnoia 987c cf. 알아차리다, 파악

이해하다 syneinai 979b cf. 알아차리
다, 파악하다
인간, *사람 anthrōpos 973a, 973b,
973c(2회), 976d, 977e, 978d,
979b, 979c, 981d, 982c, 982d,
983c, 984a, 984d, 987b, 988c,
989c, 991b(2회), 991c, 992c cf.
사나이
인간의 상태 [준-곡언법적 표현]
anthrōpinē hexis 973a☆
인간적 본성, *인간적 자연, *인간이
라는 자연물, *인간이라는 존재
자 [곡언법적 표현] anthrōpinē
physis 976d☆, 977c, 979b,
988b
인간적인, 인간의 anthrōpinos [총 9회]
– 인간적인 974b, 976d, 977c, 979b,
982d, 988b, 990d
– 인간의 973a, 974a
인물 anēr → 사나이
인민, *민중, *대중 dēmos 975c cf. 대
중, 많은(다중)
일, *행위, *활동, *일거리, *성가신
일, *사물 pragma 980d, 990a
cf. 몰두하다
1과 3분의 1 epitritos 991b cf. 두 배
1과 2분의 1, *하나 반 hēmiholios
991b cf. 두 배
일관성 있는 symphōnos → 조화로운

일리 logos → 이야기
일어나다 gignesthai → 생겨나다
일차적인 prōtos → 첫 번째의
일차적으로 prōton → 첫째로
일치 homologia → 합의
입문시키다 myein 986d(입문자가 되어
memyēmenos)
입방의 stereos → 입체적인
입법자 nomothetēs 980a, 985c, 987b
입법하다 nomothetein 982b cf. 제정
입체 기하학 stereometria 990d
입체적인, 입방의, *단단한, *3차원의
stereos cf. 단단한, 만질 수 있
는, 물체
– 입체적인 990d, 991a
– 입방의 981b
있는 것들의 본성 hē tōn ontōn physis
990c
있다, 있게 되다 gignesthai → 생겨나다
잉태하다 kyein 973d

자[감탄사] pherein → 운동하게 하다
자기 경로를 밟아 가다 diexerchesthai
→ 검토하다
자기 길을 다니다 poreuesthai → 다니다
자양물 trophē → 양육
자연, 본성, 자연물, 천성, *성향, *구
조, *자연조건, *피조물, *자연
적 존재자, *인간, *종, *종류,

*본능 physis [총 40회] cf. 자연
적으로 …하다, 산출되다, 생성
- 자연 975b(자연적으로 physei),
  975e(자연에 따른 kata physin),
  981a(자연에 따라 kata physin),
  989d(자연적으로 physei), 991a(전
  체 자연)
- 본성, *성향, *구조, *자연조건
  974c, 976a(동물들의 본성)☆,
  976d(인간적 본성)☆, 977c(인간적
  본성), 978c(2회), 978e, 979b(신
  적 본성, 인간적 본성), 981d,
  982e(별들의 본성)☆, 983c, 984c,
  984d(별들의 본성)☆, 985d(가사
  적 본성), 986c(가사적 본성)☆,
  987d(2회. 겨울과 여름 본성, 우리
  의 여름 관련 본성)☆, 988b(인간적
  본성), 989b(느린 본성과 그 반대
  본성), 989c, 990b, 990c(있는 것
  들의 본성), 990d(2회), 992c
- 자연물, *피조물, *자연적 존재
  자, *인간, *종, *종류 983a☆,
  989b☆, 989d, 990b, 990c,
  991b, 992a
- 천성, *본능 976b, 976c(2회)
자연적으로 …하다, 본래부터 …하다,
  *본성상 …하다, *성향상 …하다
  phyein [수동형 'phyesthai'는 별도
  항목 '산출되다'에서 다룸] cf. 자연,

생겨나다
- 자연적으로 …하다 pephykōs 992a
- 본래부터 …하다, *본성상 …하다,
  *성향상 …하다 pephyken 974a
작별을 고하다 chairein → 즐기다
작용을 가하다 poiein → 만들다
작용을 받다 paschein 982b cf. 만들다
  (작용을 가하다)
작은, 사소한, 조금 smikros
- 작은 983a, 984c
- 사소한 979e(사소한 것들), 980d(사소
  한 것들)
- 조금 smikron 977b, 987c
잘 배우는 eumathēs 985a
장군술, *군대 지휘술 stratēgikē
  technē 975e
장소 topos 984a, 986d, *987a('습관
  tropos'의 수정 독법)☆, 987d(2회)
재산 ousia 979c
적도를 벗어난, 척도 없는, *준거 없는
  ametros
- 적도를 벗어난 979a
- 척도 없는, *준거 없는 976a
적절한 방식으로, 어떤 방식으로, 어
  떤 식으로 kata tropon, tropon,
  tropōi ['방식 tropos'의 부사적 용
  법. 총 10회]
- 적절한 방식으로 kata tropon 989d,
  991d, 991e, 992a

– 어떤 방식으로 (hon)tina tropon [의
　　문사와 함께] 974b, 979c(2회),
　　990a(hōitini tropōi)
– 어떤 식으로 tina tropon [부정사(不定
　　詞)와 함께] 973b, 973d
적합한, *적절한, *알맞은 epieikēs
　　984b(적합한 의견에 따라)☆ cf. 합
　　당하다, 어울리는
전달 diaporeia → 행진
전문 기술 technikē 975c
전승, 신탁, *전언, *보고, *소문, *신
　　적인 목소리 phēmē
– 전승, *전언, *보고, *소문 988a,
　　992a
– 신탁, *신적인 목소리 985c
전쟁술 polemikē 975e
전체 holos 978e, 982a, 983a(2회),
　　984c, 984e, 985b, 986a, 990c
　　['to holon'은 '온 세상' 항목에서 별
　　도로 다룸]
전체, 모든, … pas [총 93회. 용례 생략]
절제 sōphrosynē 977d
절제 있는 sōphrōn 979c, 988c☆, 992c
절제 있다 sōphronein 989b
접하다 prostychēs gignesthai → 맞닥
　　뜨리다
정당한 dikaios → 정의로운
정당함 dikē → 정의
정돈하다 dianemein → 배정하다

정말 sphodra → 심하게
정말로 ontōs → 진짜
정의 *dikaiosynē [용례 없음]
정의, 정당함, 송사, *도의 dikē [cf. 「고
　　유명사」의 '디케 Dikē']
– 정의, *도의 979b(정의롭게 en dikēi),
　　988e(불경한 자들에게 되갚아주는
　　정의(디케)에 따라[인격화])☆
– 정당함 986a(정당하게 en dikēi)
– 송사 976b
정의로운, 정당한 dikaios
– 정의로운 976b, 977a, 979c, 978b,
　　980d, 988a, 989a
– 정당한 981b, 982e
정의로운 endikos 976d(정의롭게)
정평이 난, *평판이 좋은 eudokimos
　　975e, 976a
정해 놓다 kathistanai 975a
정해진 운명을 거스르는 exaisios 979a
정확한, *엄밀한 akribēs 991c(정확하게
　　akribōs)
정확함, *엄밀함 akribeia 983c(정확하
　　게 eis akribeian), 991c
제공하다, 선사하다, 만들어 주다,
　　만들어 버리다, *자아내다
　　parechesthai
– 제공하다 977b, 982b, 990c
– 선사하다, *자아내다 985c
– 만들어 주다 975d

지배하다 archein → 시작하다

지성, 마음, 주의, *지각 nous cf. 사유
　　하다, 몰지각한

－ 지성, *지각 982b, 982c[3회 중 앞 두
　　용례가 '지성에 따라[/맞게]'(kata
　　noun)]☆, 985c, 986e

－ 마음 988c(마음에 맞지도 kata noun)

－ 주의 976b(주의를 기울이지만
　　prosechontes ton noun)

지점(至點)들 tropai 990b

지치다, *약해지다, *싫증 내다, *힘들
　　어하다 apokamnein 979e

지켜 주다 phylattein 982c

지혜 sophia 974b, 974c, 976a(2회),
　　976b(2회), 976c, 976d, 977d,
　　979c, 979d, 980a, 981a, 987c,
　　989a, 992d [총 16회] cf. 현명, 무
　　지

지혜로운 sophos 973b, 973d, 974b,
　　974d, 974e(2회), 975b, 975c,
　　975d(2회), 976a, 976c(3회),
　　976d, 977d, 979c, 979d(2회),
　　980a, 988e, 990a, 992b(2회) [총
　　24회] cf. 현명한, 분별 있는

직감으로 추측하다, *점치다
　　manteuesthai 974b cf. 추측하다

직조 synyphē 975b

*진리 alētheia → 진실

진술 logos → 이야기

진술해야 하는 rhēteon 980a

진실, *진리, *참 alētheia 976b,
　　989c(진실로 alētheiāi) cf. 참된

진정한, *적법한 gnēsios 986b

진지한 spoudaios 975d cf. 열심, 놀이

진짜, 실제로, 정말로, *참으로 ontōs
　　[총 16회] cf. 실제로, 참으로, 진
　　실(진실로)

－ 진짜 976b(진짜 정의로운 것들의 진
　　실)☆, 976c(2회. 진짜 지혜롭다
　　고 부르려 하지 않을, 진짜 지혜롭
　　게 될 수 있는 어떤 앎), 978a(진
　　짜 수), 981b(진짜 가장 신적인 부
　　류, 즉 영혼 부류), 985c(진짜로 있
　　는 동물들), 985d(진짜 우리에게 환
　　히 보이는 신들), 987c(진짜로 있는
　　지혜), 988a(진짜 더 아름답고 정의
　　롭게 이 모든 신들을 돌보게 되리라
　　는), 988b(진짜로 '자신을 모르는'),
　　992c(진짜 참된 이야기)

－ 실제로 976d(실제로도 그리고 그럴법
　　하게도 지혜라고 이야기될), 983a,
　　986d

－ 정말로 977a, 982c

진짜로 있는 ontōs ōn 985c(진짜로 있는
　　동물들), 987c(진짜로 있는 지혜)

질서 kosmos → 우주

짧은, 사소한, 조금, 별 …가 없는[부정
　　형], *몇 안 되는 brachys

– 짧은 974a

– 사소한, *몇 안 되는 977e

– 조금 981e, 985c

– 별 …가 없는[부정형] 984a(별 가치가
없는)

차선의 deuteros → 두 번째의

착수하다, 다루다 metacheirizein

– 착수하다 988c, 992a

– 다루다 975b

찬가, *찬송가 hymnos 980b

찬미하다, *찬송을 부르다, *즐기다,
*놀다, *웃다 prospaizein
980b☆ cf. 놀이

찬송하다 hymnein 980b

찬송해야 하는 hymnēteon 983e

찬양하다 euphēmein 992d cf. 상서로
운 말의

찬탄하다, *동경하다, *경탄하다
agasthai 989b

참된, 참인 alēthēs [총 15회 용례 중 형
용사형 11개만 다루고 부사형 용례
4개는 별도 항목 '참으로'에서 다룸]
cf. 진실, 허언하는

– 참된 974d, 976a, 977d(참된 설명),
978b(참된 의견), 979e, 980d,
981a, 983b(참된 진술), 992c(진짜
참된 이야기)

– 참인 975c, 991d(이야기가 참임이)

참여하다 metechein → 나눠 가지다

참으로, 참된 의미에서 alēthōs [최상급
포함 총 4회] cf. 진짜, 실제로, 진
실(진실로)

– 참으로 974e☆, 990a

– 참된 의미에서 986d, 992b(최상급)

채우다, *완수하다 anapimplanai 992b

책임을 지는 aitios → 원인(인)

처음 archē → 시작

처음에는 prōton → 첫째로

처지다, 하자가 있다 hysterein cf. 나중의

– 처지다 987d

– 하자가 있다 983d

처하다 gignesthai → 생겨나다

척도 없는, *준거 없는 ametros → 적도
를 벗어난

천문학 astronomia 990a

천성 physis → 자연

철 hōra → 계절

첫 번째의, 첫째인, 첫째가는, 일차적
인, 최초의, 가장 먼저인 prōtos
[총 28회 용례 중 형용사형 14개만
다루고 부사형 'prōton'의 용례 14개
는 별도 항목 '첫째로'에서 다룸] cf.
두 번째의

– 첫 번째의 975b(작별을 고해야 할 첫
번째 사람들), 981a(2회. 생성의 첫
번째 것의 첫 번째 것 to prōton tou
prōtou)☆, 981d(첫 번째로 우리가

교급('더 큰'), 최상급('가장 큰')은 별
도 항목으로 다룸]
- 큰 982b, 991d
- 대단한 986a
- 중대한 979d(2회)
- 중요한 977e
큰 polys → 많은
키워내다 trephein → 양육하다

탐구하다 episkeptesthai → 숙고하다
탐색, *탐구 zētēsis 974c
탐색하다, *찾다, *탐구하다 zētein
    974a, 974b, 979b, 989a(2회)
탓하다, *책임을 묻다, *원인으로 주장
    하다 aitiasthai 979b cf. 원인
태어나다 gignesthai → 생겨나다
통찰하다 synoran 979a

파악, *이해 katanoēma 987d cf. 이해
파악하다, *이해하다, *간파하다
    katanoein 987c, 990b cf. 이해
    하다
파악하다 lambanein → 받아들이다
파악해야 하는, *포착해야 하는, *받아
    들여야 하는 lēpteon 991c cf. 받
    아들이다
판명되다 gignesthai → 생겨나다
판명되다, 벌어지다, 오다, *일어나다
    symbainein

- 판명되다, 벌어지다 [곡언법적 표현에
    사용되어 symbainein gignomenos
    (= gignesthai)] 975a(판명되었다
    는), 985e(벌어지고) ['생겨나다' 항
    목에도 수록]
- 오다 991b
평판 doxa → 의견
평판을 받다 dokein → 생각하다
평판을 받다, 평판을 얻다 doxazesthai
    cf. 의견을 갖다
- 평판을 받다 974e
- 평판을 얻다 976c
포착하다, 닥쳐오다 epilambanein cf.
    받아들이다
- 포착하다 978b
- 닥쳐오다 974a
포착하다 lambanein → 받아들이다
풍부한 hikanos → 충분한
풍부한 polys → 많은
필수적인 anankaios 974e, 975c, 980c
    cf. 필연
필연, 필수, …할 수밖에 없음, 불가피
    함 anankē cf. 필수적인
- 필연 982a, 982b(2회)
- 필수 977d(2회. 필수적), 980a(필수적
    으로 anankēi) ☆
- …할 수밖에 없음 987c(이야기할 수밖
    에 없고), 989d(이야기할 수밖에 없
    습니다), 990a(가장 지혜로울 수밖

에 없다),

– 불가피함 991e(불가피하니)

필요로 하다, *요청하다 deisthai 974d,
975e, 977e

필요하다, 필요로 하다 dei → …해야
하다

필요한 deon → 마땅히 주어야 할

하나 hen [형용사형 용례는 별도 항목 '하
나의'에서 다룸] [총 14회]

– 하나 [저자가 주목하는, 단위로서의 하
나] 978b(하나와 둘), 978d(2회. 하
나와 둘을. 이것들[즉, 여럿들]로부
터 신은 하나를 만들었습니다)☆,
978e(회전 전체를 하나로), 981d
(2회. 첫 번째로 우리가 다루는 하
나, 그것이 하나라는 것), 991a
(2회. 하나 대 둘, 하나에서부터…
여덟까지), 991e(하나에 주목하면
서) [총 9회]

– 하나 [열거에 사용된 하나, 즉 '… 가운
데 하나' 혹은 개별적인 것 '하나하
나'] 977e(그것들 가운데 어느 것
하나도), 978c(2회. 그것들 가운데
서 하나하나를), 981c(하나하나),
991c(개별적인 것)

하나의, 단일한, 유일한, 일(一) heis,
mia, hen [총 34회] cf. 많은

– heis 978e(하나의 회전), 983b(하나의

참된 진술), 986d(하나의 사람),
987b(또 하나[의 별]), 987c(그중
하나[의 별]), 992a(하나의 끈),
992b(여럿이다가 하나[의 사람]
가 된)

– mia 976d(유일한 앎), 976e(2회. 앎
을… 일대일로), 981a(2회. 단일
한 구조, 단일한 형태), 981b(단
일한 형태), 986b(3회. 하나[의 능
력]), 986d(하나의 현명), 991e(단
일한 것[즉, 별들의 회전의 일치]),
992b(단일함의 운명 mia moira)☆

– hen 980a(하나의 이름) [중성 실명사 용
례 14회는 별도 항목 '하나'에서 다
룸]

하나하나 to kath' hen → 개별적인 것

하나하나 세다, *낱낱이 세다, *열거하
다 diarithmein 978a, 978b☆ cf.
수, 세다

하늘 ouranos 977a(인격화), 977b(인격
화), 978d(인격화), 981e, 982b,
983c, 983e, 984c, 985b(2회),
986a, 991d cf. 우주, 만유 [cf.
「고유명사」의 '우라노스 Ouranos']

…하려 하다 ethelein, thelein → 내키다

…하면 안 되다 ou chrē, ou dei → …
해야 하다

하자가 있다 hysterein → 처지다

…할 법한 eikōs → 그럴법한

…할 수밖에 없음 anankē → 필연
…할 수 없다, *…할 능력이 없다
    adynatein 980a(그렇게 할 수 없다
    면) cf. 능력이 있다
…할 수 있는 dynatos → 능력이 있는
…할 수 있다 dynasthai → 능력이 있다
…할 수 있다 ethelein, thelein → 내
    키다
…할 용의가 있다, …할 의향이 있다
    ethelein, thelein → 내키다
…할 필요가 있는 chreōn → …해야 하는
함께 기도하다 syneuchesthai 980c
함께 달리는 syndromos 990b☆ cf. 같
    은 경로를 달리는
함께 생겨나다 syngignesthai 978a
합당하다, 어울리다, *적합하다
    prosēkein cf. 적합한, 어울리는
– 합당하다 986d, 985d
– 어울리다 981b
합법적인 nomimos 975a cf. 법
합의, 일치, *동의, *일관성 homologia
    cf. 동의하다
– 합의, *동의 973a
– 일치, *일관성 991e☆
합의하다, *동의하다 synomologein
    979d cf. 동의하다
해[年], 연(年) eniautos [etos] cf. 만 년의
– 해[年] 979a☆, 986c
– 연(年) 983c(매년), 986a

해, *태양 hēlios 983a, 985e, 986b,
    986e(2회), 987b(2회), 990b
해석, *중재, *석명(釋明) hermēneia
    984e☆
…해야 하는, …할 필요가 있는 chreōn
– …해야 하는 981c(배워야 합니다),
    984e(공경해야 합니다), 990c(아끼
    지 말아야 합니다)
– …할 필요가 있는 990b(배울 필요가
    있는지)
…해야 하다, …하면 안 되다[부정형]
    chrē
– …해야 하다 973a, 976e, 979b,
    979c(쓸만한 인간들이 되어야 하는
    지는), 981b, 981c(말해야 합니다),
    981d(놓아야 합니다), 981e(3회.
    말해야 합니다. 말해야 하는, 나눠
    주어야 합니다), 982a(생각해야 하
    는), 982b(여겨져야 합니다), 982c,
    983d, 987a, 987b(2회), 987c,
    987d(2회. 유념해야 합니다. 이야기
    해야 합니다)
– …하면 안 되다[부정형] ou chrē
    988a(몰두하면 안 되는)
…해야 하다, (…해야) 마땅하다, 응당
    …하다, 필요하다, 필요로 하다,
    …하면 안 되다[부정형] dei cf. 마
    땅히 주어야 할
– …해야 하다 976c, 978b(사고해야 합

니다), 979c(5회. 얼마만큼이어
야 하고 또 얼마만큼이면 안 되는
지(mē dei), 몸은 어떠해야 하
고, 훌륭해야 한다, 모두가 그래
야 한다), 979d, 981d(생각해야
합니다), 981e(생각해야 합니다),
982e, 983c, 983e(드러나야 하
는), 986e, 987d(믿어야 합니다),
987e, 988e(생각해야 한다), 989e,
990b(파악해야 합니다), 990c,
991e, 992a, 992d
- (…해야) 마땅하다 977a, 989c(3회),
990b
- 응당 …하다 988e(응당 이겨 왔고 응당
이깁니다)
- 필요하다 974d, 990c(deon)
- 필요로 하다 978a
- …하면 안 되다[부정형] ou dei 979c
…해지다 gignesthai → 생겨나다
행복 eudaimonia 980b
행복한 eudaimōn 973c(2회), 977d,
978b, 979a, 981e, 986c, 991b,
992a, 992b, 992c cf. 축복 받은
행운 eutychia 975e cf. 운명
행운 tychē → 운명
행운에 의한, 다복한, *운이 좋은
eutychēs
- 행운에 의한 992b
- 다복한 986c

행진, 전달, *진행, *행렬, *운행, *중
개, *중재 diaporeia
- 행진, *진행, *행렬, *운행 982c
- 전달, *중개, *중재 984e☆
행진 poreia 982e cf. 다니다
행하다 poiein → 만들다
허락하다 didonai → 주다
허언하는, *거짓을 말하는, *거짓된,
*진실을 저버리는, *기만하는
pseudēs 986e cf. 참된
허투루, 다른 식으로, *아무렇게나,
*무작정, *그래야 하는 것과 달
리, *잘못된 방식으로 allōs [형용
사형 'allos'(다른, …)의 32개 용례
생략]
- 허투루, *아무렇게나, *무작정, *그
래야 하는 것과 달리, *잘못된 방
식으로 986b
- 다른 식으로 992a
헛된 mataios 991c
헤매다 parasphallesthai 976b
헤아리다, *계산하다, *셈하다
logizesthai 974a(헤아려 보고 나
면), 979a
헤아림, 계산, *셈 logismos cf. 계산이
안 되는
- 헤아림 974a(헤아려 보면)
- 계산 981c
혁신하다 kainotomein 985c(혁신을 감

행하는)

현명, *분별, *판단 phronēsis 973a(2회)
　☆, 974b(2회), 975a, 977a, 977b,
　985a, 986d [총 9회] cf. 지혜
현명하다, 분별하다 phronein [총 2회]
－ 현명하다 985a
－ 분별하다 989c
*현명한 emphrōn → 분별 있는
현명한 phronimos 974c, 977c, 982b(2
　회) [총 4회] cf. 분별 있는, 지혜
　로운
현시(顯示)하다, *보여주다, *가리키다
　deiknynai 978c(3회) ☆
현존하다, 와 있다, 있다 pareinai
－ 현존하다 976d
－ 와 있다 984e
－ 있다 992c
형제인, 형제지간인, 형제에게 할당되
　는 adelphos
－ 형제인 986c
－ 형제지간인 986a
－ 형제에게 할당되는 986c
형태 morphē 981a, 981b
호소하다 kalein → 부르다
호의, *친애, *친절 philia 976b cf. 소
　중한, 사랑
확고한 pagios 984d
확보 ktēsis 975a, 975c
확신하다 peithein → 설득하다

확신하다 pisteuein → 믿다
확실한 saphēs → 명료한
환히 보이는 phaneros → 명백한
활동, *일, *추구, *업, *관행
　epitēdeuma 979c cf. 추구하다,
　수행
활용하다 chrēsthai → 사용하다
회유되지 않는, *가차 없는
　aparamythētos 980d cf. 안심시
　키다
회전 kyklos → 주기
회전시키다 strephein → 돌리다
획득하다 lambanein → 받아들이다
훌륭하고 아름다운 agathos kai kalos
　980b [비교급, 최상급의 차이는 무
　시함] cf. 아름답고 훌륭한
훌륭한, 좋은 agathos [비교급, 최상은
　별도 항목('더 훌륭한', '더 뛰어난',
　'가장 훌륭한', '최선의 등)으로 다룸]
　[총 18회. 비교급(9회)과 최상급(16
　회)을 합하면 총 43회] cf. 아름다운
－ 훌륭한 975b, 976d, 977d, 979c(2
　회), 979d, 985a, 988b, 988e
－ 좋은 977a(2회), 977b, 978a, 978b,
　983c, 988d, 988e(2회)
*훌륭한 kalos → 아름다운
흉내, *모사 mimēma 975d cf. 모방하다
흙 gē → 땅
희망, *소망, *기대 elpis 973c☆,

974c(2회. 각자가 희망하는 것보다,
생겨날 희망), 988a☆
힘 rhōmē 976b(말하기의 힘) cf. 능력

희랍어-한국어

adamas 금강석, *깨지지 않는
adēlos 안 보이는, *불분명한
adelphos 형제인, 형제지간인, 형제에
　게 할당되는
adynatein …할 수 없다, *…할 능력이
　없다
adynatos 능력이 없는, *…할 수 없는
aēr 공기
agalma 신상(神像), *이미지
agasthai 찬탄하다, *동경하다, *경탄
　하다
agathos 훌륭한, 좋은
agathos kai kalos 훌륭하고 아름다운
agein 이끌다, 이끌어 오다, 가져오다
agnoein 모르다
agnōmōn 몰지각한, *무지한, *판단을
　못하는
agōn 경쟁, *겨룸
ahoratos 보이지 않는
aithēr 에테르
aitia 원인, 까닭
aitiasthai 탓하다, *책임을 묻다, *원인

으로 주장하다
aitios 원인(인), 까닭(인), 책임을 지는
akribeia 정확함, *엄밀함
akribēs 정확한, *엄밀한
akros 꼭대기의, 외항, *끝엣것
alētheia 진실, *진리, *참
alēthēs 참된, 참인
alēthōs 참으로, 참된 의미에서
allēlophagia 상호 포식, *서로 잡아먹기
allōs 허투루, 다른 식으로, *아무렇게
　나, *무작정, *그래야 하는 것과
　달리, *잘못된 방식으로
alogia 불합리함
alogistos 계산이 안 되는, *합리적이지
　않은, *설명이 없는
amathia 무지
ameinōn 더 훌륭한, 더 좋은
ameleia 무관심, *소홀함, *홀대, *부
　주의
amelein 소홀히 대하다, *돌보지 않다,
　방치하다
ametastrophos 변경 불가능한, *돌이
　킬 수 없는, *바꿀 수 없는
ametros 적도를 벗어난, 척도 없는,
　*준거 없는
amoiros (…의) 몫을 못 받는
anabioun 다시 태어나 살다
anaitios 원인이 아닌
anapimplanai 채우다, *완수하다

anapnoē 숨 돌릴 여유

analambanein 다시 붙잡다

analogia 비례, 수열

anankaios 필수적인

anankē 필연, 필수, …할 수밖에 없음,
　불가피함

anaphainesthai 드러나다, *분명하다

anchinoia 총기(聰氣)

andreia 용기

andreios 용기 있는, *용감한

anemesētos 신의 분노를 살 일이 없는,
　*비난을 살 일이 없는, 흠 잡힐
　일이 없는

anemos 바람

anēr 사나이, 인물, *사람

aneuriskein 발견해가다

anoētos 몰지각한

anomoios 안 닮은

anosios 불경건한, *불경한

anthrōpinē hexis 인간의 상태 [준-곡언
　법적 표현]

anthrōpinē physis 인간적 본성, *인간적
　자연, *인간이라는 자연물, *인간
　이라는 존재자 [곡언법적 표현]

anthrōpinos 인간적인, 인간의

anthrōpos 인간, *사람

aparamythētos 회유되지 않는, *가차
　없는

apeikazein 묘사하다, *비유하다, *재

현하다

apeiros 무한한

apergastikē 만들어 내는 기술

apergazesthai 만들어 내다, 성취하다,
　*완성해 내다, *산출하다

aphrōn 무분별한

apistein 불신하다

apoblepein 주목하다, *염두에 두다

apodechesthai 받아들이다

apodeixis 논증

apodidonai 돌려주다

apokamnein 지치다, *약해지다, *싫
　증 내다, *힘들어 하다

apolambanein 떼어 내다

aponemein 배분해 주다

aporia 막막함, *난처함, *난감함, *길
　없음

apotelein 완성하다, 만들다, 제대로 다
　주다, *갚아 주다

apoteleutan 끝을 보다

apotypousthai 각인해 내다, *틀로 찍
　어 내다

archē 시작, 처음, 관직, *시작점, *근
　원, *원리

archein 시작하다, 다스리다, 지배하다

aretē 덕, *탁월함, *훌륭함

arithmein 세다, *셈하다

arithmētikē 수론(數論), *산술, *산수론

arithmētikos 셀 수 있는

arithmos 수(數)

aristos 가장 훌륭한, 최선의

asebēs 불경한, *무엄한

asōmatos 비물체적인

astēr, astron 별

astronomia 천문학

hē tōn astrōn physis 별들의 본성, *별들의 자연, *별들이라는 자연물, *별들이라는 존재자 [곡언법적 표현]

atelēs 미완성인

atimos 비천한

atopos 이상한, *황당한

banausos 비천한

barbaros 이방인, *외지인, *이민족 사람

basanizein 시험하다, *시금석에 문지르다, *고문하다

basanos 시험, *시금석, *고문을 통한 탐문

beltiōn 더 훌륭한, *더 좋은

beltistos 최선의, *가장 훌륭한

bios 삶, *생애, *일생

bioun 살다, *삶을 보내다

blepein 주목하다

boētheia 구조(救助), *도움, *구호, *방호, *구제, *구난, *구원

boēthos 구조자, *도우미, *구호자, *조력자

bouleuein 결정하다

brachys 짧은, 사소한, 조금, 별 …가

없는[부정형], *몇 안 되는

bradys 느린

chairein 즐기다, 작별을 고하다, *기뻐하다

chalepainein 성가셔하다, *뾰족하게 굴다, *화를 내다

chalepos 어려운, *버거운, *대처하기 힘든

cheirōn 더 열등한, *더 못난

chōra 땅, 영역

choreia 가무

choreuein 가무를 펼치다

choros 가무단

chrē …해야 하다, …하면 안 되다[부정형]

chreia 쓰임새, *유용성

chreōn …해야 하는, …할 필요가 있는

chrēsthai 사용하다, 활용하다, 하다, *구사하다, *행사하다

chrēstos 쓸만한

chrōma 색, *색깔

chronos 시간

daimōn 신령

daimonios 신령스러운

dechesthai 받다

dei …해야 하다, (…해야) 마땅하다, 응당 …하다, 필요하다, 필요로 하다, …하면 안 되다[부정형]

deiknynai 현시(顯示)하다, *보여 주다,

*가리키다
deisthai 필요로 하다, *요청하다
dēlos 분명한
dēmiourgein 만들어 내다, 기술을 연마
하다, *제작하다
dēmos 인민, *민중, *대중
dēmosiāi 공적으로
deon 마땅히 주어야 할, 필요한, *주기
로 되어 있는, *빚진
desmos 끈
deuteros 두 번째의, 둘째의, 그다음의,
차선의
dexia 오른쪽
diagein ton bion 삶을 보내다, *삶을
영위하다
diagramma 도해, *도형, *도표, *도식
dialegesthai 대화를 나누다, *대화하다,
*이야기를 나누다, *변증하다
*dialektikē *변증술 [용례 없음]
dianemein 배정하다, 정돈하다, *배분
하다
dianoein 사고하다, 곰곰이 사고하다,
유념하다, 사유하다, *생각하다,
*생각을 품다, *마음속에 떠올리
다, *염두에 두다, *이해하다
dianoēma 관념, *사고
dianoia 사고
diaphanēs 뚜렷한, *명백한, *투명한
diapherein 월등하다, *남다르다, *다

르다, *차이가 나다
diapherontōs 월등하게, 유독, *특히,
*각별히
diaponein 노고를 아끼지 않다, 공들여
얻어내다, *계발하다
diaporeia 행진, 전달, *진행, *행렬,
*운행, *중개, *중재
diaporeuesthai 죽 가로질러 가다
diarithmein 하나하나 세다, *낱낱이 세
다, *열거하다
diatelein 내내 살다
didaskein 가르치다
didonai 주다, 제시하다, 허락하다
dierchesthai 검토하다
diexerchesthai 검토하다, 밟아 가다,
자기 경로를 밟아 가다, 완전히
제거되다, *설명하다, *완전히
떨어져 나가다
diexodos 경로, *궤도, *통로, *진로
diexienai 검토하다, 완주하다
dihoran 감지하다, *식별하다
diischyrizomai 단언하다, *강력히 주장
하다, *역설하다, *강조하다
dikaios 정의로운, 정당한
*dikaiosynē 정의 [용례 없음]
dikē 정의, 정당함, 송사, *도의
diplasion 두 배
dokein 생각하다, 생각을 갖다, 생각이
들다, 보이다, 여겨지다, 평판을

받다

dokimazein 검증하다, *시험하다

dosis 선물

doxa 의견, 생각, 평판, *기대, *공상

doxazein 의견을 갖다

doxazesthai 평판을 받다, 평판을 얻다

dynamis 능력, 가능성, *효능, *제곱

dynasthai 능력이 있다, 능력을 가지다,
　…할 수 있다

dynatos 능력이 있는, 가능한, 가능성
　이 있는, …할 수 있는

dyschereia 반감, *불쾌감, *혐오감,
　*역겨움

dysmathēs 배움이 더딘

echein (…한) 상태이다, (…한) 상태를
　유지하다

eidenai (oida) 알다

eikōn 모상(模像)

eikōs 그럴법한, …할 법한

eikōs logos 그럴법한 설명, *그럴법한
　이야기

ellatton 더 작은, 더 짧은

elpis 희망

elpis kalē 아름다운 희망

emphrōn 분별 있는, *현명한, *지각
　있는, *사려 깊은

empsychos 영혼을 가진, *살아 있는

ekpodōn 걸리적거리지 않게 치워진

ēlithios 어리석은, *멍청한, *우둔한

emmelēs 조화로운, *근사한, *잘 어울
　리는, *절도 있는

empoiein 만들어 넣다

endeēs 결함이 있는

endikos 정의로운

eniautos [etos] 해[年], 연(年)

enkathoran 면밀히 살피다, *깊이 들여
　다보다

ennoein 개념을 갖다, 주목하다, *개념
　화하다, *숙고하다, *유념하다

enoikizein 심어 넣어 주다

entimos 공경받는

entynchanein 마주치다

epexerchesthai 두루 다 섭렵하다, *두
　루 다 밟다, *두루 다 포괄하다

ephoran 굽어보다, *내려다보다, *지
　켜보다

epicheirein 시도하다, *착수하다

epienai 떠오르다, *다가오다

epiklēsis 이름, *명칭, *명명

epilambanein 포착하다, 닥쳐오다

epiloipos 남은

epimeleisthai 돌보다

epinoein 개념을 갖다, 발견해 내다,
　*생각을 품다, *주목하다

episkeptesthai 숙고하다, 탐구하다,
　*관찰하다

*epistasthai *(…할 줄) 알다 [용례 없음]

epistēmē 앎, *인식

epistēmōn 아는

epitēdeuein 추구하다, *업으로 삼다,
 *수행하다

epitēdeuma 활동, *일, *추구, *업,
 *관행

epitēdeusis 수행, *몰두

epitritos 1과 3분의 1

epōnymia 따온 이름

ergazesthai 만들어 내다

erōs 사랑, *열정

ethelein, thelein 내키다, …할 의향이
 있다, …할 용의가 있다, …하려
 하다, …할 수 있다

ethizein 습관이 들게 하다

euchē 기도

euchesthai 기도하다

eudaimōn 행복한

eudaimonia 행복

eudokimos 정평이 난, *평판이 좋은

eukolos 좋은 기질을 가진

eumathēs 잘 배우는

eupeithēs 쉽게 설득되는

euphēmein 찬양하다

euphēmos 상서로운 말의, *부드러운
 말의

euschēmōn 모양 좋은, 근사한, *적절한

eusebeia 경외, *경건, *숭경, *공경심,
 *경신(敬神)

eutychēs 행운에 의한, 다복한, *운이
좋은

eutychia 행운

exaisios 정해진 운명을 거스르는

exetazein 검토하다

exeuriskein 발견해 내다

gē 땅, 흙, *토지, *지구

genesis 생성, 기원, 종류

gennēma 산물

genos 부류, 종족, 종류, 유

geōmetria 기하학, *땅 측량

geōrgia 경작

gēras 노령

gignesthai 생겨나다, 생성되다, 태어
 나다, 되다, 일어나다, 벌어지다,
 이루어지다, 판명되다, 드러나
 다, 처하다, 있게 되다, 있다, …
 이어 왔다, …이었다, …해지다,
 *만들어지다

gignōskein 알다, 알아내다, 지각하다

gnēsios 진정한, *적법한

gnōrizein 알다

gnōsteon 알아야 하는

haptos 만질 수 있는

hēgeisthai 믿다, 이끌다, 생각하다,
 *여기다, *지배하다

hēgemonia 우위, *지배, *주도권

heis, mia, hen 하나의, 단일한, 유일
 한, 일(一)

hekastos 각각, 각자, 각, 매번

hekateros 둘 각각

hēlios 해, *태양

hēmiholios 1과 2분의 1, *하나 반

hen 하나

heōsphoros 샛별, *새벽을 가져오는 별

hepesthai 따르다

hermēneia 해석, *중재, *석명(釋明)

hesperos 개밥바라기, *저녁별

heuriskein 발견하다

hexis 상태, *성향

hikanos 충분한, 역량을 가진, 역량을 충분히 갖춘, 풍부한, *능숙한, *적절한

hodos 경로, *궤도, *길

holos 전체

to holon 온 세상, *세상 전체, *전체

homodromos 같은 경로를 달리는

homoios 닮은

homoiōsis 닮게 만들기

homoioun 닮게 만들다

homologein 동의하다

homologia 합의, 일치, *동의

hōra 계절, 철, 기간

horan 보다, 바라보다

horasthai 보이다

horatos 보이는, 가시적인

*hosiotēs 경건 [용례 없음]

hou charin, hou heneka 목표

hydōr 물, 비

hymnein 찬송하다

hymnēteon 찬송해야 하는

hymnos 찬가, *찬송가

hyparchein 개시하다, *발안하다, *시작하다, *밑에 놓다

hyperechein 초과하다, *능가하다

hypolambanein 상정하다, 봐주다, *받아들이다

hypotithesthai 기초로 삼다, *전제하다

hysterein 처지다, 하자가 있다

hysteros 나중의, 더 나중에

idein (eidon) 보다, 살펴보다, *알아보다, *알다

idiāi 사적으로

kainotomein 혁신하다

kalein 부르다, 호소하다

kallos 아름다움

kalos 아름다운, *훌륭한, *멋진

kalos kai agathos 아름답고 훌륭한

katadēlos 분명한

kataleipein 남겨 두다

katamanthanein 배우다, *이해하다, *다 알아내다, *면밀히 관찰하다

katanoein 파악하다, *이해하다, *간파하다

katanoēma 파악, *이해

kataphanēs 명백한, *뚜렷한, *분명한

kata tropon 적절한 방식으로

katechein 꽉 붙잡다, 단속하다, *장악

하다, *압도하다, *제지하다
katharíotēs 순수성
to kath' hen 개별적인 것, 하나하나,
    *하나씩
kathistanai 정해 놓다
katidein 알아보다, 관찰하다
kinein 움직이게 하다
kineisthai 움직이다, *움직여지다
kinēsis 움직임, *운동
koinōnein 나눠 가지다, *공유하다
kosmos 우주, 세상, 질서, *하늘
kreittōn 더 뛰어난, 더 강한, 더 나은,
    *더 좋은
ktēsis 확보
kybernētikē 조타술
kyein 잉태하다
kyklos 주기, 회전, *순환, *궤도
kyrios 권위 있는, *주도적인
lambanein 받아들이다, 받다, 받아 가
    지다, 파악하다, 포착하다, 획득
    하다, 요구하다, *확립하다, *확
    립된 것으로 받아들이다, *이해
    하다, *붙잡다, *얻어 내다, *손
    에 넣다, *받아 내다
lēizesthai 강탈하다, *빼앗다
lēpteon 파악해야 하는, *포착해야 하
    는, *받아들여야 하는
logismos 헤아림, 계산, *셈
logizesthai 헤아리다, *계산하다, *셈

하다
logos 이야기, 설명, 논의, 논변, 진술,
    말, 근거, 이치, 일리, 비율, 이
    성, *담론, *이유, *원칙, *계산,
    *정의(定義)
loipos 남아 있는, 남은
makarios 축복 받은, *지복의
makarios te kai eudaimōn 축복 받고
    행복한
makraiōn 생명이 오래 지속되는
manteia 예언, *신탁
manteuesthai 직감으로 추측하다, *점
    치다
manthanein 배우다
mantikē 예언술
mataios 헛된
mathēma 배울거리, *배움, *교과, *수
    학 교과
megaloprepēs 위대한, 웅장한
megas 큰, 대단한, 중대한, 중요한
megethos 크기
megistos 가장 큰, 최대의, 가장 위대
    한, 가장 중대한, 가장 중요한,
    무엇보다도 중요한
meis 달[月], *월
meizōn 더 큰, 더 중대한, 더 긴
meros 부분, 몫
mesos 중간, 중반
metabolē 바뀜, *변화

metabouleuein 계획을 바꾸다

metacheirizein 착수하다, 다루다

metakykleisthai 궤도를 바꾸다

metalambanein 나눠 가지다, 나눠 받다

metechein 나눠 가지다, 참여하다, *분
　유하다

metochos 나눠 가진, *분유하는

metrios 무난한, 온건한, *적당한, *어
　중간한

mimeisthai 모방하다

mimēma 흉내, *모사

mimētikē 모방술

mimētikos 모방적인

moira 운명, 몫, 영역, *섭리

monimos 머물러 있는

mōria 어리석음

morphē 형태

myein 입문시키다

myrietēs 만 년의

mythos 신화, 이야기

*neos *어린, *새로운

neōteros 더 새로운, *더 생소하고,
　*더 선

nephos 구름

nikan 승리하다, 성공하다, *우위를 점
　하다

noein 사유하다, *생각하다, *착상하다

noēteon 사유해야 하는

noētos 사유되는

nomimos 합법적인

nomos, nomoi 법, 법률들

nomothetein 입법하다

nomothetēs 입법자

oikodomia 건축

onkos 덩어리

tōi onti 실제로

hē tōn ontōn physis 있는 것들의 본성

ontōs 진짜, 실제로, 정말로, *참으로

ontōs ōn 진짜로 있는

ophelos 유익

orgē 분노

orthos 옳은, 올바른, 제대로 된

ouranos 하늘

ousia 재산

pagios 확고한

paideia 교육

paideuein 교육하다

paidia 놀이, *유희

paidia kalē 아름다운 놀이

paidikos 어린애 같은

palaios 오래된, 유구한, *옛날의

to pan 만유, *온 세상

panselēnos [hōra] 보름, *만월(滿月)
　의 때

pas 전체, 모든, …

panchalepos 지극히 어려운

pankalos 지극히 아름다운

paradidonai 넘겨주다, 부여하다

paragignesthai 생겨나다, *곁에 생겨
  나다
parakalein 권유하다, *격려하다, *촉
  구하다
paralambanein 넘겨받다, *수용하다,
  *파악하다, *포착하다
paramytheisthai 안심시키다, *회유하다
paraskeuazein 준비시키다
paraskeuē 마련
parasphallesthai 헤매다
paratithenai 앞에 세워 놓다
parechesthai 제공하다, 선사하다, 만들
  어 주다, 만들어 버리다, *자아
  내다
pareinai 현존하다, 와 있다, 있다
paroligōrein 방치하다, *등한시하다,
  *무시하다, 소홀히 하다
paschein 작용을 받다
ho patrios nomos 조상의 법
peithein 설득하다, 확신하다
periodos 궤도, 주기, *회전, *경로,
  *과정
peripherein 돌게 하다, *돌리다
phainein 드러내다, *나타내다
phainesthai 나타나다, 드러나다, 보이
  다, *분명하다
phaneros 명백한, 환히 보이는, *분명
  한, *명약관화한, *빤히 보이는,
  *뚜렷이 드러나는, *똑똑히 눈에

  띄는
phantazesthai 보이다, *나타나다
phēmē 전승, 신탁, *전언, *보고, *소
  문, *신적인 목소리
pherein 운동하게 하다, 움직이다, 내놓
  다, 자[감탄사]
pheresthai 운동하다, 움직이다, 옮겨
  다니다, 실려 가다, *장소 운동하
  다, *이동하다
philia 호의, *친애, *친절
philomathēs 배움을 사랑하는
phora 운동, *이동, *이동 경로, *궤도
phrazein 설명하다, 밝히다, 가리키다,
  *알려 주다, *보여주다, *지적하
  다, *적시하다
phronein 현명하다, 분별하다
phronēsis 현명, *분별, *판단
phronimos 현명한
phthonos 시기심
phyein 자연적으로 …하다, 본래부터
  …하다, *본성상 …하다, *성향
  상 …하다
phyesthai 산출되다, *태어나다
phylattein 지켜 주다
physis 자연, 본성, 자연물, 천성, *성
  향, *구조, *자연조건, *피조물,
  *자연적 존재자, *인간, *종,
  *종류, *본능
pisteuein 믿다, 믿음을 갖다, 확신하다

pistos 설득력 있는, *믿을 만한

pithanos 설득력 있는, *믿을 만한

plattein 빚어내다

pleiōn 더 많은, 더 풍부한, 더 큰, 더 엄청난

pleistos 가장 많은, 대다수의, 대체로

pleōs 가득 찬

to plēthos 대중

pneuma 바람, *숨, *영기(靈氣)

poiein 만들다, 행하다, 작용을 가하다, 여기다

poiēsis 만듦, *생산, *산출, *제작, *창작

polemikē 전쟁술

polis 국가, *도시

politēs 시민

polos 궤도

polys 많은, 여러, 여럿, 다수, 다중, 풍부한, 큰, 강력한, 대부분, 대체로, 단연, 아주, *대다수 사람들, *대단한

ponos 노고, 수고

poreia 행진

poreuesthai 다니다, 자기 길을 다니다, *진행하다

poreusimos 움직여 다니는

poreuteon 가야 하는

poros 길

pragma 일, *행위, *활동, *일거리, *성가신 일, *사물

pragmateuesthai 몰두하다, *관심을 기울이다, *전념하다, *추구하다

prepōn 어울리는, *합당한, *적절한

presbys 오래된, *연륜이 높은, *연차가 오랜

presbytēs 노령

prodidaskein 미리 가르치다

prosakteon 귀속시켜야 하는

prosdeisthai 추가로 필요로 하다

prosēkein 합당하다, 어울리다, *적합하다

prospaizein 찬미하다, *찬송을 부르다, *즐기다, *놀다, *웃다

prosphilēs 소중한

prosphoros 유익한, *유용한, *적절한

prostychēs gignesthai (= prostynchanein) 맞닥뜨리다, 접하다, 겪다, *마주치다, *자기 몫을 얻다, *익히 알다

prostynchanein 맞닥뜨리다, *마주치다

prōton 첫째로, 우선, 일차적으로, 맨처음에, 애초부터, 처음에는

prōtos 첫 번째의, 첫째인, 첫째가는, 일차적인, 최초의, 가장 먼저인

pseudēs 허언하는, *거짓을 말하는, *거짓된, *진실을 저버리는, *기만하는

psyche 영혼, *혼

212

pyr 불
rhēteon 진술해야 하는
rhymē 돌진
rhōmē 힘
saphēs 명료한, 확실한, *분명한
schēma 겉치레, *형식
selēnē 달
semnotēs 위엄
semnynein 드높이다
skopein, skeptesthai 숙고하다
smikros 작은, 사소한, 조금
sōma 물체, 몸, *신체
sophia 지혜
sophos 지혜로운
sōphrōn 절제 있는
sōphronein 절제 있다
sōphrosynē 절제
sōizein 구원하다
sphodra 심하게, 강하게, 강력히, 단단
　히, 대단히, 지극히, 무척이나,
　아주, 정말, 도저히, *분명히
spoudaios 진지한
spoudē 열심, *진지함
steremnios 단단한
stereometria 입체 기하학
stereos 입체적인, 입방의, *단단한,
　*3차원의
steresthai 결여하다
stratēgikē technē 장군술, *군대 지휘술

strephein 돌리다, 회전시키다
symbainein 판명되다, 벌어지다, 오다,
　*일어나다
symmetros 균형 잡힌, *비례에 맞는,
　*대칭적인, *적당한, *온화한
symphanai 동의하다, *인정하다
sympherein 유익하다
symphōnos 조화로운, 일관성 있는,
　*서로 어울리는, *일치되는
symphoros 유익한
synakolouthein 유심히 따르다
synapotelein 완성하는 데 힘을 보태다
syndesmos 상호 결속, *함께 묶임,
　*함께 묶음
syndokein 동의하다
syndromos 함께 달리는
syneinai 이해하다
syneuchesthai 함께 기도하다
syngignesthai 함께 생겨나다
synidein 살펴보다
synnoein 알아차리다, *이해하다, *깨
　닫다, *파악하다
synnoia 이해, *깨달음, *사색, *숙고,
　*심사숙고, *명상, *사유
synomologein 합의하다
synoran 통찰하다
synousia 대화 모임, *함께함, *논의,
　*교제, *대화, *담론
synyphē 직조

systasis 구조(構造), *결합

systēma 체계

tachos 빠르기

tachys 빠른, 순식간의

technazesthai 술수를 부리다, *속임수
　　를 쓰다

technē 기술, …술, *기예

technikē 전문 기술

teleios 완벽한, *완전한

teleutan 끝마치다, 삶을 끝내다, 삶을
　　끝마치다 *죽다

teleutē 끝, *죽음

teleutē aristē te kai kallistē 가장 훌륭
　　하고도 아름다운 끝

telos 끝, 극치, 결국, *완성, *목적,
　　*완결판, *최고점, *완성태

thauma 놀랄 만한 일, 경이로움

thaumastos 놀랄 만한, 놀라울 정도의,
　　놀라우리만치 긴, 기막힌

thaumazein 놀라워하다, *경탄하다

thea 여신

theasthai 바라보다

theia genesis 신적인 생성

theia moira 신적인 운명

theia physis 신적 본성

theios 신적인

thelein → ethelein

themis 도리

themitos 도리에 맞는

theoeidēs 신과 같은

theogonia 신의 생성

theōn genesis 신들의 생성

theōrein 관찰하다, *관조하다, *구경
　　하다

theōria 관조, *구경, *관찰

theōros 구경꾼, *관조자

theos 신

theosebeia, to theosebes 신 경외, *경신
　　(敬神), *신 숭경, *신 경배, *신 예
　　배, *종교적 경외

therapeia 예배, *보살핌, *모심, *치료

hē therinēs physis 여름 본성 [곡언법적
　　표현]

therinos 여름의

thesis 제정, *놓음

theteon 놓아야 하는

thnētē physis 가사적 본성 [곡언법적 표현]

thnētos 가사적(可死的)인, 가사자(可死
　　者)인

timan 공경하다, 숭상하다

timē 공경

timēteon 공경해야 하는

timios 존귀한

timōros 되갚아주는, *앙갚음하는, *보
　　복하는

tithenai 놓다, 서다, *정해 놓다, *가정
　　하다, *받아들이다, *간주하다,
　　*여기다

214

tolman 감행하다

topos 장소

trephein 양육하다, 키워 내다

tropai 지점(至點)들

trophē 양육, 양식, 자양물, *음식, *양분

tropos 방식, 방도, 습관

tychē 운명, 우연, 행운, 튀케(행운),
*행운의 여신, *운

tynchanein 맞다, 받다, 도달하다, …이
다, *마주치다, *만나다, *얻다,
*성취하다

zēn 살다, 살아 있다

zētein 탐색하다, *찾다, *탐구하다

zētēsis 탐색, *탐구

zōē 생명, 생(生)

zōiogonia 동물의 생성

zōion 동물, *생물

hē tōn zōion physis 동물들의 본성,
*동물들의 자연, *동물들이라는
자연물, *동물들이라는 존재자
[곡언법적 표현]

고유명사

@델피, *델포이 Delphoi 988a

디케(정의), *정의의 여신 Dikē 988e☆

메길로스 Megillos 937a, 977a

뮤즈(들), *무사(이) Mousa(i) 975d,
991b

@시리아, *쉬리아 Syria 987a☆

@시리아의, *쉬리아의 Syrios 987b

아레스 Arēs 987c☆

아프로디테 Aphroditē 987b☆

올림포스, *올륌포스 Olympos 977b☆

우라노스(하늘) Ouranos 977a, 977b,
978d

@이집트, *아이귑토스 Aigyptos 987a

제우스 Zeus 984d, 987c☆

코스모스(우주) Kosmos 977b

크로노스 Kronos 987c☆

클레이니아스 Kleinias 973b, 977a,
979e, 980b, 980d, 986a

튀케(행운), *행운의 여신 Tychē 992a

판(만유) to Pan 978c

헤라 Hēra 984d

헤르메스 Hermēs 987b☆

헤시오도스 Hēsiodos 990a

@희랍인, *헬라스인, *그리스인 Hellēn
973d, 987d(3회), 988a(2회)

옮긴이의 말

"내겐 물음들이 있어, 인간의 앎 상태에 대한 근본 물음들이 있어!
우린 누구인지, 우린 왜 존재하는지… 우린 어디에 있지?!"
"위스콘신."
"우주에 있어!"

– 군더슨(L. Gunderson, 2016) 12쪽

　남자들에게만 천문학자라는 호칭과 망원경을 허용하던 시절
하버드 천문대 별빛 스펙트럼 분류 '계산원'(computer) 헨리에
타 레빗의 경이감과 호기심은 결국 은하계 천체들의 거리 계산
을 가능케 한, 천문학사에 길이 남을 발견의 동력이 된다. 별을
헤아리며 거기에 지혜의 근본적인 단초가 있다는 깨달음을 얻
은 필리포스는 선생 플라톤 앞에서 자신의 다름을 과감히 선포

한다. "이데아가 따로 있는 게 아니다!" 별을 바라보며 우리는 또 무엇을 발견하고 무엇을 깨닫게 될 것인지!

　하늘의 별을 바라보는 철학자의 포부와 용기를 드러낸 작품 『에피노미스』를, 『미노스·사랑하는 사람들』에 이어 정암고전총 서 플라톤 전집 시리즈의 두 번째 위서로 여러분 앞에 내놓게 되어 감회가 새롭고 뿌듯하다. '큰' 작품에 집중된 우리의 관심과 시선을 더 여유롭고 넓게 열고 바꾸어 보자는 말씀 한 번 더 드리고 싶다. 승자독식이 횡행하는 날 선 세상이지만 우리마저 승자독식을 승인할 수는 없다. 조용히 자기 목소리를 내며 자기 삶을 살아내는 '작은' 몸짓들이 있어 오히려 소중한 세상이 아닐까. 플라톤의 마지막 작품을 앞뒤에서 장식하는 작품으로 치부되어온 『미노스』와 『에피노미스』를 굳이 그 『법률』 3부작이라는 세팅으로부터 떼어 놓은 것은 3년 전에도 말했듯 '독립'이 필요하다는 생각에서다. 모든 플라톤(적) 작품들이 그렇지만 특히 위서로 분류된 작품, 그것도 이렇게 시퀄로서 그 독립성의 존재를 의심받는 작품은 더더욱 '그것 자체로' 선입견 없이 읽을 때 그 참모습과 심원함에 잘 다가갈 수 있다고 믿는다. 이 작품에 어떻게 접근해야 할지를 숙고하며 찬찬히 읽어 가다 보면 우리는 앞으로 나올 다른 플라톤 위서들을 대할 때도 허명에 현혹되지 않고 각 작품 하나하나에 오롯이 다가갈 수 있는 태도와 경험을 미리 익히고 준비할 수 있을 것이다.

『법률』만큼이나 껄끄럽고 까다로웠던 이 작품의 번역과 주해를 그나마 순간순간의 밀도 높은 단기간 작업으로 진행할 수 있었던 것은 세 차례에 걸쳐 주어진 허허롭고 평안한 시간 덕분이다. 약간의 끄적거림 수준에서 지지부진이던 초역 작업을 본격적으로 시작해서 마무리한 것은 2018년 겨울 방학 보스턴 근교 벨몬트 하숙집에서 장로님 내외분의 정성 깃든 음식을 아내와 맛나게 먹으며 하루 18~20시간씩 작업에만 몰두했던 다시 못 올 행복하고 소중한 시절의 일이다. 그 연말 연초 『미노스』 재역 마무리 후 2019년 1월 14일부터 21일까지 그야말로 단숨에 해치웠다. 후속 작업 과정에서 거의 전부 뒤집어엎어야 할 만큼 엉성한 것이었지만, 향후 탄탄한 업그레이드가 가능하도록 시간과 노력을 절약시켜 준 중요한 밑작업이었다. 그리고 2022년 9월부터 2024년 2월 말까지 고즈넉한 튀빙엔에서 보낸 두 번째 안식년 중 상당 기간을 『소피스트 단편 선집』 마무리와 스토아 윤리학 단편 작업에 할애하고 난 후 마지막 석 달 동안 밀린 숙제 하듯 네 식구가 틈틈이 유럽 이곳저곳을 여행했는데, 이 작품의 재역은 그중 인스브루크와 취리히 여행을 하던 기간과 겹쳐 박진감 있게 이루어졌다. 2월 5일부터 본격 재검토에 들어가 13일에 재역을 완성하고 14일에 분절(「작품 내용 구분」)과 일부 주석 및 해설까지 정리하여 마무리했다. 마지막 6개월을 보낸 나지막한 산자락, 책 냄새와 벽난로로 아늑하고 유려한 1930년대 란트하

우스에서 느긋하게 작업하다가 슈투트가르트로, 인스브루크로, 취리히로 이동 중인 번잡한 기차나 버스 안에서, 그리고 저녁과 아침 호텔의 고요한 시간에 조각조각 자투리 시간을 모아 진행한 이 재역 작업은 질적 업그레이드를 해내기에 충분했다. 삼역은 안식년에서 돌아온 후 맞은 여름 방학에 정암학당의 동료 연구자들과 진행하게 된 윤독을 준비하면서 이루어졌는데, 부분적으로만 참고했던 타란의 책을 온전히 참고하면서 번역 전체를 완전히 다시 뜯어고쳤다. 윤독은 올 7월 3일부터 8월 27일까지 9주간 매주 화요일 저녁 7시부터 3시간가량 진행했는데, 동료들에게 선보이고 도움을 받는 일이 질적 완성도를 높이는 중요한 기회임을 새삼 깨달으며 학당의 존재감과 동료 연구자들과의 끈끈한 동지애를 다지는 소중한 시간이었다. 2학기 개강 후 진행된 후속 작업 가운데 시간을 많이 잡아먹는 찾아보기 작업은 추석 연휴를 포함한 9월 13일부터 21일까지 밀도 있게 진행되었고, 이후 짬짬이 윤독 때 3분의 1가량 진척시켰던 「작품 안내」를 완성하면서 전체 작업이 순조롭게 마무리되었다.

이 번역과 연구에도 감사할 일이 많다. 나의 학문적 삶을 시작하고 지속할 수 있게 늘 자극과 격려를 아끼지 않으시는 이태수, 김남두 선생님, 그리고 학당의 공동체적 삶의 자리를 함께 펼쳐 갈 수 있게 보이지 않는 손이 되어 주시는 이정호 선생님께 존경과 감사를 올린다. 언제나 곁에서 자극과 깨우침의 동력을 제공하는 강릉의 제자들과 동료들은 말없이 응원을 보내주어 든든하고 늘 힘이 된다. 저자처럼 기존 사유의 범위와 틀을 허물려면 일정한 추진력이나 계기가 필요하다. 2006년부터 2009년까지 케임브리지의 기원전 1세기 철학 프로젝트에서 플라톤주의를 새로운 눈으로 바라볼 기회를 얻을 수 있었는데, 그 시간을 함께하며 동료애를 나눈 데이빗 세들리 선생님과 고 주은영 선생님께 감사와 그리움을 전한다. 김선희, 김유석, 양호영, 이기백, 이준엽, 한경자, 이 여섯 분 선생님은 귀한 시간 할애하여 껄끄러운 원고를 읽어 가며 소중한 의견과 비판을 아끼지 않으셨다. 학당의 동료들은 언제나 그렇게 조용히 함께하며 큰일을 꿈꾼다. 그 빚과 고마움은 다른 기회에 다른 작업을 통해 조금씩 갚아 가겠다. 이런 노력의 결실을 책으로 옮기고 다듬는 마무리 작업을 잘 진전시켜 주신 박수용 선생님을 비롯한 아카넷 편집진에게도 노고와 조력에 감사드린다. 돌이켜 보건대, 이 모든 느긋함과 치열함 뒤엔 언제나 다독임과 따끔함으로 손 많이 가는 부족한 인간을 보살펴 주며 고락을 함께하는 곁지기 문지영 선생이 있었고, 늘 새로운 도전을 보여 주어 내 삶의 생동하는 연장(延長)을 실감케 하는 예은이와 의준이가 있었다. 그들과 함께 만들어 가는 삶이 늘 고맙고 행복하다.

코로나는 끝났건만 이전의 평범함으로 다시 돌아가지 못한 우리네 삶은 여전히 팍팍하고 힘겹다. 작은 것의 소중함을 잊어버리는, 아니 아예 의식조차 못하는 이 사회는 갈수록 양극화와 각자도생의 무한 경쟁 세상으로 퇴행하는 듯하다. 우리 모두에게 고전을 읽는 일이 작게나마 위안이 되고 철학을 논하는 일이 잠깐이나마 휴식이 되길 간절히 바란다. 성서는 겨자씨 한 알이 이루어 내는 기적을 말한다. 작은 것의 위대함, 그것은 지금 여기 우리가 내딛는 발걸음 하나에서 출발하는 것이리라 믿는다.

다시 돌아온 강릉에서

군부 독재 시절로 돌아간 듯한 허황함으로 밤을 보낸

2024년 12월 4일

강철웅

사단법인 정암학당을 후원해 주시는 분들

정암학당의 연구와 역주서 발간 사업은 연구자들의 노력과 시민들의 귀한 뜻이 모여 이루어집니다. 학당의 모든 연구는 시민들의 자발적인 후원을 바탕으로 하기 때문입니다. 그 결실을 담은 '정암고전총서'는 연구자와 시민의 연대가 만들어 내는 고전 번역 운동의 산물이라고 할 수 있습니다. 이 같은 학술 운동의 역사적 의미를 기리고자 이 사업에 참여한 후원회원 한 분 한 분의 정성을 이 책에 기록합니다.

평생후원회원

생각과느낌 정신건강의학과   이제이북스   카페 벨라온

(개인 291, 단체 11, 총 302)

후원위원

강성식	강용란	강진숙	강태형	고명선	곽삼근	곽성순	구미희	권소연	권영우
길양란	김경원	김나윤	김대권	김대희	김명희	김미란	김미선	김미향	김백현
김복희	김상봉	김성민	김성운	김순희(1)	김승우	김양희	김애란	김연우	김영란
김용배	김윤선	김장생	김정수	김정이	김정자	김지수(62)	김진숙(72)	김현자	김현제
김형준	김형희	김희대	맹국재	문영희	박미라	박수영	박우진	박원빈	박종근
박태준	박현주	백선옥	서도식	성민주	손창인	손혜민	송민호	송봉근	송상호
송찬섭	신미경	신성은	신영옥	신재순	심명은	안희돈	양은경	양정윤	오현주
오현주(62)	우현정	원해자	유미소	유효경	이경선	이경진	이명옥	이봉규	이봉철
이선순	이선희	이수민	이수은	이순희	이승목	이승준	이신자	이은수	이정미
이정인	이지희	이진희	이평순	임경미	임우식	장세백	장영재	전일순	정삼아
정은숙	정태윤	정태흡	정현석	조동제	조명화	조문숙	조민아	조백현	조범규
조성딕	조정희	조진희	조태현	주은영	천병희	최광호	최세실리아		최승렬
최승아	최이담	최정옥	최효임	한대규	허 광	허 민	홍순혁	홍은규	홍정수
황경화	황정숙	황훈성	정암학당1년후원						

문교경기〈처음처럼〉   문교수원3학년학생회   문교안양학생회   문교경기8대학생회
문교경기총동문회   문교대전충남학생회   문교베스트스터디   문교부산지역7기동문회
문교부산지역학우일동(2018)   문교안양동문(2024)   문교안양학습관   문교인천동문회
문교인천지역학생회   방송대동아리〈아노도스〉   방송대동아리〈예사모〉
방송대동아리〈프로네시스〉   사가독서회

(개인 133, 단체 17, 총 150)

후원회원

강경훈	강경희	강규태	강보슬	강상훈	강선옥	강성만	강성심	강신은	강유선
강은미	강은정	강임향	강창조	강 항	강희석	고강민	고경효	고복미	고숙자
고승재	고창수	고효순	공경희	곽범화	곽수미	구본호	구외숙	구익희	권 강
권동명	권미영	권성철	권순복	권순자	권오경	권오성	권오영	권용석	권원만
권정화	권해명	권혁민	김건아	김경미	김경원	김경화	김광석	김광성	김광택
김광호	김귀종	김길화	김나경(69)	김나경(71)	김남구	김대영	김대훈	김동근	김동찬
김두훈	김 들	김래영	김명주(1)	김명주(2)	김명하	김명화	김명희63	김문성	김미경(61)
김미경(63)	김미숙	김미정	김미형	김민경	김민웅	김민주	김범석	김병수	김병옥
김보라미	김봉습	김비단결	김선규	김선민	김선희(66)	김성곤	김성기	김성은	김성은(2)
김세은	김세원	김세진	김수진	김수환	김숙현	김순금	김순호	김순희(2)	김시인
김시형	김신태	김신판	김승원	김아영	김양식	김영선	김영숙(1)	김영숙(2)	김영애
김영준	김영효	김옥주	김용술	김용한	김용희	김유석	김은미	김은심	김은정

김은주	김은파	김인식	김인애	김인욱	김인자	김일학	김정식	김정현	김정현(96)
김정희(1)	김정희(2)	김정훈	김종태	김종호	김종희	김주미	김중우	김지수(2)	김지애
김지열	김지유	김진숙(71)	김진태	김충구	김철한	김태식	김태욱	김태헌	김태훈
김태희	김평화	김하윤	김한기	김현규	김현숙(61)	김현숙(72)	김현우	김현정	김현정(2)
김현중	김현철	김형규	김형전	김혜숙(53)	김혜숙(60)	김혜원	김혜정	김홍명	김홍일
김희경	김희성	김희정	김희준	나의열	나춘화	나혜연	남수빈	남영우	남원일
남지연	남진애	노마리아	노미경	노선이	노성숙	노채은	노혜경	도진경	도진해
류남형	류다현	류동춘	류미희	류시운	류연옥	류점용	류종덕	류지아	류진선
모영진	문경남	문상흠	문순현	문영식	문정숙	문종선	문준혁	문찬혁	문행자
민 영	민용기	민중근	민해정	박경남	박경수	박경숙	박경애	박귀자	박규철
박다연	박대길	박동심	박명화	박문영	박문형	박미경	박미숙(67)	박미숙(71)	박미자
박미정	박믿음	박배민	박보경	박상선	박상윤	박상준	박선대	박선영	박성기
박소운	박수양	박순주	박순희	박승억	박연숙	박영찬	박영호	박옥선	박원대
박원자	박유정	박윤하	박재준	박재학	박정서	박정오	박정주	박정은	박정희
박종례	박주현	박주형	박준용	박준하	박지영(58)	박지영(73)	박지창	박지희(74)	박지희(98)
박진만	박진선	박진헌	박진희	박찬수	박찬은	박춘례	박태안	박한종	박해윤
박헌민	박현숙	박현자	박현정	박현철	박형전	박혜숙	박홍기	박희열	반덕진
배기완	배수영	배영지	배제성	배효선	백기자	백선영	백수영	백승찬	박애숙
백현우	변은섭	봉성용	서강민	서경식	서근영	서두원	서민정	서범준	서봄이
서승일	서영식	서옥희	서용심	서원호	서월순	서정원	서지희	서창립	서회자
서희승	석현주	설진철	성윤수	성지영	소도영	소병문	소상욱	소선자	손금성
손금화	손동철	손민석	손상현	손정수	손지아	손태현	손한결	손혜정	송금숙
송기섭	송명화	송미희	송복순	송석현	송연화	송염만	송원욱	송원희	송용석
송유철	송인애	송진우	송태욱	송효정	신경원	신경준	신기동	신명우	신민주
신상하	신성호	신영미	신용균	신정애	신지영	신혜경	심경옥	심복섭	심은미
심은애	심재윤	심정숙	심준보	심희정	안건형	안경화	안미희	안숙현	안영숙
안정숙	안정순	안진구	안진숙	안화숙	안혜정	안희경	안희돈	양경엽	양미선
양병만	양선경	양세규	양예진	양지연	양현서	엄순영	오명순	오성민	오승연
오신명	오영수	오영순	오유석	오은영	오진세	오창진	오혁진	옥명희	온정민
왕현주	우남권	우 람	우병권	우은주	우지호	원만희	유두신	유미애	유성경
유승현	유정모	유정원	유 철	유향숙	유희선	윤경숙	윤경자	윤선애	윤수홍
윤여훈	윤영미	윤영선	윤영이	윤에스더	윤 옥	윤은경	윤재은	윤정만	윤혜영
윤혜진	이건호	이경남(1)	이경남(72)	이경미	이경아	이경옥	이경원	이경자	이경희
이관호	이광로	이광석	이군무	이궁훈	이권주	이나영	이다연	이덕제	이동래
이동조	이동춘	이명란	이명순	이미옥	이민희	이병태	이복희	이상규	이상래
이상봉	이상선	이상훈	이선민	이선이	이성은	이성준	이성호	이성훈	이성희
이세준	이소영	이소정	이수경	이수련	이숙희	이순옥	이승훈	이승훈(79)	이시현
이양미	이연희	이영민	이영숙	이영실	이영신	이영애	이영애(2)	이영철	이영호(43)
이옥경	이용숙	이용안	이용웅	이용찬	이용태	이원용	이유진	이윤열	이윤주
이윤철	이은규	이은심	이은정	이은주	이이숙	이인순	이재현	이정빈	이정석

이정선(68) 이정애 이정임 이종남 이종민 이종복 이준호 이중근 이지석 이지현
이진아 이진우 이창용 이철주 이춘성 이태곤 이태목 이평식 이표순 이한솔
이 혁 이현주(1) 이현주(2) 이현호 이혜영 이혜원 이호석 이호섭 이화선 이희숙
이희정 임미정 임석희 임솔내 임정환 임창근 임현찬 장모범 장선희 장시은
장영애 장오현 장재희 장지나 장지원(65) 장지원(78) 장지은 장철형 장태순 장해숙
장흥순 전경민 전다록 전미래 전병덕 전석빈 전영석 전우성 전재혁 전우진
전종호 전진호 정경회 정계란 정금숙 정금연 정금이 정금자 정난진 정미경
정미숙 정미자 정상묵 정상준 정선빈 정세영 정아연 정양민 정양욱 정 연
정연화 정영목 정영훈 정옥진 정용백 정우정 정유미 정은정 정일순 정재연
정재웅 정정녀 정지숙 정진화 정창화 정하갑 정현진 정은교 정해경 정현주
정현진 정호영 정환수 조권수 조길자 조덕근 조미선 조미숙 조병진 조성일
조성혁 조수연 조슬기 조영래 조영수 조영신 조영연 조영호 조예빈 조용수
조용준 조윤정 조은진 조정란 조정미 조정옥 조정원 조증윤 조창호 조황호
주봉희 주연옥 주은빈 지정훈 진동성 차문송 차상민 차혜진 채장열 천동환
천명옥 최경식 최명자 최미경 최보근 최석묵 최선희 최성준 최수현 최숙현
최연우 최영란 최영부 최영순 최영식 최원옥 최유숙 최유진 최윤정(66) 최은경
최일우 최자련 최재식 최재원(1) 최재원(2) 최재혁 최정욱 최정호 최정환 최종희
최준원 최지연 최진욱 최혁규 최현숙 최혜정 표종삼 하승연 하혜용 한미영
한생곤 한선미 한연숙 한옥희 한윤주 한호경 함귀선 허미정 허성준 허 양
허 웅 허인자 허정우 홍경란 홍기표 홍병식 홍성경 홍성규 홍성은 홍순아
홍영환 홍은영 홍의중 홍지흔 황경민 황광현 황미영 황미옥 황선영 황신해
황은주 황재규 황정희 황현숙 황혜성 황희수 kai1100 익명

리테라 주식회사 문교강원동문회 문교강원학생회 문교경기 〈문사모〉
문교경기동문 〈문사모〉 문교서울총동문회 문교원주학생회 문교잠실송파스터디
문교인천졸업생 문교전국총동문회 문교졸업생 문교8대전국총학생회
문교11대서울학생회 문교K2스터디 서울대학교 철학과 학생회
(주)아트앤스터디 영일통운(주) 장승포중앙서점(김강후) 책바람

(개인 738, 단체 19, 총 757)

2024년 12월 4일 현재, 1,162분과 47개의 단체(총 1,209)가 정암학당을 후원해 주고 계십니다.

김은주	김은파	김인식	김인애	김인욱	김인자	김일학	김정식	김정현	김정현(96)
김정희(1)	김정희(2)	김정훈	김종태	김종호	김종희	김주미	김중우	김지수(2)	김지애
김지열	김지유	김진숙(71)	김진태	김충구	김철한	김태식	김태욱	김태헌	김태훈
김태희	김평화	김하윤	김한기	김현규	김현숙(61)	김현숙(72)	김현우	김현정	김현정(2)
김현중	김현철	김형규	김형전	김혜숙(53)	김혜숙(60)	김혜원	김혜정	김홍명	김홍일
김희경	김희성	김희정	김희준	나의열	나춘화	나혜연	남수빈	남영우	남원일
남지연	남진애	노마리아	노미경	노선이	노성숙	노채은	노혜경	도진경	도진해
류남형	류다현	류동춘	류미희	류시운	류연옥	류점용	류종덕	류지아	류진선
모영진	문경남	문상흠	문순현	문영식	문정숙	문종선	문준혁	문찬혁	문행자
민 영	민용기	민중근	민해정	박경남	박경수	박경숙	박경애	박귀자	박규철
박다연	박대길	박동심	박명화	박문영	박문형	박미경	박미숙(67)	박미숙(71)	박미자
박미정	박믿음	박배민	박보경	박상선	박상윤	박상준	박선대	박선영	박성기
박소운	박수양	박순주	박순희	박승억	박연숙	박영찬	박영호	박옥선	박원대
박원자	박유정	박윤하	박재준	박재학	박정서	박정오	박정주	박정은	박정희
박종례	박주현	박주형	박준용	박준하	박지영(58)	박지영(73)	박지창	박지희(74)	박지희(98)
박진만	박진선	박진헌	박진희	박찬수	박찬은	박춘례	박태안	박한종	박해윤
박헌민	박현숙	박현자	박현정	박현철	박형전	박혜숙	박홍기	박희열	반덕진
배기완	배수영	배영지	배제성	배효선	백기자	백선영	백수영	백승찬	박애숙
백현우	변은ség	봉성용	서강민	서경식	서근영	서두원	서민정	서범준	서봄이
서승일	서영식	서옥희	서용심	서원호	서월순	서정원	서지희	서창립	서회자
서희승	석현주	설진철	성윤수	성지영	소도영	소병문	소상욱	소선자	손금성
손금화	손동철	손민석	손상현	손정수	손지아	손태현	손한결	손혜정	송금숙
송기섭	송명화	송미희	송복순	송석현	송연화	송염만	송원욱	송원희	송용석
송유철	송인애	송진우	송태욱	송효정	신경원	신경준	신기동	신명우	신민주
신상하	신성호	신영미	신용균	신정애	신지영	신혜경	심경옥	심복섭	심은미
심은애	심재윤	심정숙	심준보	심희정	안건형	안경화	안미희	안숙현	안영숙
안정숙	안정순	안진구	안진숙	안화숙	안혜정	안희경	안희돈	양경엽	양미선
양병만	양선경	양세규	양예진	양지연	양현서	엄순영	오명순	오성민	오승연
오신명	오영수	오영순	오유석	오은영	오진세	오창진	오혁진	옥명희	온정민
왕현주	우남권	우 람	우병권	우은주	우지호	원만희	유두신	유미애	유성경
유승현	유정모	유정원	유 철	유향숙	유희선	윤경숙	윤경자	윤선애	윤수홍
윤여훈	윤영미	윤영선	윤영이	윤에스더	윤 옥	윤은경	윤재은	윤정만	윤혜영
윤혜진	이건호	이경남(1)	이경남(72)	이경미	이경아	이경옥	이경원	이경자	이경희
이관호	이광로	이광석	이군무	이궁훈	이권주	이나영	이다연	이덕제	이동래
이동조	이동춘	이명란	이명순	이미옥	이민희	이병태	이복희	이상규	이상래
이상봉	이상선	이상훈	이선민	이선이	이성은	이성준	이성호	이성훈	이성희
이세준	이소영	이소정	이수경	이수련	이숙희	이순옥	이승훈	이승훈(79)	이시현
이양미	이연희	이영민	이영숙	이영실	이영신	이영애	이영애(2)	이영철	이영호(43)
이옥경	이용숙	이용안	이용웅	이용찬	이용태	이원용	이유진	이윤열	이윤주
이윤철	이은규	이은심	이은정	이은주	이이숙	이인순	이재현	이정빈	이정석

┃ 옮긴이

강철웅

서울대 철학과를 졸업하고 같은 학교 대학원에서 플라톤 인식론 연구로 석사 학위를, 파르메니데스 단편 연구로 박사 학위를 받았으며, 하버드대 철학과에서 박사 논문 연구를, 케임브리지대 고전학부에서 기원전 1세기 아카데미 철학을 주제로 박사후 연수를 수행했다. 고대 희랍-라틴 고전의 번역과 연구에 매진하는 정암학당의 창립 멤버이자 케임브리지대 클레어홀 종신 멤버이며, 보스턴 칼리지 철학과에서 미 국무부 초청 풀브라이트 학자로, 튀빙겐대 철학과에서 방문 교수로 활동하면서 파르메니데스의 소피스트적 발전과 플라톤의 고르기아스 수용 등에 관해 안식년 연구를 수행했다. 현재 강릉원주대 철학과 교수로 있다.

저서로 『설득과 비판: 초기 희랍의 철학 담론 전통』(2017 학술원 우수학술도서, 제29회 열암철학상), 『서양고대철학 1』(공저)이 있고, 편역서로 『소크라테스 이전 철학자들의 단편 선집』(공역), 『소피스트 단편 선집』(2023 학술원 우수학술도서)이 있으며, 역서로 플라톤의 『소크라테스의 변명』, 『뤼시스』, 『향연』, 『법률』(공역), 『편지들』(공역), 『미노스 · 사랑하는 사람들』, 존 로크의 『통치에 관한 두 번째 논고』(공역), 존 던의 『민주주의의 수수께끼』(공역, 2016 학술원 우수학술도서) 등이 있다. 고대 희랍이 가꾼 문화 자산인 '진지한 유희'를 단초로 삼아 우리 담론 문화가 이분법과 배타성을 넘어 열린 자세와 균형을 찾는 데 일조하려 하며, 특히 역사 속에서 희미해진 '마이너'들의 목소리를 듣고 되살리려 애쓰고 있다. (이메일: cukang@gwnu.ac.kr)

정암고전총서는 정암학당과 아카넷이 공동으로 펼치는 고전 번역 사업입니다.
고전의 지혜를 공유하여 현재를 비판하고 미래를 내다보는 안목을 키우는
문화적 기반을 마련하고자 합니다.

정암고전총서 플라톤 전집

에피노미스

1판 1쇄 찍음 2025년 1월 10일
1판 1쇄 펴냄 2025년 1월 24일

지은이 플라톤
옮긴이 강철웅
펴낸이 김정호

책임편집 박수용
디자인 이대응

펴낸곳 아카넷
출판등록 2000년 1월 24일(제406-2000-000012호)
주소 10881 경기도 파주시 회동길 445-3 2층
전화 031-955-9511(편집) · 031-955-9514(주문)
팩스 031-955-9519
www.acanet.co.kr

ISBN 978-89-5733-963-3 94160
ISBN 978-89-5733-634-2 (세트)

이 역서의 작업은 2022년도 강릉원주대학교 장기해외파견 연구지원으로 수행되었음.